趙爾巽等撰

清史稿

第九册

卷六八至卷八一（志）

中華書局

清史稿卷六十八

志四十三

地理十五

湖南

湖南：禹貢荊州之域。明屬湖廣布政使司，置偏沅巡撫。清初因之。康熙三年，析置湖南布政使司，爲湖南省，移偏沅巡撫駐長沙。雍正二年，改偏沅巡撫爲湖南巡撫，並歸湖廣總督兼轄。七年，置永順府，升岳州之澧州。十年，升衡州之桂陽州。乾隆元年，升辰州之沅州爲府。嘉慶二年，升辰州之乾州、鳳凰、永綏三廳。二十二年，置晃州廳。光緒十八年，置南州廳。領府九，直隸廳五，直隸州四，屬州三，縣六十四。東至江西義寧；三百五十里。西至貴州銅仁；一千七百三十五里。南至廣東連州；八百二十里。北至湖北監利。三百五十里。廣一千四百二十里，袤一千一百五十里。北極高二十四度四十九分至二十九度三十七分。京師偏西二度十四分至七度四十三分。宣統三年，編戶四百二十八萬八千一百六十四，口二千二百五萬二千一百五十九。其名山：衡岳、九疑、都龐、騎田、萌渚、幕阜。其巨川：湘、沅、資、澧。其澤：洞庭。驛道：自長沙北達湖北蒲圻；東南出插嶺關達江西萍鄉；南達廣西全州；西達貴州玉屏。鐵路幹：粵漢中段。支：萍株。航路：自長沙南達湘潭，北達漢口。電線：自長沙北達漢口，南通桂林，西通洪江，東通江西萍鄉、安源。

長沙府：衝，繁，難。巡撫治；布政、提學、提法三司，巡警、勸業、鹽法、長寶四道同治。府隸之。明隸湖廣布政使司。康熙中，偏沅巡撫自沅州徙駐，爲省治。雍正二年改湖南巡撫。東北至京師三千五百八十五里。廣一千里，袤五百九十里。北極高二十八度十三分。京師偏西三度四十分。領州一，縣十一。長沙衝，繁，難。倚。東：天井。西：谷山。北：羅洋，石寶，麻潭，智度，銅山。巨川則大江，洞庭湖匯湘、沅、資、澧入焉。湘江自湘潭、善化入，納潦滸河及白沙河。又西北，右合下泥港，左桐樹港，納八曲河，逕銅官山，至靖港，爲古新康江口。又西北，會喬口河，入湘陰。瀏陽河在縣南，源出大圍山，西北流，經縣界入湘。陶關在縣西南。有喬頭鎮巡司。喬頭、長沙二驛。長株鐵路。善化衝，繁，難。倚。南：昭山。西：嶽麓。西北：金盤。東南：錫山，湘水在西，自湘潭入，西北流，左納觀音港，至瓦官口，靳江水從西南來注之。北過水陸洲，入於長沙。東：瀏渭水自瀏陽入，北合金塘港，至長沙入湘水。又西，卯江水，一名滿官江，源出寧鄉嵇架山，東北與螺陂河水合，入長沙，是爲八曲河。南有暮雲市廢巡司。有驛。長株鐵路。湘潭衝，繁，難。府西南一百里。西：烏臺。東：石潭。南：曉霞。東北：昭山，其下有昭潭。

西北：韶山。西南：隱山。東南：鳳凰山。湘水自衡山入，東南流，過晚洲，屈而北，朱亭港水注之。又東北，過淦田市，東與醴陵縣界。又北，過空冷峽，又東北至於鑿石浦。屈而西，涓水自西南來會。水逕縣西易俗鄉，又名曰易俗河。又北至湘河口，左合漣水。又東北過縣治南，又西北爲峨洲，入於善化。其西靳江水自寧鄉入，迤東至善化入湘水。二鎮：朱亭，縣丞駐；下灄，舊有巡司，廢。又永寧巡司亦廢。黃茅巡司，乾隆二十六年置，後遷縣東洙洲市，更名。有南岸驛。有商埠，光緒三十一年奏開。有長株、株萍鐵路。湘陰 衝，繁，難。府北一百二十里。北：黃陵。東：神鼎。東南：玉池。東北：汨羅山、玉笥山。西北：錫山。湘水在西，自長沙入，北合門涇江，又北流，西別出爲濠河水，西北與資水分流，其合處曰臨資口。其正渠又北至縣治西南，白水江注之。又北過蘆林潭，錫江水合濠河水自西來會。又北合汨水，西與湄水合。又西北會羅水，爲汨羅江，西北流，歧爲二，至屈潭復合。西北過屈羅戍南，分流注湘水。湘水西北至磊石山，入於洞庭湖。鎮三：營田，蕭婆、大荊。縣丞治林子口。西北有營田巡司，後廢。新市、大荊鎮二巡司。湘陰、歸義二驛。寧鄉 衝。府西北一百里。南：石鼓。北：香林。東：天馬。東南：嵇山。西：大溈山，溈水出，東南流，右納黃絹水，左瑕溪，至雙江口，流沙河水自西南來注之。又東北，左合玉堂江水，右烏江水，又東北至縣治南，屈而東，會平江水，又東北入於長沙，爲新康江。又有靳江水在縣南，源出湘鄉，迤東至湘潭入湘。有唐市鎮。有驛。瀏陽 繁，疲，難。府東一百五十里。西：洞陽山。北：道吾。東北：大光山。又大圍山，瀏水出，西南至雙江口，小溪水自東來會。又過縣治西南，瀏渭水北流入焉。又西與小河水合，西北入於長沙。北：石柱峯，潦滸河出，西南流，屈西北至長沙爲撈塘水。又南川水郎澄潭江，自江西萬載入，西南過江口入於醴陵，其下流是爲淥水也。永興、居仁二鎮。梅子園一巡司，澄潭江，後遷縣西永安市。醴陵簡。府東南一百八十里。北：小潙山。東：王喬。東南：大屏。西南：君子山。湘水瀆自湘潭入。又南淥江水，有二源：北源曰南川水，自瀏陽入，西南至雙江口，萍水自南來會；水出江西萍鄉縣，是爲南源。又西過縣治南，右納姜灣水，又西與鐵江水合。水一名北江，自攸縣入，北合清水江，又北流爲泗汾河。水又北入淥水，至淥口入於湘。有插嶺關。淥口鎭巡司及驛，與醴陵驛爲二。株萍鐵路。益陽衝，難。府西北二百里。北：五溪山。南：小廬。西：修山。西北：紫雲。西南：浮丘山。益陽江在南，一名茱萸江，卽資水，自安化入，東合泥溪、沾溪、桃花江、誌溪諸水，過縣治南，別出爲蘭溪水。合喬江，東北流，北別出爲甘溪，入沅江。東有喬江水，首受資水，自沅江入。西：西林港，歧爲二，一東北入湘陰，一東南入長沙，皆合湘水。北有益水，出五溪山，東與甘溪水合，至沅江入資。有瓦湖鎭。有驛。湘鄉衝，疲，難。府西南二百一十里。北：仙女山。東：東台。西：石佛。西北：靈羊。西南有大禹山。漣水一名湘鄉河，自邵陽入，北合金竹水，又北與藍田水會。東北流，左納西陽水，屈東南至大江口，側水合崖源水自西南來注。又東北過石魚山東，青陂水南流合焉，東北至湘潭入湘水。虞塘、定勝二鎭。縣丞治永豐市。婁底巡司。明置武障，乾隆三年徙改。攸繁，疲，難。府東南二百八十里。東：司空。東北：羅浮。西北：明月山。攸水在東，源出江西萍鄉縣西，合陽昇江水，西南至縣治東南入洣水。水自茶陵入，亦名曰茶陵江也。洣水又西與陰山江合，入衡山。東北有鳳嶺巡司，雍正十一年置。安化簡。府西二百六十里。東：移風。南：浮青。北：大峰。西北：小辰。西南：大熊山。山與新化接界。資水在西，一名邵河，自新化入。西北合渠水，屈東北流，過縣治北，屈而東，敷溪水自南來注。又東納善溪水，入於益陽。東南有藍田水，亦自新化入，東北至湘鄉入漣水。又歸溪水，源出縣西司徒嶺，西南流，與湄江合。屈東南，至湘鄉合藍田水。茶

陵州 繁，難。府東南四百八十里。西：雲陽。東：皇雩。東北：景陽山，卽茶山。洣水自酃入，亦曰茶陵江，西北流，右納洮水，北過州治東，茶水自東北來注，又西北入攸。有視渡口巡司，治州南視渡關，後遷高岡南關。

寶慶府：難。隸長寶道。舊隸湖廣布政使司，康熙三年來屬。東北距省治五百里。廣六百六十里，袤六百三十里。北極高二十七度四分。京師偏西五度六分。領州一，縣四。邵陽 繁，難。倚。南：四望。東：大雲。東北有龍山。西北：首望。資水自武岡入，東納辰溪水，東北過府治北。邵水出龍山，南合桐江、檀江，屈西北流注之，北與漁溪合。西北會高平水，入新化。又漣水亦出龍山，東北入湘鄉。又烝水源出邪薑山，合大雲水，至衡陽入湘。又西洋江出西北隆回鄉，南至武岡，流合洞口水。有隆回巡司。其黑田鋪巡司，乾隆二十五年置，後廢。通判駐桃花坪。新化 繁，難。府西北一百八十里。北：大熊山。東北有黃柏界山，皆與安化接界。南：梅山、長龍。西南：文仙。西北：淸虛，一名大西山。資水在東，自邵陽入，西北過縣治北，雲溪水合洋溪自西南來注之。又北與油溪水合，入安化。西有渠江水，源出冷溪山，北至安化入資水。東有藍田水，上源曰墨溪，出邵陽，亦入安化。高平水出西南首望山，東南流，入邵陽，注資水。西北有蘇溪鎭巡司，乾隆四十年廢。城步 難。府西南四百二十里。乾隆三年改隸靖州，七年復。東：羅漢山。東南：金紫山，與廣西全州接界。西南：金童，又有藍山。西北：楓門山。東北：靑角山，卽古路山，資水所出，一名都梁水，又名濟水。北流屈東，左會欵溪水，入武岡。又有巫水，源出東北巫山，南屈而西爲漁渡江，縣東南諸水皆入焉。至縣治西南，左納界背水，西北與淸溪水合，入綏寧。西南有長平水，又曰藍山水，亦入綏寧，爲臨川水。又有長灘水，出縣南，南至廣西龍勝廳，曰貝子溪，其下流是爲潯江。同官水亦南入龍勝，爲太平溪，流合貝子溪。有橫嶺崗巡司，本寨頭司，乾隆元年置，後遷橫嶺更名。江頭汛巡司治莫宜崗，乾隆六十年置長安營，同知駐。轄瑤崗五：曰蓬崗、牛欄、莫宜、扶城、橫嶺。爲寨四十有八。武岡州 繁，疲，難。府西南二百八十里。西北有武岡山，州以是名。又西北，天尊山，山與綏寧接界。南：雲山。東南：寶方，又名資勝山。資水在南，自城步入，東合威溪。又東過州治南，左合渠水，右納石門水，又東北流，蓼溪水自西來會。蓼溪一曰高沙市水，出綏寧。又北合洞口水，水上源曰平溪，出黔陽。東南流，右納岳溪水，東合西洋江，至平溪口入資水。資水又北，屈而東，逕紫陽山，曰紫陽河，龍江水北流入焉。又東南與夫夷水會，入邵陽。西北：莁溪自綏寧入，至黔陽入沅水。州同駐高沙市。峽口、石門司二巡司。紫陽、蓼溪二廢司。新寧 繁，難。府西南三百里。西：花溪。南：金城。西南：崀山。東南：大雲。東北：高桂。又有紫雲山，山與武岡、東安接界。夫夷水在南，一名羅江水，其上源曰西延水，自廣西全州入，東北流，左納深沖水，又北至縣治西南，新寨水自西來注之。屈東過筆架山，合水頭水，又東北納涑江水，合小溪水，入武岡，爲資水別源。東有靖位鎮巡司，康熙二十三年廢。

岳州府：衝，繁，疲，難。隸岳常澧道。舊隸湖廣布政使司。康熙三年來屬。初沿明制，領州一，縣七。雍正七年，澧升直隸州，石門、安鄉、慈利割隸。西南距省治三百里。廣三百八十里，袤三百四十里。北極高二十九度二十四分。京師偏西三度三十四分。領縣四。同知一。道光元年移治君山，後廢。有岳州商埠，光緒二十四年奏開。巴陵 衝，繁，疲，難。倚。城內巴丘山。東：大雲、銅鼓，皆與臨湘縣接界。東南：靈屋、五龍。大江在西北，洞庭湖在西南。君山、扁山、石城山皆在湖中。湖周八百餘里，南連青草，西接赤沙，謂之三湖，湘、沅、資、澧諸水咸匯焉。東北至三江口，合大江，古謂之五渚。大江又東北入臨湘。有城陵磯，天險也。南有新牆河，即微水，自臨湘入，西南流，左納沙港，迤西至灌口，入洞庭湖。水出東南清水嶺，西南至湘陰合汨水。滃湖在東南，一名翁湖，又東爲角子湖。楊林街，縣丞。鹿角鎮，主簿。東：岳陽驛。舊有青岡驛，順治十六年置，有丞，乾隆十六年裁。臨湘衝，繁。府東北九十里。東：黄皋。西南：微落。東南：大雲。又龍窖山，跨湖北通城、蒲圻諸縣，微水所出，迤西逕土城，左納馬港，西南入巴陵。大江在縣西，自巴陵入，東北過彭城山，松陽湖水自東南來注之。又東北與白泥湖水合，過鴨欄磯，入湖北嘉魚。黄蓋湖在東北，縣東諸水皆匯焉，北注淸江口，入大江。東南有桃林、長安巡司，城陵磯，乾隆二十六年徙長安鎮，更名，尋復故。雲溪、長安二驛。鴨欄磯、長安二鎮。華容疲，難。府西北一百八十里。北：黄湖。東：石門、墨山。東北：東山。東南：鼓樓山。大江右瀆自湖北監利入，東屈而南，入巴陵。北華容河，西涌水，皆首受大江水，自湖北石首入，東南流入洞庭湖。澧水在縣南，自安鄉入，合赤沙湖，亦注洞庭。東北大荆湖及團湖，合流入大江。黄家穴司巡司。黄家、鼓樓二鎮。平江疲，難。府東南二百四十里。北：永寧。西：湖源。東：道岩。東南：連雲。東北：幕阜山，一名天岳山，下有天岳關。又有汨水，自江西義寧入，西南流，右納紅橋水，左納白鉛諸水，又西南至白湖口，屈而北，鍾洞水南流西屈注之。又西合盧水，又西北與暹江水合，屈西南過縣治南，左納晉坑水。又西北至將軍山，昌水自東北來會，迤西入於湘陰。東有長壽巡司。

常德府：衝，繁，難。隸岳常澧道。舊隸湖廣布政使司，康熙三年來屬。東南距省治四百十五里。廣四百二十里，袤六百二十里。北極高二十九度一分。京師偏西五度十分。領縣四。商埠，光緒三十二年奏開。武陵衝，繁，疲，難。倚。西有平山，卽武陵山，亦名河洑。北有陽山。東北：藥山。東南：善德山。沅水自桃源入，南逕河洑洲，屈而東，至府治東南，歧爲馬家吉河水。又東南流，枉水自西南來注之。又東過牛鼻灘，北別出爲小河水，東北匯連山湖，合漸水。沅水又東南入龍陽。漸水在北，一名澹水，源出安福，南流屈東，右納馬家吉河水，又東北至馬家洲，歧爲二：一東與小河水合，一東北合麻河水，至沙夾入沅水。東北有沖天湖、直山湖、官塘湖，皆合漸水。縣丞一，治牛鼻灘。北有大龍巡司，乾隆四十一年置，後廢。有麻河驛。桃源衝，繁，難。府西南八十里。北：蠶旗。南：綠蘿。西南：桃源。沅水在南，自沅陵入，東過高都鎭，左納大洑溪，又東北與小洑溪合。屈而東，夷望溪東流北屈注之。又東合水溪，過縣治東南，屈而北，延溪水自西來入。又東北與白洋河合。河出慈利，曰龍潭河，東南入縣境，合蘭溪、湯溪，又南流爲漆家河，入沅水，又東南入武陵。新店、鄭家店二巡司。又高都、鄭家店二廢巡司。新店、鄭家店、桃源三驛。蘇溪、麻溪、高都三鎭。龍陽衝。府東南八十里。南：橫山，一名龍陽山，縣以此名。北：寶臺。東南：軍山。東北：洞庭湖。沅水自武陵入，東過小河口，屈而南，滄浪水自西南來注之。東過縣治東北，南別出爲支港，東通後江湖，至沅江縣合資水。其正渠又東北至鼎港口，小河水分流來注之。又東北流爲西河，漸水合小河水自西來會，入於洞庭。其入湖處謂之西河口也。東南有龍潭橋巡司。龍陽驛。小江、鼎口二鎭。沅江簡。府東南二百七十一里。西南：煙波山，西北：赤山，東北：明山，並濱洞庭湖。湖水西自龍陽受資水。資水自益陽入，迤東至毛角子口，南別出爲喬江水，至湘陰會湘水。其正渠北屈而西，又西北過縣治東，白泥湖水首受益水，自西南來注之。又北至小河口，歧爲二，一東北流，至益陽江口入洞庭，一西北與沅水合，匯於洞庭湖。

澧州直隸州：衝，繁，難。岳常澧道駐。舊爲岳屬州，雍正七年升，割石門、安鄉、慈利來隸，並置安福。十三年增永定。東南距省治六百有五里。廣四百三十五里，袤二百有五里。北極高二十九度三十七分。京師偏西四度四十四分。領縣五。西北：天供、大清。東南：關山、彭山、銅山、大浮。澧水在南，自安福入，東北流，東別出爲內河，屈東南至道口，道水自西南來注之。又東至六冢口合澹水。水出石門東，過州治北，屈而南，又東至伍公嘴，涔水自西北來會。又南合澧水，至匯口入於安鄉。東有虎渡水，一名後小江，首受大江水，自湖北公安入，南流爲一箭河水，其左岸則安鄉縣界也。又南至匯口入澧水。州判駐津市鎮。清化、順林二巡司。蘭松水、馬二驛。匯口、三汊河、津市、嘉山四鎮。順林司，後廢。石門 難。州西南九十里。雍正七年自岳州來屬。西：石門。北：燕子。西北：層步，一名層山。又西北有盧黃山。澧水在南，又曰零陽河，自慈利入，北屈而東，與渫水合。水出西北龍門洞，東南流，右納黃水，左納溫水，又東南至渫口入澧水。澧水又東過縣治南，雙溪水自北來注之，又東北合朝陽溪水，入安福。又道水自慈利入，亦東北流入安福。西北有水南渡巡司。安鄉 簡。州東南一百二十里。雍正七年自岳州來屬。北：黃山。東：石家。西：石龜。西北：古田。澧水在西，自州入，南至匯口，西別出爲羌口河。又西南流爲麻河，至武陵入漸水。其正渠東南匯於大鯨湖。又東過縣治南，長河水首受大江，北自公安來注之。又東南入南洲。又東，後江水，亦受大江，自湖北石首入，南流爲景港水，至南洲入澧水。大溶湖北受澧水，注於沅。康熙十八年置焦圻、南平二驛，後廢。有羌口鎮。慈利 簡。州西南一百六十里。雍正七年自岳州來屬。北：道人。東北：星子。西南：零陽。又有雲朝山。澧水在西，自永定入，東至楮溪口，右合九渡水，又東北與九谿河水合。水出湖北鶴峯州，即古漊水也。又東過縣治北，右納零溪水，入石門。又道水亦東北入石門。又龍潭河出西南，南至桃源入沅水。澧水在境爲洲渚者八，爲潭者二，爲灘瀨者百三十二。有麻寮所、九谿衞城巡司。安福　難。州西南六十里。雍正七年以慈利縣九谿衞地置，析澧州地益之，治裴家河，來屬。北：大銅。東：營駐。西南：大浮山，山跨石門、桃源、武陵諸縣。澧水在北，自石門入，迤東流，左納合溪，右納惡蛇溪，又東入澧州。又道水在縣南，亦自石門入，東北至澧州入澧水。有添平所、新安市巡司，乾隆三十二年廢。永定　疲，難。州西南三百四十里。雍正十三年以慈利永定衞置，析安福縣地益之，治舊衞城，來屬。南：天門。西南：崇山。西北：馬耳。東北：香爐。澧水在南，自桑植入，南屈而東，武溪水自南來注之，又東與大庸溪合。又東流，左納無事溪，右納仙人溪，又過縣治東南，西溪水北流入焉，又東合社溪入慈利。又九渡水出縣南，東北至慈利入澧水。大庸所城在縣西。

南州直隸廳：繁，疲，難。隸岳常澧道。本華容縣地。咸豐四年，湖北石首縣藕池口決，江水溢入洞庭，淤爲洲。光緒十七年置廳，治九都市，並析華容、巴陵、安鄉、武陵、龍陽、沅江諸縣地益之。東南距省治五百四十里。廣一百一十里，袤九十里。北極高二十九度二十一分。京師偏西四度一十三分。北：太陽山。東：明山。西南：清介。東南：洞庭湖。寄山、團山皆在湖中。西有澧水自安鄉入，東南逕白板口，歧爲二，一西南至天心湖合沅水，一東與後江水合，又西南至冷飯洲，匯於洞庭。又有游橋水，首受後江，南至麻濠口入洞庭。又涌水自華容入，東南流，至廳治東北，南別出爲神童港，與游橋水會。迤東過明山，其北岸則華容縣界也，又東至鋸子口入洞庭湖。

衡州府：衝，繁，難。隸衡永郴桂道。舊隸湖廣布政使司。康熙三年來屬。乾隆中增置清泉。東北距省治三百八十里。廣四百六十里，袤二百九十五里。北極高二十六度五十六分。京師偏西四度五分。領縣七。衡陽 衝，繁，疲，難。倚。城內金鼇山。北：岣嶁山。西北：九峰、黃龍。西南：大雲山。東南：湘水左瀆自清泉入，北過府治東，北受烝水。水出邵陽東，合等江水，至陡江口，岳山水南流入焉。右納演陂，南流，武水自西南來會，納清化河，其右岸則清泉縣界也，東北逕石鼓山入湘水。又北，東入於衡山。有寒溪鎮。縣丞治查江市。有衡陽驛。清泉 疲，難。倚。乾隆二十一年析衡陽縣東南鄉置，來屬。東：清泉山，縣以此名。南：回雁峯，衡嶽之首峯也。南：雨母。西南：七寶、探山。湘水自祁陽入，迆東流，右界常寧縣，栗江水自西北來注之。又東過茭河口，西北過府治東，合耒水，北屈而東入衡山。西南：柿江水、清化水，皆東北至衡陽入烝水。東南有新城市巡司。廖田驛。衡山 衝，繁，難。府東北一百里。西北：衡山，是爲南嶽。東：靈山。東北：鳳凰。東南：楊山，又名武陽山。湘水自衡陽入，東北合龍隱港水，至茶陵江口，洣水合永樂江自東南來注之。北過縣治東，爲觀湘洲。右納石灣港，左納樊田港，又北，東入湘潭。又涓水源出湘鄉，東合興樂江，東北至湘潭入湘水。有草市、永壽二巡司。雷家鎮有驛。耒陽 衝，繁，難。府東南一百五十里。西：石臼。東：侯計山，跨安仁、永興二縣。東南：天門。東北：明月。耒水自永興入，東北流，右納肥江，西北至城南，屈東北，潯江水自東來注之，西北入清泉。其東馬水從之，亦至清泉入耒水。羅渡鎮有廢巡司。有驛。常寧 難。府西南一百二十里。北：憩山。西南：塔山、液麻山。東南有逍遙。東北：盟山。西北：湘水右瀆自祁陽入，合吳水。又東北，左與清泉分岸。又東與宜水合。水出縣南西江山，北逕縣治西，左有藍江，右有潭水，皆流合焉，又東北至江口市入湘水。湘水又東北流，右納鹽湖，至茭河口，舂水北流西屈來會。水自桂陽州入，一名茭源河，其東岸則耒陽縣界也。湘水又北入清泉。有杉樹堡。西南壤接瑤峝。安仁簡。府東南一百五十里。南：大湖山。西：金紫。北：軍山。東北：排山。東南：大松山。西北：永樂江自永興入，北與浦陽港合。又北流，左納油陂港，右納蓮花港，北至安平市，大坪港西流合焉。又過城西北，宜陽港水自南來注之，西北至衡山入洣水。有潭湖鎮、安平鎮廢巡司。酃簡。府東南三百里。北：青台。南：泰和。東南：萬陽。西南：屏水山。山與桂東接界，洣水出焉。迤北至雙江口，漠渡水北流西屈注之。又西合舂江，卽雲秋水，東北合洣水入茶陵，是爲茶陵江。其東沔渡水，北爲洮水，下流合於洣水。

永州府：衝，繁。隸辰沅永靖道。總兵駐。舊屬湖廣布政使司。康熙三年來屬。北距省治六百七十里。廣三百四十里，袤五百九十里。北極高二十六度九分。京師偏西四度五十三分。領州一，縣七。江藍同知一，嘉慶十九年移治江華縣濤墟市，後又遷於錦田所城。通判一，道光十二年移治新田縣楊家鋪。零陵衝，繁，難。倚。城內萬石山。西：西山。北：萬石。東北：歸山。東南：陽明山。西南：石城山、永山。湘水自東安合西南石頭江入，至府治西北，東南瀟水自道州合麻江水入，北與永水逕袁家渡至城南，合愚溪及鈷鉧潭來會，是爲瀟湘。湘水北與蘆洪江水合，又北，東入祁陽。黃溪水出東南，馬子江出西南，並流合湘水。縣丞駐冷水灘。北有黃楊堡巡司，後廢。有驛。祁陽衝，繁。府東北一百里。北有祁山，縣以是名。南：白水。東南：樂山。東北：七星，卽大雲山。西北：四望山。湘水自零陵入，東納浯溪，過縣城南，合祁水。水一名小東江，古曰沲口，源出西北騰雲嶺，東南流，煙江水自北來會，入湘水。湘水迤東過白水鎮，白江水合黃溪水自西南來注之。屈東北，與清江水合。水出縣北鎮潭山，卽古餘溪水也。東有歸陽市巡司，乾隆二十一年移治排山驛，尋復故。文明市有永隆廢巡司。有驛。有白水、樂山、文明、沙鎭、大營五鎭。東安 簡。府西九十里。北：東山。西北：舜峯。東北：高霞。東南：伏虎。湘水自廣西全州流入，北屈而東，淸溪江合宥江水自西北來注之，東與石期江水合，又東北入零陵。蘆洪江源出東北八十四渡山，東南流，左會龍合江，東南至零陵入湘水。有蘆洪市巡司，石期市廢司。淥埠、石期、荊塘三鎭。道州 難。府南一百五十里。城內元山。北：宜山。西北：瀟山、營道山。西南：營山。又都龐嶺界接永明，蓋五嶺之第三嶺也。瀟水在東，卽古營水，又曰泥江，自寧遠縣入，西北至靑口，與南源沱水合。水自江華入，北屈而西，合掩水，東北至州治南，營道水自西南來注之，今謂之小營水。又東北，左納宜江，會瀟水。其會流處曰三江口。瀟水又北納麻江水，入零陵。有白灘營。永安關界廣西灌陽。寧遠 簡。府東南一百八十里。南：九疑山，跨道州、江華、藍山諸縣。北：陽明山、黃溪山。瑤山在東南。東北：舂陵，一名仰山。瀟水在南，源出九疑三分石，西北至江口會瀑水。水出東南舜源峯，卽古泠水也，北流合澇水。又西北過縣治，都溪水自東北來注之，入瀟水。東北白江水，北入祁陽。其西大竹源水，一名楊柳溪，亦東北至祁陽。有梅岡鎭。九疑鲁觀巡司。永明 難。府西南二百二十里。北：永明嶺，卽都龐嶺。東南：馬山。西南：荊峽鎭山，其下有鎭峽關，界接廣西恭城縣。掩水源出西北大掩峯，北過縣治西，右合古澤水，屈而東，角馬河水自東南來注之，東北至道州會沱水。西南沐水，南合遨水，西至桃川所城，右納臯澤，左納扶靈，西南入於恭城，其下流是爲平樂水也。西南周棠寨巡司。又有白面墟司巡檢，後遷東南枇杷所城，更名，尋廢。桃川廢司。白象鎭。瑤山在縣西。江華 繁。府南二百二十里。東：豸山。南：吳望。西南：蒼梧嶺，卽臨賀嶺，又名萌渚嶺，跨廣西富川、賀縣，蓋五嶺之第四嶺也。沱水在東，上源曰中河，自藍山入，南屈而東，前河、後河皆流合焉，又西南逕錦田所城。宜遷水出廣東連山，西北流注之，西與靈江合。又西北合馮水，今謂之練江水也，至縣城東曰東河。西河曰萌渚水，自西南來會，又西北入道州。西南有錦岡巡司、錦田廢司。瑤山在縣東。新田簡。府東南二百八十里。南：七賢、藍山。西北：舂陵山，與桂陽州寧遠縣接界。舂水出焉，俗曰烏江水，東南逕夫人山，又南至縣城西南爲西河水，東河水自東北來注之，又東屈而北，入於桂陽。東南白面墟廢司。東有瑤山。

桂陽直隸州：繁，疲，難。隸衡永郴桂道。舊桂陽州隸衡州府。雍正十年升爲直隸州，仍所領。東北距省治六百三十里。廣二百二十七里，袤二百五十里。北極高二十五度四十九分。京師偏西四度零五分。領縣三。東：鹿峯。西：大湊，一名寶山。西北：壇山。西南：石門。東南：神渡。舂水自新田入，北過象鼻嘴，灌水合鼠峽水自西北來注之，卽桂水也。屈東會鍾水，納泮溪，又北與楓江水合，至常寧入湘水。東南：仰天湖，屯湖水出，西北流，左合麻淪江，又北與泉田水合。屈東北，蓮蓬溪水北流來會，又東北入郴州。南牛橋鎭、北泗州寨二廢巡司。臨武簡。州西南一百四十里。北：八源，一名東山。西：舜峯。西南：華陰。又有西山，古名桐柏山，溱水出焉，東北流，左納貝溪，與秀溪水合。屈而北，武溪水合石江水自西來會。又東，赤土溪水南流合焉，東南入宜章。有赤土鎭。瑤山在縣南。藍山簡。州西南一百五十里。北：藍山。西：九疑。南：南風坳，界接廣東連州，鍾水出焉，西流屈北會歸水。水出九疑山，曰九疑水，亦謂之舜水，東北逕縣治南，左納濛溪，屈而東，毛俊水合華荆津水自東南來注之，又北與藍溪水合，東北入嘉禾。西南中河，入江華爲沱水，下流合於瀟水。有毛俊鎭。大橋鎭巡司，後遷臨武營，更名。

瑤山在縣南。嘉禾 簡。州西南一百一十里。西：晉嶺，卽藍山。北：石門。西北：石燕山。鍾水在南，自藍山入，東北流，至縣城東北，含溪水自西來注之，北至桂陽州入舂水。東南泮溪水，源出臨武，北與芹溪水合，亦至桂陽州入舂水。有兩路口廢巡司。

郴州直隸州：衡，繁，難。隸衡永郴桂道。舊隸湖廣布政使司。康熙三年來屬。北距省治六百八十里。廣三百四十里，袤二百三十里。北極高二十五度四十八分。京師偏西三度四十九分三十秒。領縣五。東：馬嶺山。東南：五蓋。西南：靈壽山。又黃岑山卽騎田嶺，又名臘嶺，蓋五嶺之第二嶺也。耒水左瀆自興寧入，西北流，梓塘江自東南來注之，東北合郴水。出黃岑山，一名黃水，東北與沙江合。又北受千秋水，過縣治東，北合騍溪，又北至郴江口入耒水。耒水東北入永興，西有屯湖水，北逕棲鳳山，曰棲鳳水，又東北至永興入耒水。南有良田市巡司。有驛。永興 衡，繁。州北八十里。城內三台山。西：高亭。南：土富。北：金鵝。東北：桃源。西南：白豹山。耒水自州入，北合注江水，屈西過縣城西南，左納靈江，西北至森口，屯湖水合高亭水自西南來會，東北入耒陽。東大步江，源出興寧縣，合潦溪水，東北至安仁爲永樂江。北安福、西南高亭二巡司，後廢。有驛。宜章 衡，繁，難。州南九十里。北：黃岑。東北：漏天。南：西山。西南：莽山。溱水在南，亦曰武水，自臨武入，東南流，岑水合浯水自西北來注之，東南入廣東樂昌。縣北章水，南至樂昌爲羅渡水，入武水。縣南長樂水，東北流，屈西，又東北至廣東乳源，爲武陽溪，亦入武水。東赤石、西南白沙二巡司。有驛。有瑤山在縣南。興寧 疲，難。州東北八十里。東：石牛。西：九峯。北：七寶。南：浦溪山。東南耒水自桂陽入，迤西至豐溪口，漚江自東北來注之，西北與資興江水合。水出縣東，郎古清溪，亦謂之乙陂江，又西北合雷溪水，入郴州。縣北程江，西南至永興入耒水。東北小江水，一名大步江，亦西北入永興。又東春江，至酃合洣水。有滁口巡司，州門鎭廢巡司。桂陽簡。州東南一百六十里。南：屋嶺。東：洞靈。西：義通。西南：大官。東南：東嶺。耒水在南，出耒山，西北合淥水，秀溪水自西南來會。又西北與壽江水合，入興寧。北漚江自桂東入，右納淇江，爲北水河，西北至興寧入耒水。縣南屋嶺水，南與藍田合，又南入仁化爲恩溪。又益將河出東嶺，左合孤山水，東北至崇義爲積龍水，下流合于章水。有益將、文明市二巡司。山口鎭、濠村鎭有二廢巡司。瑤山在縣南。桂東簡。州東北二百七十里。西：紫臺山。南：烏春。東：胸膛。東北：都寮山。又有屏水山，漚江出焉，一名澄江，南與螺川水合。西過縣城南，桂水自西北來會，又南爲嚴溪，左東溪、右白竹皆流合焉，西納雙坑水，與大江水合，南流入桂陽。東南：泥湖山，大坪水出，入江西龍泉，爲遂江水，入贛水。左溪水亦至龍泉合遂江水。西南有高分鎭廢巡司。

辰州府：衝，繁，難。隸辰沅永靖道。舊隸湖廣布政使司。康熙三年來屬。初沿明制，領州一，縣六。乾隆元年，沅州升府，黔陽、麻陽割隸。東距省治八百五里。廣三百五十里，袤六百五十里。北極高二十八度二十三分。京師偏西六度二十二分。領縣四。沅陵衝，繁，難。南：南山，一名客山。西北：小酉。東北：壺頭、明月。東南：聖人山。沅水在南，自瀘溪入，東北合藍溪，至府治西南，酉水合明溪、小西溪自西北來注之。東北合深溪，北屈而東，左納朱洪溪、洞庭溪，右納怡溪，迤東入桃源。又冷溪出東南，北與三渡水合，又東北至桃源爲夷望溪，入沅水。通判駐浦市。縣丞駐荔溪市。有馬底鎭、船溪二巡司。池蓬、明溪、會溪三廢巡司。辰陽、馬底二驛。

瀘溪簡。府西南七十里。明，盧溪，清初改。東：權山。西：天橋，一名羊喬。北：虎頭。西南：踏湖山。沅水在東，自辰谿合浦溪入，北至縣城南，武水合沱江水自西來注之。水出乾州廳，曰武溪水，又名盧水也。沅水又東北入沅陵。西北潭溪水，西南大能水，皆流合武水。又太平溪出西南，東南至麻陽入沅水。南有溪洞廢巡司。辰谿衝。府西南一百一十里。南：五峴。西：大酉。北：熊頭。西南：房連、龍陽山。東南：沅水自黔陽入，北過茶龍山，合麻溪水，北入溆浦。又西北復入縣東，右納柿溪，迤西過縣城南，辰水自西來會，東北入瀘溪。縣南龍門溪，北流合辰水。有黃溪口巡司。山塘驛。有渡口、普市二鎮。溆浦繁，疲，難。府東南二百七十里。東：紅旗。東南：頓家。西北：盧峰。西南：大溆山。沅水在西，右會溆水，一名雙龍江，源出縣南金字山，逕龍潭溪，進馬江自東南來注之。屈而北，左納貓兒江，右納柿溪江，又北與龍灣江水合。又西北流，宜陽江東北自聖人山來會，西至縣治東南，大潭水南流合焉，又西合沅水，東北入辰谿。南有龍潭巡司。瑤山在縣南。

沅州府：衝。隸辰沅永靖道。本明沅州，隸辰州府。乾隆元年升爲府。東北距省治一千一百三十五里。廣二百八十里，袤二百五十五里。北極高二十七度二十三分。京師偏西七度零三分三十秒。領縣三。芷江衝，繁，難。倚。乾隆元年，以州地置。北：明山。東北：武陽。東：花山。東南：高明。西南：羅山。西北：米公山。潕水即無水，自晃州入，東北流，左納柳林溪、粟米溪，屈東南，過府治南，楊溪東流屈北注之，與五郎溪合。東屈而南，豐溪水自東北來入，東南入黔陽。西南：中和溪，出晃州東南，至黔陽入沅水。縣丞治榆樹灣，懷化、便水二巡司。晃州、便水、羅舊、懷化四驛。黔陽衝。府東南九十里。本隸辰州府。乾隆元年來屬。南：赤寶。

北：紫霄。東：龍標。東北：鉤崖。東南：羅公山。沅水在西，自會同入，東至托口寨，左合中和溪，右合渠水，屈東北至縣城西，與潕水會。其會流處曰清江口，卽古無口也。又東南流，錯入會同，迤東北復入縣東，供溪水北流西屈注之。水出綏寧，其上流爲𦰡溪水，東北入辰谿。東：石橋、安江二巡司，道光十二年廢。瑤山在東南。麻陽　難。府西北一百二十里。本隸辰州府。乾隆元年來屬。北：紗帽。南：西晃。東：苞茅。東南有齊天。東北：雄山，其下有雄關。辰水在南，一名麻陽江，自貴州銅仁入，東與密粟溪水合。左納銅信溪，右納石橋溪，過縣治東南，屈而北，樂濠溪自西北來注之，又東合太平溪，至辰谿入沅水。縣丞治巖門寨。有高村巡司。巖門驛。

永順府：難。隸辰沅永靖道。明爲永順等處軍民宣慰使司。領土州三：南渭、施溶、上溪；長官司六：臘惹峒、麥著黃峒、驢遲峒、施溶峒、白崖峒、田家峒。隸湖廣都司。雍正四年改流官置廳，隸辰州府。七年升爲府。東南距省治一千八百八十里。廣五百里，袤五百五十里。北極高二十九度二分。京師偏西六度四十分。領縣四。永順　難。倚。本永順宣慰司地。雍正七年置，治猛峒。東南距舊司治三十里。東：飛霞山、賀虎。東北：蟠龍。東南：羊峯。西北：萬笏。酉水中源自保靖合入逝溪，東與喇集溪合。溪出龍山，曰汝池河，東南過府治西南，小溪水自北來注之，南與牛路河合，入酉水。酉水又南屈而東，左納施溶溪，入沅陵。東南：明溪，亦南至沅陵入酉水。東北：上洞河，出縣北，過十萬坪入桑植，是爲澧水南源。府經歷駐劉家寨。王村巡司。田家峒廢司。驛三：王村、毛坪、高望界。龍山　簡。府西北二百二十里。雍正七年析永順宣慰司地置，治麂皮壩。乾隆元年又省大喇土司地入焉。南：洛塔。東南：鐵爐。西南：八面山。酉水在南，卽北河，又名更始水。三源，其北源曰白水河，自湖北宣恩綠界流入，南逕縣治西北，中界湖北來鳳縣，又南流，果利河自東北來注之。又南與皮渡河合，為卯洞河，西南錯入酉陽州。其中源曰邑梅河，出秀山，北流東屈來會，又東復入縣西南境。其右岸則保靖縣界也。東與洗車河合，入保靖。東南：汝池河，至永順入酉水。有隆頭巡司。保靖 難。府西南一百四十里。本保靖宣慰司地。領五寨、筸子坪二長官司。雍正四年改流官置廳，隸辰州府。七年改為縣來屬，治茅坪，西南距舊司治半里。西：烟霞、洛浦。北：雲台。南：呂洞山。酉水自四川酉陽州入，迤東流，左界龍山，又東屈而南。其南源牛角河，出貴州松桃廳，東流屈北來會。又東過縣治北，左納蒙沖溪。又東與白溪水合，入永順。張家寨巡司。保靖、白楊關二站。桑植 簡。府東北一百二十里。本桑植安撫司地。領美坪等苗峝凡十有八。雍正四年，改流官置廳，隸岳州府。七年改為縣，析慈利縣安福所地益之。治安福所城。乾隆元年，復省上峝、下峝、茅岡三土司地入焉。北：天星。東：陽岐。東南：簸箕山。澧水三源：西北源曰夾石河，出栗山坡，東南為綠水河，又東至兩河口；南源上峒河，自永順北流來會，又東與涼水口河合；河出西北七眼泉，是為澧水北源。東屈而南，至縣治西北，長酉水自東北來注之。又南入永定。又有繩子溪，出東北紅花嶺，東南至慈利入漊水。有下峝廢巡司。

靖州直隸州：繁，難。隸辰沅永靖道。本隸湖廣布政使司。康熙三年來屬。雍正五年，割天柱隸貴州黎平。東北距省治一千六十里。廣三百七十里，袤三百六十里。北極高二十度三十五分。京師偏西七度。領縣三。南：侍郎。東：鴻陵。西：飛山。西北：艮山。西南：青蘿。渠水在東，古謂之敍水，自通道入，北至縣治東南，右納老鴉溪，左納潠溪，西北入會同。西南有四鄉河，源出貴州開泰，東北至通道入渠水。有零溪巡司。會同　難。州北九十里。北：岩屋。西北：八仙。東北：金龍。沅水在西北，自貴州天柱縣入，東北錯入黔陽。又東逕縣東北，巫水合若水溪自東南來注之，入於黔陽。西：渠水自靖州入，北逕縣治西北，右納平川，與吉朗溪合。水出貴州開泰，又名郎江水，西北至黔陽入沅水。西南堡子巡司。洪江司，廢。通道　難。州南九十里。東：玉柱。東南：福湖。又佛子山，渠水出焉，西北過犂嘴山，播陽河自西南來會。河出開泰，曰六冲江，又名洪州江也。北與四鄉河水合，北至縣治西南，臨川河入焉，又東北入靖州。西南有播陽廢巡司。綏寧　繁，難。州東南一百二十里。北：寶鼎。東北：藍溪。又有楓門山，巫水在西，卽洪江，古謂之運水，又曰雄溪，自城步入，西北至界溪口，蒔竹水自南來注之。又北流爲竹舟江，西北至會同入沅水。又蓼溪水，源出東北雞籠山，東爲武陽水，又東北入武岡州，是爲高沙市水也。南：長平水自城步入，西流，右納駕馬溪，又西與雙江水合，西北至通道合渠水。有青陂、雙江二巡司。

乾州直隸廳：繁，難。隸辰沅永靖道。明爲鎭溪軍民千戶所，隸辰州府瀘溪縣。康熙三十九年改爲乾州。四十七年置廳，治鎭溪所城，仍隸辰州府。嘉慶元年升直隸廳。轄苗寨一百一十有五。東北距省治九百六十五里。廣一百二十里，袤九十里。北極高二十八度十二分。京師偏西六度五十九分。東：鎭溪。西：武山，武水出焉，一名武溪，又名盧溪，迤東過廳治西，屈而南，萬溶江自鳳凰廳北流東屈注之。又東與鎭溪水合，東南入瀘溪。有河溪、乾州二廢巡司。鎭溪、喜鵲二營，皆嘉慶二年置。

鳳凰直隸廳：繁，難。鎭筸總兵、辰沅永靖道駐。明爲五寨、筸子坪二長官司，隸保靖宣慰使司。康熙四十三年，改流官置通判，辰沅靖道僉事徙駐。雍正四年改鳳凰營。乾隆五十二年改廳，升通判爲同知。嘉慶元年升直隸廳。

轄紅苗寨一百有五。東北距省治一千五十里。廣一百八十四里，袤一百二十里。北極高二十七度五十三分。京師偏西七度三分。南：南華山。西：鳳凰山，上有鳳凰營，又有鳳凰營司巡檢，後廢。東南：觀景。南：二華。西南：都督。沱江自貴州銅仁入，迤東北流，烏巢江自北來注之。東過廳治北，又東北入於瀘溪，是爲武水最南源也。又，萬溶江源出西北天星砦山，東屈而北，左納龍爪溪，西北至乾州合武水。西南：樂濠溪，東南至麻陽入辰水。祐營，知事駐。得勝營、五寨站有巡司。

永綏直隸廳：繁，難。隸辰沅永靖道。綏靖總兵駐。明，鎮溪千戶所、崇山衛地，隸辰州府瀘溪縣。雍正元年置廳吉多營，仍隸辰州府。嘉慶元年升直隸廳。七年移治花園堡。轄紅苗寨二百二十有八。東北距省治一千一百五十九里。廣九十里，袤一百五十五里。北極高二十八度四十三分。京師偏西七度。南：大排吾山。西：苞茅。西南：蠟爾。牛角河即酉水南源，自貴州松桃廳緣界流入，北至茶洞城，其左岸則四川酉陽州界也。屈而東北，界保靖縣。東過廳治北，臘爾堡河自西南來注之，東北入保靖。西南：高巖河，源出犀牛潭，入乾州爲鎮溪，入武水。茶洞，廢知事。隆團、排補二砦廢司。有花園砦。

晃州直隸廳：衝。隸辰沅永靖道。本芷江晃州堡地，屬沅州府。嘉慶二十二年析置直隸廳，移涼傘通判治焉。東北距省治一千二百四十五里。廣五十二里，袤一百四十五里。北極高二十七度二分。京師偏西七度二十二分。西：龍溪。西南：尖坡。東南：寶駿山。潕水在南，一名無水，又名㵲水。上流曰鎮陽江，自貴州玉屏入，東北與龍溪合。過廳治南，左納木多溪，東流會平溪，東北入芷江。東南：中和溪，一名羅岩江，亦東北流入芷江。晃州、涼傘二巡司。有驛。

清史稿卷六十九

志四十四

地理十六

四川

四川：禹貢梁州之域。明置四川等處承宣布政使司。清初因之。順治二年，置四川省，設巡撫，治成都。十四年，增設四川總督。康熙四年，改烏撒隸貴州。七年，改設川湖總督，駐湖北荊州。九年，移駐重慶。十九年，又改爲川陝甘總督，駐陝西西安。雍正六年，改東川、烏蒙、鎭雄隸雲南，遵義隸貴州，省馬湖入敍州，改建寧衞爲寧遠府，升錦、茂、達三州及資縣並爲直隸州。七年，升雅州爲府。十二年，升嘉定、潼川二州爲府，升忠州爲直隸州，置黔彭直隸廳。乾隆元年裁，改酉陽土司爲酉陽直隸州，升敍永廳爲直隸廳。十四年，復專設四川總督，裁巡撫，以總督兼理巡撫事，治成都。二十五年，改松潘衛爲松潘直隸廳，改雜古腦爲理番直隸廳。二十六年，改石砫土司爲石砫直隸廳。嘉慶七年，升達州爲綏定府。光緒三十年，升打箭鑪廳爲直隸廳。三十二年，設督辦川滇邊務大臣，駐巴塘。三十四年，改敍永廳爲永寧直隸州，升打箭鑪廳爲康定府，升巴安縣爲巴安府。宣統元年，改德爾格忒土司爲登科府。東至湖北巴東縣；一千七百六十里。西至甘肅西寧番界；一千二百四十里。南至雲南元謀縣；二千三十里。北至陝西寧羌州。一千一百八十里。廣三千里，袤三千二百里。由康定府至前藏拉薩，駐藏辦事大臣駐。四千七百一十里。北極高二十七度五十四分至三十二度二十二分。京師偏西六度五十三分至十四度十二分。宣統三年，編戶五百四萬一千七百八十，口五千二百八十四萬四百四十六。都領府十五，直隸州九，直隸廳三，州十一，廳十一，縣百十八，土司二十九。其名山：東北有嶓冢。蜿蜒川、陝界者，巴山。西北自岷分二支：南迤於大金川東西者，靑城、蒙、峩眉，在西者，噶察克拉嶺、折多山；其在岷東南迤者，摩天嶺、劍門山。碩古里，自靑海東巴顏喀喇分支。其大川：金沙、鴉龍、岷、嘉陵、渠、涪江，大渡河。航路：東境自夔至敍。驛路：自成都東北逾劍閣達陝西沔縣，西渡瀘定橋逾大雪山達西藏江卡。鐵路：川漢，未竣工。電綫：自成都東達漢口，西達打箭鑪。

成都府：衝，繁，難。明，府。成綿龍茂道治所。光緒三十四年裁總督。布政使、提學使、提法使、鹽運使，巡警道、勸業道，將軍、副都統、提督駐。舊領州六，縣二十五。順治十六年，省羅江入德陽，省彰明入綿。康熙元年，省崇寧入郫，省彭入新繁。九年，省華陽入成都。雍正六年，復設華陽，升綿、茂二州及資縣並爲直隸州，以德陽、綿竹、安縣、綿，汶川、保縣、茂，資陽、仁壽、井研隸資，又省威入保。六年，復設崇寧、雙流、彭、彰明四縣屬府。七年，以彰明改屬龍安。東北距京師五千七百十里。廣二百四十里，袤二百七十里。北極高三十度四十二分。京師偏西十二度十六分。領州三，縣十三。成都衝，繁，難。倚。武擔山在城西北隅。西：龍華山。北：天迴山。郫江自郫縣入，遶城東而南，入華陽，與錦江合，名二江，亦曰都江。沱江自新繁入，逕縣北，又東流入新都。金水河自城西穿城東出入江。摩柯池在城內。有天迴、沱江二鎮。一驛：錦官。華陽衝，繁，難。倚。康熙九年併入成都。雍正五年復置。東：大面山。西：西山，亦名雪嶺。南：六對、鐵鑪。錦江一名汶江，自郫縣入，逕城南，折而東，會成都之郫江。又折而西，新開河自雙流來會，下流入彭山。浣花溪在城東南，一名百花潭。驛同成都。雙流衝。府西南四十里。康熙元年併入新津。雍正六年復置。南：應天、宜城。東南：普賢山。新開河自溫江入，逕城南，東流入華陽。石魚河、楊柳河亦自溫江入，逕城西南，合流入新津注大江。溫江繁。府西少南五十里。北：女郎、大墓二山。岷江俗名溫江，卽金馬河，自灌縣入，西南入新津。石魚河在城西，自金馬河分流，楊柳河自石魚河分流。又酸棗河自郫縣入，東流逕城北，俱入雙流。新繁繁。府西北五十六里。西北：五龍、平陽。北：曲尺山。沱江卽北江，自郫縣入，逕城南，入成都。北：清白江，卽古湔水，自彭縣入，東入新都。錦水河亦自彭縣入，東流逕城南，都橋河自彭縣西南分清白江，東流逕城北，俱入新都。金堂繁，難。府東北七十里。西：金堂山，縣以此名。南：雲頂山，亦名百城山。東：三學山。緜陽河卽緜水，自漢州合雒水入，右納馬木河。又南至焦山坡，西有清白江及其枝津督橋河自新都入，合於城東。其昆橋河卽沱江，先後來會，是爲中江，又南入簡州。有古城、下市、柏茂三鎭。新都 衝，難。府北五十里。南：龍門、赤岸。北：靈元山。沱江卽昆橋河，下流自成都入。督橋河、錦水河俱自新繁入。錦水又歧爲利水河，並入金堂。其正流至城東南入湔水，在縣北，亦自新繁入，合彌牟水，東入金堂。有彌牟、軍屯二鎭。一驛：廣漢。郫 衝。府西四十五里。西：平樂山。北：郫江自崇寧入，東流入新繁。郫江俗名油子河，自走馬河分流，逕城西，又東入成都。沱江自崇寧入，東流入新繁。西：九曲江分走馬河小支，繞城西北，下流入油子河。雙清河卽走馬河，亦自崇寧入，東流入華陽，爲錦江。有馬街一鎭。灌 衝，繁。府西北百二十五里。西北：灌口、玉壘。南：趙公山。西南：青城山。縣西南一里離堆，秦李冰鑿江處。大江逕此分二大支，曰南江，曰北江。南江分三派：正派南流入崇慶爲西河；東派爲白馬河，又分爲里石溪河，亦入崇寧；西派西南流，又分二支，俱入新津。北江分南北二大派。南派又分爲三：曰龍安江，入崇慶；曰金馬河，入溫江；曰酸棗河，入郫縣。北大派之南派曰沱江，北派曰湔水，俱入崇寧。西南僚澤、西北玉壘、蠶崖三關。彭 繁，疲，難。府北九十里。康熙元年，併入新繁。雍正六年復置。西北：彭門山，與牛心山隔江對峙。又有大隋、中隋二山。南：清白江自崇寧入，歧爲督橋河，東入新繁。西北：王村河，源出五峰山，南流折東入漢川，爲馬水河。錦水河亦自崇寧入，逕城南，東流入新繁。瀰濛水源出琅邪山，卽彌牟水上游，東流至新津入湔江。北：靜塞關。崇寧 簡。府西北八十里。康熙元年省入郫。雍正七年復置。西：鐵砧山。北：金馬山。沱江自灌縣入，逕城南，東入郫縣。湔水自灌縣分沱江，東流四十里，逕城北，又東入彭縣，爲清白江。郫江自灌縣入，逕城南，歧爲走馬河。又一支爲油子河，俱南，東入郫縣。徐偃河出郫江，亦自灌縣來會，東入彭縣。

簡州衝，難。府東少南百二十里。東：李八百山。西：孝子山。東北：石鼓。西南：忠國。西北：丹景山。中江即沱江，或稱雁江，自金堂入，合絳水，南流入資陽。絳溪河發源西北月亮溝，東南流，逕城北，入江。西南：赤水，一名黃龍溪，西流入仁壽，即蘭溪上源也。有陽安關。巡司駐龍泉鎮。一驛：龍泉。

崇慶州繁。府西南九十里。西：鶴鳴山。西北：龍華山。北：味江自灌縣入，逕州西，西南流，折東與白馬江合。白馬江由味江分流，逕城東，又東南會西河，入新津爲白西河。黑石溪河自白馬江分流，至城東三江口，仍入白馬江。羊馬江在白馬江東，自灌縣分大江，東南流，逕州境，又南入新津。一驛：陽安。

新津衝，難。府西南九十里。南：天柱山。北：平蓋山。東南：寶資山。岷江自溫江入，逕城東，又東南流，入彭山。北：白西河即味江，自崇慶入，東南流，合羊馬河，入江。汶井江即古僕千水，今名南河，自邛州入，東北流，逕城南，又東入江。乾溪、溪水二河自灌縣分味江，西南流，折東南，逕城南，又東注汶井江。

漢州衝，難。府北少東九十里。東：銅官、東覺二山。雁江自什邡入，至州東北合沈犀河，有白魚河亦自什邡來注之。又東南合雁江，入石亭江。石亭江即雒江，亦自什邡入，逕州北，東南入金堂。綿水自德陽入，逕州東，南流入雒江。一驛：廣漢。

什邡繁。府北百三十里。南：雍齒山。西北：章山，即雒通山，雒水出焉，逕城北，東南流，入漢州。金雁河、沈犀河、白魚河三水並出縣境，亦入漢州。西：高鏡關。

重慶府：衝，繁，難。川東道治所。明，府。順治初，因明制，領州三，縣十七。康熙元年，省銅梁、安居入合州，省璧山入永川，省武隆入涪州。八年，省定遠入合州。六十年，復置銅梁，以安居併入。雍正六年，復置大足、璧山、定遠三縣。十三年，升忠州爲直隸州，酆都、墊江屬之。析黔江、彭水二縣置黔彭直隸廳。乾隆元年，改隸酉陽直隸州。二十九年，以巴縣江北鎮置江北廳。西北距省治九百六十里。廣五百六十里，袤五百九十里。北極高二十九度四十二分。京師偏西九度四十八分。領廳一，州二，縣十一。巴衝，繁，難。倚。城內巴山，縣以此名。東：塗山。又北：太華。西：踰越、縉雲。南：霖峰。縣東有明月峽者，大江逕此。大江自江津入，逕城東南，又東北入江北廳。嘉陵江卽涪江，自合州入，南流至城東，與大江合。東：丹溪自綦江入，交龍溪自長壽入，俱入大江。巡司一，駐木洞鎮。西：佛圖關。驛二：朝天、白市。江津衝，繁，難。府南百二十里。南：鼎山。東：雲篆、珞黃。東：華蓋、女仙。東南：固城山。大江自合江入，東北流，逕縣西、北、東三面，亦名九字水，又東北入巴縣。南江卽古僰溪，自綦江入，逕城東，又北入大江。筍溪源出南綦盤山，北流注南江。呰溪、樂城溪俱入大江。南：崖門關。一驛：茅壩。長壽衝。府東北百五十里。東：長壽山，縣以此名。北：銅鼓。西：牛心。東北：羅紋山。大江自江北廳入，逕城東入涪州。龍溪一名溶溪，卽古容溪，自墊江入，南流入大江。海棠溪合桃花溪自鄰水入，逕城東北，一名梅溪，西南流入巴縣。一驛：龍溪。永川衝。府西北百八十里。西：英山。北：銅鼓。南：瀘龍。西北：溪山。侯溪上流曰車對河，西南流，至城南，會西來一水，南流爲株溶溪，又南入大江。松子溉源出龍洞山，亦東入大江。一驛：東臯。榮昌衝。府西少南二百六十里。東：葛仙。南：寶蓋。北：駐蹕。東南：慶雲山。長橋河自大足入，逕城西思濟橋，爲思濟河。西南流，至清江灘入瀘州。大鹿溪源出南山，南流，折東南入合江。一驛：峰高。綦江簡。府南三百里。西：扶歡。東：石筍。北：牛崗。南：

祝融、蘿綠二山。僰溪亦名夜郎溪，自貴州桐梓來入，名綦江，逕城東，又西北流入江津。至南江口注大江。東胥溪、北金沙溪、西奉恩溪，並入綦江。南三舍溪、捍水二關。南川難。府東南二百五十里。東：九盤山、馬嘴山。西：永隆。南：方竹箐山，白水出，逕城南鎭江橋，名鎭江橋溪，屈流至城北水東橋，爲大溪河，入涪州。四十八渡水源出馬嘴山，與流金水俱至水東橋合白水。水從溪源出水從山，西流入綦江，合南江，卽南江別源也。南馬頭、北冷水二關。合州衝，繁，難。府北二百里。北：瑞應。西：牟山。南：銅梁。東：釣魚山。東北：書臺山。渠江卽宕渠水，自廣安入，涪江自遂寧入，俱合嘉陵江。嘉陵江自定遠入，東北合渠江曰嘉渠口，又東南合涪江曰三江口，又南入江。北：跳石溪自銅梁入，東北流入涪江。二驛：劉家場、溫場。涪州衝，繁，難。府東少北三百五十里。東：龜山。西：五花、玉壁。北：鐵櫃、北巖。東南：武龍山。大江自長壽入，逕城北會涪陵江。涪陵江卽古延江，自彭水入，北合大江。大溪河自南川入，東北流，逕州東南入涪陵江。巡司一，駐武隆鎭。一驛：涪陵。銅梁繁。府西北二百四十里。康熙元年併入合州。六十年復置。西：六瀛。東：新開山。南：雙山。西北有小銅梁山，縣以此名。涪江自遂寧入，逕城東北，又東南流入合州。安居溪一名關箭溪，又名瓊江，自遂寧入，逕城南，折東北流入涪江。馬灘河一名赤水溪，源出六瀛山，南流入大足，合沙溪河，入縣城。合巴川河，東南流，繞縣境如「巴」字，亦入城。與赤水溪合流，出城東流，合小安溪，東北入合州。有安居鎭巡司。大足繁。府西三百十里。康熙元年省入榮昌。雍正六年復置。南：鷄栖。東：三華。西：龍岊。東南：玉城山。長橋河上流卽岳陽溪，自安岳入，逕城西，又西南入榮昌。小安溪一名單石溪，東北流入永川。赤水溪自銅梁入，東北流，合沙河溪，仍入銅梁。東米糧、北化龍二關。璧山衝。府西少北百里。康熙元年省入永川。雍正六年復置。南：龍瑲。北：

縉雲。西南：垂壁。東南：王來山、來鳳。油溪二源，出湯口峽，一爲來鳳橋溪，南流，一爲馬坊橋溪，東南流，俱至鬬牛石，合流入江津，注大江。有雙溪鎮。一驛：來鳳。定遠 衝。府北少西二百九十五里。康熙八年併入合州。雍正六年復置。東：武勝山。北：焦石山。嘉陵江自南充入，環縣境北、東、南三面，南流入合州。花石溪源出岳池，西南流，鹽灘溪源出蓬溪，東南流，俱入嘉陵江。江北廳 簡。府北一里。明爲巴縣之江北鎮。乾隆十九年設廳。東：臥龍山。北：大華鎣山。東北：石城山。大江自巴入，逕廳東南，又東入長壽。涪江自合州入，逕廳南，又東南，與巴縣分水入大江。東：銅鑼峽關，爲水路門戶。

保寧府：中，衝，繁。川北道治所。川北鎮總兵駐。明，府。順治初，因明制，領州二，縣八。雍正五年，改梓潼屬綿州直隸州。西南距省治六百二十里。廣七百一十里，袤六百里。北極高三十一度五十九分。京師偏西十度五十分。領州二，縣七。閬中 衝，繁。倚。西：閬中山，縣以此得名。東：盤龍、文城。南：鐘山、玉立山。東北：大方山、靈山。嘉陵江卽西漢水，亦曰閬水，自蒼溪入，南流逕城西，折東，又逕城南入南部。東河一名宋江，亦自蒼溪入，東南流，逕城東，與嘉陵江合。西水河自南部入，至梁家坡仍入之。西：鋸山關。一驛：錦屏。蒼溪 府西北四十里。東：離堆、白鶴山。西：老池。南：小錦屏。東南：大獲山。西北：方山。嘉陵江自劍州入，逕縣東北，又南入閬中。東河自廣元入，逕大獲山麓，西南流，亦入閬中，塘溪河從之。曲肘川源出玉女山，東南流入江。南部 繁。府東南七十里。東：龍奔山。西：蘭登山。南：南山，亦名跨鼇山。東南：離堆山。嘉陵江自閬中入，逕城東北，又東南流，入蓬州。西水河卽小潼水，自劍州入，逕城南，又東南亦入蓬州。南溲水、西伏元溪、東安溪，皆嘉陵江之溢流也。縣丞、巡司駐富村驛。廣元衝，繁，難。府北三百里。潭毒山在北，下瞰大江。又七盤嶺爲秦、蜀分界處。東：鳳凰山。西：烏奴、白馬。北：金城。東北：可沈山。嘉陵江自陝西寧羌州入，逕城西，又西南入昭化。宋江卽東河，亦自寧羌入，逕城東，又南入蒼溪。北：潛水源出龍門山，逕龍洞口，至朝天驛入嘉陵江，漢壽水、潴溪從之。巡司二，駐神宣驛、百丈關。驛三：問津、神宣、望雲。昭化衝，繁。府北少西二百八十里。西：牛頭、人頭。南：仙人。北：大高、長寧。西北：木馬山。嘉陵江自廣元入，逕城東北，又南入劍州。白水江卽羌水，自平武入，東南流入嘉陵江。清水江自劍州入，逕城西北，又東與白水江合。桔柏津在城東，卽嘉陵、白水二江合流處也。西北：白水關。二驛：昭化、大木樹。巴州繁，疲，難。府東北三百五十里。東：東龕山。西：西龕山。在東又南：南龕、北龕。東南：石城。西北：義陽岳、木彊二山。巴江源出大巴山，自南江入，逕州東南入達縣。清水源出廣元東南境，逕恩陽廢縣西北，又東南流，逕州西南，宕水自通江入，注巴江。州判一，駐龍泉關。通江府東北五百五十里。東：大鐘。西：金童。南：秋錦。東北：龍山。宕水一名東河，源出陝西西鄉，西南流，逕城東會諾水。諾水源出陝西南鄭，亦名西河，逕城西與宕水合，入巴州。白石水一名清水，自西鄉入，西南入宕水，名洪口河。東白陽、北羊圈、東北濛壩三關。南江府東北四百七十里。東：望元山。西：龍耳山。南：公山。北：孤雲山。又大巴、小巴二山。巴江卽宕渠水，源出大巴山，逕城東，又東南入巴州。東：難江，一名南屯河，上流曰三溪河，至兩河口入巴江。南平桑水，北明水、韓溪、蒼溪，俱從之。劍州衝，繁。府西北二百二十里。東：鶴鳴、浮滄。大劍山，亦曰梁山，相屬有小劍山，中爲劍閣道。嘉陵江自昭化入，逕城東，又南入蒼溪。清水江卽黃沙江，自平武流入，逕城北，又東入昭化。西小河卽小潼水之下流也，又名武連河，源出五子山，東南流，入南都。

北：劍門關。驛二：武連、劍門，驛丞駐。

順慶府：衝，繁，難。隸川北道。明，府。順治初，因明制，領州二，縣八。嘉慶十九年，改大竹、渠屬綏定府。西南距省治六百二十里。廣二百九十里，袤二百三十里。北極高三十度五十分。京師偏西十度十九分。領州二，縣六。南充衝，繁，難。倚。東：鶴鳴山。南：清居山。西：大小方山。嘉陵江自蓬州入，逕縣東，又南入定遠。西：西溪，源出西充，流溪，源出大耽山，俱東流至縣南，入嘉陵江，曲水、清溪水從之。鹽井在縣境者十有五。西充 繁。府西北九十里。城西北隅西充山，縣以此名。東：亞夫、扶龍。西：瓊珠。南：南岷山。陵溪亦名小陵河，自縣西小陵鎮至三河口，與象溪、虹溪合流入南充。海棠川源出雙圖山，西流，折而南繞城，又南入南充，注嘉陵江。蓬州 繁。府東北四十里。城北隅玉環山，嘉陵江水環之，故名。西：三合。南：永安。東：雲山。嘉陵江自南部入，南流，繞城三面如玦，折而南，入南充。清溪水源出營山之披衣山，南流入州，名清澹河，又四十里至州南清溪口入嘉陵江。鹽井一。營山 繁。府東北百八十里。城西南營山，縣以此名。東：青羊。西：披衣。東北：大小蓬山。流江自儀隴入，七曲縈迴，亦名七曲堰，逕城東，又東南入渠縣。瞰天溪源出西西巖，繞城東南流，至七曲堰入流江。清溪源出披衣山，西南流入蓬州。儀隴 簡。府東北二百六十里。城內金城山。東：望龍山。南：南圖山。西：儀隴山，縣以此名，流江之水出焉。流江自儀隴山南流，折東逕城南，又東南入營山。平溪源出東允家山，南流入流江。廣安州 繁。府東南百九十里。東：穀城。西：秀屏。南：猊峰。北：諫坡山。渠江自渠縣入，逕州北，謂之篆水。以江中有三十六灘，灘石縱橫，波紋如篆，故又名篆江。繞城而南，亦名洄水。又西南入合州。濃水卽西溪水，源出北山，南流逕城西，折東至城南五里合渠江。清溪水自鄰水入，左會大池河，流至州南入渠江。鄰水 繁，難。府東南二百七十里。南：晶然。東：寶穀山。北：銀華。西：少陵。東北：鄰山。鄰水上源卽芭蕉河，自大竹入，西南流，逕城東，又西南與觀音河、寶石河合流入長壽。有鄰山、太平二鎭。岳池 衝。府東南百二十里。東：岳安山、龍扶速山。北：龍穴。西：姜山，岳池水出焉。岳池水自姜山流至縣東，折南合靈溪、龍穴二水入定遠。

敍州府：要，衝，繁，難。隸永寧道。明，府。順治初，因明制，領縣十。旋改高州爲高縣。雍正六年，改貴州永寧縣來屬，又裁馬湖府，以所轄屏山來隸。八年，復以永寧往屬敍永廳。乾隆二十六年，置雷波廳。二十九年，置馬邊廳。西北距省治七百九十里。廣五百九十里，袤三百七十五里。北極高二十八度三十八分。京師偏西十一度四十三分。領廳二，縣十一，土司四。宜賓 衝，繁，難。倚。西：天倉、朱提。南：七星。西南：大小黎山。大江在縣東北，一名汶江，亦名都江，自犍爲入，東南流，入南溪。馬湖江一名瀘水，卽金沙江，自屏山入，逕縣南，又東與大江合。石門江，俗呼橫江，又名小江，自慶符入，至城西南，又東北合馬湖江。北：涪溪、蘇溪俱入大江。東：二郎關。慶符 簡。府南少東百二十里。南：石門、興慶。東：迎祥山。石門江上流曰紋溪，源出雲南烏蒙，南廣水卽古符黑水，自高縣入，俱東北流，逕城西，並入宜賓。富順 衝，繁，難。府東北二百四十里。西：凌雲、瑪瑙。東：祿來、桂子。北：朝陽。西南：虎頭山。沱江一名金川，又名釜川，自內江入，逕城東，東南流入瀘州。榮溪自榮縣入，隴溪源出縣東馬鞍山，俱入沱江。縣丞二，駐鄧井關、自流井。南溪 衝。府東百十里。南：琴山、可盧。西：平蓋。北：瑞雲。東：龍騰山。大江自宜賓入，逕城南，又東入江安。西北：

福溪亦名服溪，亦自宜賓入，南流入大江。僰溪與九盤溪合流至城東入江。一驛：龍騰。長寧簡。府東南百四十里。東：牛心。南：棫山、越王山。北：寶屏、龍巖。東西二溪與冷水溪俱至縣東北清井合流爲清溪，一名三江口。又東北至武寧砦，爲武寧溪，又東北至安寧砦，爲安寧溪，又東北至江安入大江。高簡。府西南百五十里。南：閣梯。北：連珠。東南：七寶。西南：騰山。宋江自雲南鎭雄入，北流，逕筠連東，分五道，北至平寨，逕城東而北。梅嶺溪自筠連入，至城北合宋江，又北入慶符。筠連簡。府西南二百五十里。南：暮春、黃牛。西：學士。東：景陽山。定川溪有二源，一出烏蒙黑桃灣，一出雲南鎭雄羊落溝，合流逕城西，又北入高縣，爲梅嶺溪。珙簡。府南少東二百里。北：麒麟、芙蓉。西：虎牢。西北：梅得山。珙溪一名落浦河，逕縣西南，折而東北入長寧，合清溪。興文簡。府東南百八十里。東：摩旗。東南：文印山。南：南壽山。水車河一名三渡河，源出故建武城山谷中，至縣東北，又西流，經梅嶺堡入長寧，注清溪。隆昌衝，難。府東北二百七十里。北：道觀山。南：迴龍山、玉蟾山。沱江自內江入，逕城西南入瀘州。小溪一名隆橋河，在縣東，自內江、榮昌二縣山溪水合流而成，東南流，亦入瀘州。屏山簡。府西南二百二十里。西：鏡山。東：書樓。東北：赤崖。西南：小悍山。馬湖江一名瀘水，卽金沙江，自雲南昭通入，東北逕蠻夷、平夷二土司界，又東北逕城南，又東入宜賓，與大江合。泥溪、什噶溪、大鹿溪並入馬湖江。巡司駐石角營。馬邊廳衝，繁。府西六百里。本屏山地，初爲馬邊營，乾隆二十九年改廳。東：烟遮山。南：大池山。北：龍泉山。東南：金鳳山。清水溪一名新鎭河，源出涼山蠻界，逕廳南，折北轉東，過沐川司入犍爲。雷波廳繁。府西南五百七十里。本屏山地，名雷波鄉。康熙初置長官司。雍正六年改雷波衞。乾隆二十六年升廳。東：貝海。西：龍頭。北：雷番。西北：寶纛山。金沙江自雲南昭通入，逕廳南，東北流，入屏山。南石城河，西南秦沙河，並源出蠻界，東流注金沙江。北馬湖，爲黃種、芭蕉二溪上流。西南：神龍關。**蠻夷長官司** 隸屏山。在縣西南，舊屬馬湖府。雍正五年改屬。東：大鹿山。西：什噶溪。**沐川長官司** 隸屏山。在縣西北。東：青孤山。南：沐溪，東流入犍爲界。**泥溪長官司** 隸屏山。在縣西。元至元十三年，與馬湖路同置。明改縣，移司於此。仍明舊。**平夷長官司** 隸屏山。在縣西。西北：隆馬崖山。馬湖江自雲南昭通入，又南有大紋溪。

夔州府：要，衝，繁，難。隸川東道。明，府。順治初，沿明制，領州一，縣十二。康熙六年，省大寧入奉節。七年，省新寧入梁山。九年，省大昌入巫山。雍正六年，升達州爲直隸州，以東鄉、太平二縣往隸。七年，復置大寧、新寧二縣。旋改新寧隸達州，改梁山隸忠州。乾隆元年，改建始隸湖北施南府。西距省治一千七百四十里。廣四百十里，袤五百四十里。北極高三十一度十一分。京師偏西六度五十三分。領縣六。**奉節** 衝，繁。倚。東：白帝山。赤甲與白鹽隔江，兩山對峙。西：官口。南：勝已、文山。北：天門山。東：瞿塘峽，峽口爲灩澦堆，大江卽岷江，自雲陽入，逕縣南，東流，出瞿塘峽，自峽以下謂之峽江，亦名鎖江，又東入巫山。東：大瀼水、清瀼水，並入大江。東瞿塘關。**巫山** 衝，繁。府東百三十里。東：巫山，山有十二峰，亦曰巫峽。南：南陵山。北：磊頭。東北：金頭。西北：天縣山。南：大江自奉節入，東流逕巫峽，又東入湖北巴東。巫溪水一名昌江，自大寧入，東南流入大江。又烏飛水在縣西南，發源奉節山谷中，東北流，亦入大江。清溪、萬流溪從之。**雲陽** 衝，繁。府西百四十里。東：石城。北：漢城、馬嶺。南：飛鳳。東南：新軍山。西北：大梁山。大江自萬入，逕城南，東流入奉節。彭溪一名開江，亦名臨江，自開入，東南流，逕城西入大江。湯溪水卽東瀼河，東流逕五溪關，又東至城東入大江。鹽井十。鹽課大使駐雲安廠。萬衝，繁，難。府西少南二百八十里。東：黑象山。西：天城、魚存。南：南山。北：都歷、高梁。西南：羊尾山。西北：萬戶山。大江自忠州入，逕城南，又東入雲陽。苧溪卽古池溪，自梁山入，至城西，復南流入江。開簡。府西少北二百三十里。北：盛山。西：大池。南：九龍。東南：瑞石。東北：熊耳山。開江亦曰臨江，卽古彭溪，自新寧入，逕縣南，又東南會清江、墊江入雲陽。三潮溪、白水溪並東流入清江。大寧難。府北百八十里。東：鳳山。北：石柱、寶源山。東北：石鐘。巫溪一名昌江，源出縣境西北，逕城東，曰大寧河，又南入巫山。馬連溪卽白楊河，逕城南，又東入大寧河。有鐵山關。

龍安府：繁。隸成綿龍茂道。明，府。順治初，因明制，領縣三。雍正九年，改綿州之彰明來隸。西南距省治六百五十里。廣七百七十里，袤五百二十里。北極高三十二度二十二分。京師偏西十一度四十九分。領縣四，土司一。平武繁。倚。東：左擔。西：太平。南：鎭南、羊角。北：火風。東南：箐青、石門山。涪江自松潘入，東流逕城南，青漪江一名小江河，卽古廉瀼水，亦東南流，並入江油。白水江自甘肅文縣入，逕城西北，又東南流入昭化。石泉河自石泉入，逕縣東南入彰明。火溪河一名白馬河，有二源，流至陽地隘口而合，西南入涪江。又東青川溪，東流入劍州。縣丞駐青山鎭。東北：北雄關。江油簡。府東南二百六十里。東：寶圖山。西：玉枕、大匡。南：龍頭。北：白魚。西南：大小匡山。涪江自平武入，逕城東，與青漪江並東南流入彰明。龍潭溪源出寶圖山，流至石舍崖入涪江。東：涪水關。石泉簡。府西南三百二十里。南：石紐。東：金字山。西：千佛。東北：鷄棲山。石泉河卽湔水，自平武入，左合大魚口水，其西南源神泉河自茂入，西源壩底水自右來會，折東逕城南至素龍山，爲石密溪，折南緣江油界入彰明。西石板、西北上雄二關。彰明簡。府東南三百二十里。東北：太華山。北：紫山、獸目山。涪江自江油入，分二派，夾城東西流，至縣南合，又南會石泉河入綿州。青漪江亦自江油入，南流入涪江。陽地隘口長官司隸平武。在縣北。宋爲守禦千戶。元至元時，授宣慰副使。明改置長官司。順治六年投誠，因之。

寧遠府：要，衝，繁，難。隸建昌道。建昌鎭總兵駐。明，建昌衞。順治初，因明制爲衞。雍正六年改府，以會理州來屬，並置西昌、冕寧、鹽源三縣，越嶲一廳隸之。宣統元年，增置鹽邊廳。二年，又置昭覺縣。東北距省治一千二百三十里。廣八百四十里，袤一千二百九十里。北極高二十七度五十四分，京師偏西十四度十二分。領廳二，州一，縣四，土司十一。西昌衝，繁。倚。舊建昌衞。雍正六年改縣。東：木托。西：天王山。南：巴洞。東北：涼山。東南：螺髻。西南：旄牛山。安寧河卽孫水，自冕寧入，逕城北，熱水河自東來注之。又逕城西，西河自西來注之。北納東河、寧遠河，南納邛河，南流入會理。東西溪河、三岔河均入金沙江。石門、羅鎖、瀘沽、太平四關。巡司二，駐普威、德昌所。冕寧繁，難。府北少西百八十里。初仍明制爲寧番衞。雍正六年改縣。東南：冕山，縣以此名。東：東山。南：南山。北：北山。孫水有三源，自縣北納瓦那河，逕城東南，西源三水合爲小村河，又南至王家營，東源曰松溪河，合小相公嶺水，西北流曰瀘沽，來會，又南入西昌。若水卽鴉龍江，自雅州入，西南入鹽源。沙沱、烏角、冕山、九盤四關。鹽源繁，難。府西南三百十里。明，鹽井衞。雍正六年改縣。南：柏林山。西：斛僰和。西北：刺紅瓦山。打沖河卽鴉龍江下流，自冕寧入，逕城西北，納左所河。又南納鹽井河，合雙橋、浪渠二水，與別列河、麥架河西北流來注。又東南納右所河。又南納椒崖、那噶諸河，入會理。雙橋、古得二關。阿所拉場巡司。鹽井二。昭覺繁，疲，難。府東北。舊爲交脚汛地，在涼山夷集中。宣統元年，勸辦涼山倮夷。二年，就汛地增設縣治，改今名，並移建昌中營守備駐之。會理州衝，繁。府南四百里。本會川衞。康熙二十九年分置會理州。雍正六年省會川衞，移州治衞城，隸寧遠。東：密勒山。西：斜山。南：白塔。西南：蘆那山。金沙江左瀆自鹽源入，右與雲南大姚分岸。安寧河自州北納公母河、一碗水，西南與打沖河合，並西流入之。又南納黎溪水，入雲南武定。東玉虛河、玉虹河、會通河俱入金沙江。有瀘津、松坪、永昌、大龍、虎頭等關。巡司二，駐迷易所、窪烏場。鹽邊廳府西南。鹽源縣屬阿所拉地。嘉慶二十二年增設巡司。宣統元年升廳，改今名。越嶲廳衝，繁。府北少東二百八十里。初因明制爲越嶲衞。雍正六年廢衞設廳。南：大孤山、小相公嶺。西：小孤山、阿露山。又西南：嶲山。大渡河自打箭鑪入，納松林河、鹿子河，東北流，老鴉漩河自西來，合二小水注之，又東北入清溪。越嶲河自廳西南，二水合流，逕廳東，倮儸河、臘梅營水東來注之，又東北納寧越營、桂賢村二水，入峩邊，注大渡河。小相公嶺、青岡、海棠、曬經四關。經歷駐大樹堡。沙麻宣撫司隸西昌。在縣東北。康熙四十九年置。瓜別安撫司隸鹽源。在縣西北。康熙四十九年置。木裏安撫司隸鹽源。在縣西北。雍正八年置。威龍州長官司隸西昌。在縣東南。元，威龍州地。明洪武間置司。仍明舊。普濟州長官司隸西昌。在縣西南。元，普濟州地。明洪武七年置土知州。康熙四十九年改置。昌州長官司隸西昌。在縣南。元，昌州地。明洪武九年以雲南大理府土職調守。仍明舊。河東長官司隸西昌。在縣東南。明爲宣慰司。康熙四十九年改置。阿都長官司隸西昌。在縣東南。順治六年歸附。康熙四十九年授宣撫司。雍正六年改置。阿都副長官司隸西昌。雍正六年置。馬喇長官司隸鹽源。在縣西南。

與雲南永北廳接界。康熙四十九年置。邛部長官司隸越嶲。在廳北。康熙四十二年歸附，授宣撫司。五十二年改置。

雅州府：衝，繁，難。建昌道治所。明，雅州。順治初，因明制，爲直隸州，領縣三。雍正七年升府，撫民同知駐靖西關地，在哲孟雄之北，爲亞東出入要路。有商埠。以其地增置雅安縣，改天全土司爲天全州，改長河西魚通安遠宣慰司爲打箭鑪廳。八年，改黎大所爲淸溪縣，均屬府。光緖三十年，升打箭鑪爲直隸廳。三十四年升康定府。東北距省治三百四十里。廣五百十里，袤三百八十里。北極高三十度四分。京師偏西十三度二十一分。領州一，縣五，土司一。雅安衝，繁，難。倚。西：雅安山，縣以此名。東：周公。南：嚴道山。北：七盤山。青衣江一名平羌江，俗稱雅河，卽大渡水。自蘆山入，至縣北門外，東南流入洪雅。小溪河自名山入，邛水自榮經入，並入青衣江。北飛仙、金鷄、南飛龍三關。名山衝，難。府東北四十里。城內月心山。西北：名山，縣以此名。西：蒙山。東：白馬。南：總岡。東北：百丈山。名山水在縣東二百步，東南流入雅安，爲小溪河。百丈河源出蓮花山，東南流入蒲江，爲鐵溪河。東：黑竹關。一驛：百丈。榮經衝，繁。府南九十里。北：銅山。東：孟山。西：中峻。南：邛崍、瓦屋、大關。榮、經二水爲邛水上源。榮水出邛崍山，五派並發，流逕城西而合，又北流，繞城北，與經水合，曰榮經水。又北名邛水，入雅安。下改溪源出下改山，北流至城南，入經水。祭風溪在西，源出龍游山，入榮經水。西北紫眼、西邛崍、東北天險三關。一驛：箐口。蘆山簡。府西北百里。東：始陽山，卽禹貢蒙山，相接爲盧山。西北：通靈山，爲外番要道。南：青衣水有二源：西源卽天全州流入之沫水，東源出邛州伏牛山，卽古青衣水，二水夾城東西流，會於城南，又西南流，折東入雅安。和川水自天全入，逕城南入青衣江，曰三江口。西北：靈關。東北：八步關。東南：飛仙關。天全州 繁，難。府西少北百二十里。東：多功、臥龍。南：燕子。西：馬鞍。東北：金鳳山。沫水一名浮圖水，自羌界入，逕州北，東南流，入蘆山。南：和川水，一名始陽河，二源合而南流，折東亦入蘆山。碉門，吏目駐。西：禁門、仙人、紫石三關。清溪 衝，繁。府西南百六十里。東：冲天。西：牛心。南：盤陀。東北：聖鐘山。又縣北五十里有大相公嶺，卽滎經之邛崍山。大渡河一名瀘水，在縣南，自打箭鑪入，與越巂分水，穿涼山夷界，入峩邊爲中鎭河。南：兩澗水，東源出邛崍山玉淵泉，逕城東，西源出邛崍山二源溪，流逕城東，西與漢水合，入大渡河。巡司一，駐黃木廠。南：黑崖、清溪二關。驛二：泥頭、沈村。董卜韓胡宣慰司 隸天全。在州西北。仍明舊。有靈關河，逕司西北，與多功水合。又冷邊長官司，亦隸天全。沈邊長官司，隸清溪，均於宣統三年改流。

嘉定府：衝，繁。隸建昌道。明，嘉定州。順治初，因明制，爲直隸州。領縣六。康熙十二年升府，以其地置樂山。嘉慶十三年，設峩邊廳。北距省治三百九十里。廣六百餘里，袤二百九十里。北極高二十九度二十六分。京師偏西十二度三十一分。領廳一，縣七。樂山 衝，繁。倚。城西隅高標山。東：凌雲、烏尤。北：白崖山。通江卽岷江，自青神入，逕城東南，會陽江，入犍爲。陽江卽大渡河，自峩眉入，逕城西南，與青衣江合。青衣江一名平羌江，自夾江入，逕城西，納泥溪、竹公溪二水，入岷江。西蘇溪，西南臨江溪，均自峩眉入，蘇溪入青衣江，臨江溪入大渡河。東：安慶關。北：平羌、嘉禾二關。峩眉 繁。府西七十里。大峨、中峨、小峨三山俱在南。西南：綏山。西北：鏵山。大渡河亦名中鎭河，自峨邊入，徑城南，東北流，與羅目江合，入樂山爲臨江溪。北：蠡石河，發源大峨山麓，合符文水，東南流，逕城北，亦入樂山爲蘇溪。西南：土地、大圍二關。洪雅 繁。府西北百三十里。南：隱蒙、八面。東：烏尤、葛仙山。西：竹箐山。東北：金鷄山。西南：遜周山。青衣江自雅安入，逕縣南，又東南入夾江，一名洪雅江。擁泔水出可慕山谷，逕縣入丹稜。龍門溪二源合流，東北入青衣江。花溪源出榮經，東北流，至城西入青衣江。西：竹箐關。夾江 繁。府西北八十里。西：雲吟、平羌。東：虎履。南：鳳凰。北：大觀山一名觀斗山。青衣江自洪雅入，逕城西南，南流入樂山。西：飛水溪一名瀑布泉，與青衣江合。西南龍鼻溪，繞龍鼻山入江。西：鐵石關。犍爲 衝，難。府東南百二十里。南：子雲山。東：天馬。東：張綱山。北：舞鳳山。西南：沈犀山。岷江自樂山入，逕縣東，又東南入宜賓。沐溪、清水溪俱在南，並發源屏山，東流入江。東北四望溪，自榮入，逕三江鎮下與岷江合。鹽捕通判一，駐黃角井。大使一，駐牛華溪。榮 繁，難。府東百五十里。北：鐵山、榮黎。東：梧桐。西：鳳西、白石、龍虎。南：龜泉山、五保山。榮溪自仁壽入，有二源，東西夾城流，至城南而合，東南流入富順。大牢溪源出鐵山，南流逕城西，至宜賓入岷江。縣丞一，駐貢井。威遠 繁。府東二百六十里。西北：雲臺。西：龍泉、老君山。西北：龍泉。西：紫金山。西北：獻寶溪，一名硫黃溪，三源合流，至縣東，有龍會河自西北南流注之，即秦川溪也，南入富順。峨邊廳 要。府西二百六十里。本峨眉縣地。乾隆五十五年，設主簿分駐。嘉慶十三年裁主簿，置廳，設通判。九隘皆爲廳地。南：龍山。東：藥子山，左界馬邊，右接夷境。西：橫木。北：馬湖山。中鎮水即大渡河，自清溪入，逕廳北，又東入峨眉。廳屬有嶺夷十二姓地。

潼川府：中，繁，難。隸川北道。明，潼川州。順治初，因明制，爲直隸州。領縣七。雍正十二年升府，以其地置三臺縣。西南距省治三百二十里。廣三百八十里，袤五百七十里。北極高三十一度六分。京師偏西十一度十六分。領縣八。

三臺 繁，難。倚。東：東山，在縣東四里。又黃龍、鼓樓。西：三臺山，縣以此名。南：印臺、金魚。西南：牛頭。東北：萬峰。中江卽古五城水，自中江入，逕城西南入涪江。涪江自綿州入，逕縣東北入射洪。又東桃花溪，亦入射洪。縣產鹽，上井三，中井九，下井二百十六。縣丞駐葫蘆溪。

射洪 繁，難。府東南六十里。南：白巖。東：東武。北：金華。東南：通泉山。東北：公成山。涪江自三臺入，逕城東，又南流入蓬溪。梓潼水一名射江，亦曰瀰江，又曰白馬河，自鹽亭入，南流，逕東南獨坐山下入涪江。東：黃滸溪亦自鹽亭入，與梓潼水合。桃花水自三臺入，南流入涪江。通判一，駐太和鎮。鹽課大使駐青隄渡。

鹽亭 簡。府東少北百二十里。西：負戴山。東：光祿。南：寶蓮。北：金紫。鹽亭水亦名小沙河，發源縣東北境，下流入梓潼水。梓潼水自綿州梓潼入，逕城南，合鵝溪入射洪。有鹽井二十。

中江 難。府西百二十里。城內斗山。東五城與西棲妙隔江對峙。西南：銅官山。中江水名凱江，自羅江入，逕城西南，又東北流入三臺。雙橋河源出縣西北白蓮洞，東南流，逕城西，轉南至銅魚山下入中江。巡司一，駐胖子店。

遂寧 繁，難。府東南二百十五里。東：銅盤、龍頭。西：箕山。北：廣山。西南：書臺，與寶嘉、金魚二山相連爲三峰。涪江自蓬溪入，逕城東，又東南入合州。東北：郪江有三源，並東北流至蓬萊鎮，合入涪江。安居水一名關箭溪，自安岳入，逕城西南入銅梁。鹽井五十二。縣丞兼批驗大使駐梓潼鎮。

蓬溪 繁，難。府東南百九十里。東：蓬萊、赤城。西：龍門。南：銅鉢。北：石龍。西北：龍馬山。涪江自射洪入，逕城西南流入遂寧。西北：郪江，東流至黃龍鋪入涪江。又北蓬溪，源出西充，西南流，逕城北，入遂寧。鹽井七百九十五。縣丞駐蓬萊鎮。鹽課大使駐康家渡。安岳繁，難。府南三百八十里。治後鐵峰山。東：紫薇、白雲。西：大雲。南：安泉。東南：雲居山。安居水自樂至入，逕城北，又東南入遂寧。魚海河有二源，一東流至城東，合入安居水。南：岳陽溪，東南流入大足。樂至簡。府南少西三百九十里。南：棋盤山。東：玉欄坡山、金鷄山。西：周鼎。東南：乾巖山。安居水源出縣東北，東流，玉帶溪源出縣西清水潭，東南流，並入安岳。又樂至池在縣東二里，縣以此名。

綏定府：繁，疲，難。隸川東道。明，達州。順治初，因明制，爲夔州府屬之達州。雍正六年，升直隸州，以夔州之東鄉、太平、新寧三縣來屬。嘉慶七年升府，改名綏定，並於州地置達縣，升太平爲直隸廳。十九年，以順慶府屬之大竹、渠二縣來隸。道光九年，移太平同知駐城口，改名城口廳，太平廳還爲縣，均仍隸府。西距省治一千二百里。廣四百三十里，袤六百餘里。北極高三十一度十八分。京師偏西八度五十一分。領廳一，縣六。達繁，疲，難。倚。東：龍城山、大竹。南：火峰、南巖。西：石城、金華。東南：金匱、石門。東北：竹飀山。通川江卽渠江，自東鄉入，逕城南，又西南入渠縣爲宕渠江。南江自新寧入，東會瀘灘河，北流折西至城東入通川江。北水卽巴江，自巴州入，並合通川江。西：鳳皇、鐵山、龍船三關。巡司駐麻柳場。東鄉簡。府東少北九十里。東：平樓、文字。西：印石。南：金榜。北：蟠龍。東南：峨城山。西南：石人山。前、中、後三江爲通川江上流，俱自太平入，至城東合流入達縣。長樂河上流爲白龍、赤甲二泉，源出東長樂鎭，合西流，至城南入通川江。文字溪發源文字山，合前江。有高橋、馬渡二關。新寧繁，難。府東少南百一十里。西：屏山。東：鷄山。南：冠子山。北：天馬。西南：鼓嘯山。東北：峩城山。南江自縣東北三角山發源，逕城南，折西北流，會聯珠峽水入達縣。瀘灘水源出大竹山，自達縣東南界北流，與南江合。開江在縣東北，東流入開縣。東：豆山關。渠　簡。府西二百二十里。北：龍驤。西：玉蟾山。東北：八濛、大斌。渠江卽宕渠水，自達縣入，逕城東，又西南入廣安。流江自營山入，東南流，與渠江合。白水溪源出東南白水洞，西流入渠江。北：衞渠關。縣丞駐三匯場。大竹　繁。府西南百二十里。東：月城山。西：九盤、鄰山。東北：獅子山、金盤山亦名仙門山。仙門水自月城山發源，鄰水自鄰山發源，幷西南流入鄰水。北：東流溪一名清溪河，西流入渠縣，注渠江。縣丞駐石橋鋪。太平　要。府東北百四十里。南：翠屏。東：天池、板塞。北：大橫山。前、中、後三江俱自縣境發源，逕城東西，並入東鄉。白沙河源出板塞山，西南流，逕城南入後江。東：藍津關。城口廳　繁，疲，難。府東北三百六十里。西：城口山，廳以此名。東南：金城。東北：黃礅山。北江自黃礅山發源，經大竹渡，折北入陝西紫陽爲任河，注漢江。萬頃池在峽口山南，鄰境之水多源於此。東北：深溪關。

康定府：要。隸康安道。明，長河西魚通安遠宣慰司。康熙初，明宣慰司以地歸附。雍正七年，移雅州府同知來治，置打箭鑪廳，仍隸雅州府。光緒三十年，升直隸廳。三十四年升府，改名康定，隸康安道，升裏化縣爲裏化廳，並以河口、稻成二縣同隸府。宣統三年，舊隸打箭鑪之宣慰、宣撫、安撫、長官各土司，全體改流，先後分別設治，並先各就其地置委員、理事等官。東北距省治九百六十里。廣六百四十里，袤八百三十里。北極高三十度九分。京師偏西十四度三十八分。領廳一，縣二。東：大罡山。南：無脊山。東南：大雪山。東北：郭達。西南：折多山，爲入藏要道。鴉龍江卽古若水，自青海境發源，南流，逕府西南入冕寧。大渡河即古涐水，自懋功入，逕府東，又南入清溪。瀘河源出折多山，東北流，至城西南，有木鴉河自番界東流來注，並入大渡河。有榷稅瀘關。巡司一，駐瀘定橋。一驛：烹壩。裏化廳 要。府西六百四十里。裏塘宣慰、宣撫司地。舊設有糧務委員。光緒三十二年設裏化縣。三十四年升廳。東：紫木喇山。東北：高日山。東：鴉龍江自喇滾入，有三渡水自鹽源之木裏土司及雲南中甸來注之，會金沙江入馬湖。西南：色隆達河，源出額東額山，入金沙江。河口 要。府西裏塘、明正兩土司交界地，舊名中渡。光緒三十二年，裏塘改流設縣。西有鴉龍江。稻成 要。裏塘土司地。舊名稻壩。光緒三十二年改流。三十四年設縣。縣丞一，駐貢噶嶺。

巴安府：要。康安道治所。督辦川滇邊務大臣、按察使銜鑪安兵備兼分巡道駐。巴塘宣撫司地。光緒三十一年改流。三十三年置巴安縣。三十四年升府，並置三壩廳，鹽井、定鄉二縣隸之。東北距省治二千一百里。領廳一，縣二。東：龍新山、甲噶喇山。西南：寧靜山。巴沖楮河自瞻對入，與金沙江合。色楮河即金沙江，自三巖入，逕府西至得榮入雲南麗江。三壩廳 要。府東二百三十里。巴塘、裏塘兩土司交界地。三十三年改流。三十四年設廳，駐通判。鹽井 要。巴塘土司地。光緒三十一年改流。三十四年設縣。瀾滄江自察木多入，繞由雲南入緬甸。定鄉 要。裏塘土司地。舊名鄉城。光緒三十二年改流。三十四年設縣。

登科府：要。德爾格忒宣慰司地。邊北道治所。宣統元年改流，析其地爲五區。於北區設府，仍名登科，並置德化、白玉二州，石渠、同普二縣隸之。東北距省治三千三百五十里。領州二，縣二，土司十二。川、藏交隘，東連甘孜、瞻對，西鄰納奪、察木多，南與巴塘、乍丫接壤，北界西寧、俄落，乃金沙江之上游。德化州 要。德爾格忒土司中區地，舊名更慶。宣統元年改流設州。鴉龍江自甘孜入，入瞻對。巴沖楮河自巴塘入，下流入金沙江。石渠 要。府西北二百一十里。德爾格忒土司北區地。卽雜渠卡，一名色許。宣統元年改流設縣。白玉州 要。府南六百三十里。德爾格忒土司南區地。宣統元年改流設縣。北有海子山。同普 要。德爾格忒土司西區地。宣統元年改流設縣。並分管察木多呼圖克圖及納奪土司之地。乍丫 呼圖克圖地，入藏要路。宣統三年設理事官。察木多 呼圖克圖地，亦名昌都。東接德格、納奪、貢覺，西與八宿、諾隆宗毘連。舊設有糧員，置兵戍之。宣統三年增設理事官。得榮 巴塘土司地。與雲南接壤。宣統三年設委員。江卡 舊爲給藏地，置有兵戍。北接三巖、乍丫。西連波密、察木多。宣統二年收回。三年設委員。貢覺 舊爲給藏地。宣統二年收回。三年設委員。桑昂 舊爲給藏地。宣統二年收回。三年設委員。雜瑜 舊爲給藏地。宣統二年收回。三年設委員。三巖 野番地。跨金沙江之上，有上巖、中巖、下巖之分。宣統二年歸附。三年設委員。甘孜 麻書、孔撒兩土司地。宣統元年改流，設委員。兼管白利、東科、德格、倬倭、章谷之地。章谷 土司地。與孔撒、麻書、德格、瞻對均接壤。改流後亦名鑪霍屯。宣統三年設委員。道塢 麻書、孔撒兩土司地。宣統三年改流設委員。瞻對 舊爲土司地，給與藏人。東連明正、單東、孔撒、麻書、章谷各土司界。南接裏塘、毛丫、崇禧。西北與德格接壤。據鴉龍江之上游。有上瞻、中瞻、下瞻之分，亦名三瞻。宣統三年收回設委員。

邛州直隸州：中，衝，繁。隸建昌道。明，州。東北距省治百八十里。廣二百二十里，袤百五十里。北極高三十度十八分。京師偏西十二度五十三分。領縣二。東南：銅官山。南：文筆、古城。

西：相臺、馬嵐、七盤。北：渠亭。西南：邛崍山。南：邛水，即古僕千水，亦名文井江，源出西北牛心山，東流入新津。牙江水、斜江水、㶏水俱自大邑入，東南流，與邛水合。西南：火井。南：夾門關。巡司駐火井漕。大邑繁，難。州北少東四十里。東：銀屏山。西：高唐山。北：霧中山。西北：鶴鳴山。牙江水源出縣境，㶏水源出鳳凰山，斜江水源出鶴鳴山，並東南流入州。東：乾溪鎮。蒲江簡。州東南六十里。南：金釜山、長秋山。北：白鶴山。南：蒲江自丹棱入，東北流入州，合邛水。北：鐵溪河自名山入，即百丈河，下流會蒲江入邛水。西南：黑竹關。

綿州直隸州：衝，繁，難。舊隸成緜龍茂道。光緒三十四年裁。明，成都府屬州。順治初，仍明制。雍正五年，升直隸州，以成都之綿竹、德陽、安及保寧之梓潼來隸，並設彰明、羅江二縣，尋改彰明屬龍安府。乾隆三十五年，移州治羅江，省羅江縣。嘉慶六年，還舊治，復設羅江。西南距省治二百七十里。廣三百里，袤百零五里。北極高三十度二十七分。京師偏西十一度三十五分。領縣五。東：金山。南：延賢。東北：天池。北：綿山，州以此名。涪江自彰明入，逕州北及東，又東南入三臺，亦謂之內水。龍安水、茶坪水俱自安縣入，並東南流，與涪江合。州產鹽，有中井十一，下井一。鹽捕州判駐豐谷井。縣丞駐魏城。驛二：魏城、金山。德陽衝，繁。州西南百五十里。北：鹿頭山、浮中山。綿水一名緜陽河，自綿竹入，東南流，逕城南入漢州。石亭水亦自綿竹入，逕城西南，入漢州。北：鹿頭關。一驛：旌陽。安繁。州西北百一十里。北：千佛。東：西昌山。南：浮山。東北：金山。黑水河一名寧口河，冷水河一曰乾河，並東南流入羅江。茶坪水源出千佛山，發源東南，逕城西會龍安水入州。西小壩、睢水，北曲山三關。綿竹繁。州西南百八十里。北：武都。南：

文曲。西南：飛烏。西北：紫巖山。綿水、石亭水俱自茂州入，左流爲緜水，逕城北，東南入德陽。射水一名紫溪河，源出三溪山，逕城南，與石亭水合。白水河源出土司漆寨坪，東南流，逕城西南，馬尾河源出土司天池山，東南流，逕城西北，折而東，並入射水河。南：石碑鎮。梓潼衝，繁。州東北百二十里。東：兜率山。西：葛山。南：長卿山。北：五婦山。梓潼水一名歧江，源出龍安平武山谿，東南流，逕城西南，又南入鹽亭，卽古馳水也。西北：九曲水，源出龍安洞子口，九轉入潼江。一驛：武連。羅江衝，繁。州西南九十里。北：潺山。南：天臺山。西南：龍池山。黑水、冷水俱自安縣入，東南流，至縣東北合，是爲羅江。又折南，逕縣東入中江。南：芙蓉溪，源出白馬關下，東南流，至縣南，與羅江合，一名三紫水。西南：白馬關。一驛：羅江。

資州直隸州：繁，難。隸川南永寧道。明，資縣。順治初，仍明制，爲資縣，屬成都府。雍正五年，升直隸州，以成都之仁壽、井研、資陽、內江來屬。西北距省治三百四十里。廣四百三十里，袤五百里。北極高三十九度五十分。京師偏西十一度三十二分。領縣四。資山在西北，州以此名。南：銀山、鐵山。西南：玉京、金鑪。西：盤石山。中江自資陽入，逕城西南爲資江，亦曰中江。北納小溪，東納大濛溪，東南流入內江。珠溪源出井研北境，東北流，至州西北與中江合。大濛溪源出西龍家壩，又名都溪，東流逕城南，至唐明渡入資江。州判駐羅泉井。一驛：珠江。資陽繁，難。州西百三十里。東：寶臺、萬鐘。西：鳳臺。南：書臺。西南：獨秀，亦名資山。沱江亦名雁江，自簡州入，楊花溪自樂至西來注之。資溪、孔子溪均東來注之，南入州。一驛：南津。內江衝。州東南九十里。西：翔龍、華蓴。東：降福。南：鏵影。西南：石城。東南：金紫山。沱江自州入，逕城南，清流河合高橋河入之，南入富順。西南：玉帶溪，流合中江。城內西北隅有桂湖，與中江通。一驛：安仁。仁壽繁，難。州西二百里。三隅山峙東、西、北三隅。南：覺山。西：天池。東：佛巖山。赤水一名黃龍溪，自簡州入，西流逕縣北，又西入彭山，合府河。魚蛇水發源縣西境，西南流入眉州。井研 簡。州西南二百四十里。城內麟山。西：書臺、五星。北：瑞芝、九龍。東北：鐵山。西南：磨玉山。擁思茫水有二源，夾城西南流，合為泥溪，入樂山。縣產鹽，有上井四，中井七，下井二百二十六。

茂州直隸州：中。原隸成緜龍茂道。光緒三十四年裁。明，成都府屬州。順治初，仍明制。雍正六年，升直隸州，以成都之汶川及保縣來隸。嘉慶六年，省保縣入雜谷廳。東南距省治四百十里。廣百八十里，袤四百三十里。北極高三十度三十七分。京師偏西十二度三十一分。領縣一，土司六。東南：岷山，一名雪山，俗呼九嶺山，北自松茂，南接灌縣。東：五味山。南：巨人。北：茂濕山。岷江自松潘入，南流逕州西，亦曰汶江，黑水河即古翼水，東南來注，松溪自黑虎寨來注。又北，納三溪，南納南龍溪及白水河，西流入江。東桃坪、南七星、雁門、實大四關。一驛：來遠。汶川 衝，繁。州西南百二十里。南：岷山，又南娘子嶺，為縣門戶。東：玉壘。西：河屏。北：壽山、七盤。東南：龍泉山。岷江自雜谷入，逕縣北，名汶江，亦名玉輪江。東納大溪口水，西納登溪溝水，逕城西南，桃川水自東來注，又草坡河、龍潭溝、天赦山水、臥龍關水，並東南來注，入灌縣。有桃關、徹底二關。驛二：寒水、太平。瓦寺宣慰司 隸汶川。在縣西北。明為安撫司。嘉慶元年改置。司境有草坡河。沙壩安撫司 隸州。在州北。仍明舊。靜州長官司 隸州。在州東。仍明舊。岳希長官司 隸州。在州西。仍明舊。實大關長官司 隸州。在州西。仍明舊。隴木長官司 隸州。在州西。仍明舊。

忠州直隸州：繁，難。隸川東道。明，重慶府屬州。順治初，仍明制。雍正十二年，升直隸州，以重慶之酆都、墊江及夔州之梁山來隸。西距省治一千五百里。廣二百六十里，袤百八十里。北極高三十度十六分。京師偏西八度二十分。領縣三。東：毓秀。西：高盈山、屏風山。東南：涂山。東北：九亭山。大江自酆都入，逕城西，西溪來注。又逕州東，湓溪河來注。又東，塗井河自西來注。又北入萬縣。州產鹽，有上井三，中井八，下井二十四。州判駐石橋井，巡司駐敦里八甲。東南：塗井鎮。酆都 簡。州西南百十里。東：青牛、大峰。西：石壁。南：金盤。東北：平都山。水經所謂「逕東望峽，東歷平都」者也。大江自涪州入，東北流，逕城南，又東北入州。渠溪自州西南流，葫蘆溪自石砫西流，碧溪自金盤山東南流，並入大江。西：北涪鎮。墊江 繁，難。州西北百三十里。東：佛轉山。西：白龍洞。南：望月。東南：將軍崖山。羅平水有三源，北源出石人山，西源出白龍洞，南源出將軍崖，會於三河口，又東與高灘溪合。高灘溪自梁山入，逕城東南，又西南入長壽，爲龍溪。一驛：白渡。梁山 繁，難。州西北百里。東：峰門。西：金鳳。南：石馬。北：高都。東：蟠龍山，下有溪東南流，入州，爲涂溪。又桂溪，發源五斗山，北流逕城西，折西南流入墊江，爲高灘溪。紵溪源出縣境，東南流入萬溪。虎溪鎮。一驛：太平。

酉陽直隸州：繁，難。隸川東道。明，酉陽宣慰司。屬重慶府。順治初，仍明制。雍正十二年，改重慶屬之黔江、彭水二縣置黔彭直隸廳。十三年，又改平茶長官司爲秀山縣，屬廳。乾隆元年，廢廳，改爲酉陽直隸州，以黔、彭、秀三縣來隸。西北距省治一千七百四十里。廣四百六十里，袤五百六十里。北極高二十八度五十一分。京師偏西七度三十八分。領縣三。北：酉陽山，州以此得名。東：龍山、荷敷。西：鬼巖。南：佛山。東南：三江山。黔江自貴州安化入，逕城西，納南溪河、洪渡河，入彭水。北河自湖北來鳳入，逕城東，南流，會邑梅河，折東入湖南保靖，爲酉水。東南：疊溪，上承凱歌河，自貴州銅仁入，亦名買賽河，東北流，秀山之哨溪來會。又納後溪、容溪，東入酉水。州同駐龍潭鎮。巡司駐龔灘鎮。秀山 繁，難。州東南二百六十里。西：高秀山，縣以此名。東：巴慣山。南：擎團、鼎桂。西南：白歲山，哨溪出焉，東與滿溪合，入州會買賽河。南：地澄溪，東合邎岫溪，入凱歌河。邑梅河在東南，有紅河溪會嘉塘河東北流注之，又與北河合。巡司駐石堤。黔江 簡。州北二百八十里。東：酉陽山。北：黃連大埡山。西：金鷄箐山。西南：梅子關山。唐崖河自湖北咸豐入，大木溪合七十八溪水來入之。阿蓬水亦名東小溪，逕城東南，又西南入州，爲南溪河。有石勝、白崖、梅子三關。彭水 難。州西二百里。西：壺頭山。東：甘山。南：丹陽。西南：盈川山。東北：伏牛山。涪陵江卽黔江，自州入，西納長溪，北逕城西。龍嘴河自黔江來會，後江河、水洞河入之。又北納合溪河、射香溪，西入涪州合大江。東北：亭子關。東：鹽井、郁山二鎮。巡司駐郁山鎮。

眉州直隸州：衝，繁。隸建昌道。明，州。康熙初，彭山、青神二縣先後省入州。雍正六年復置，仍隸州。東北距省治百九十里。廣百六十里，袤百八十里。北極高三十度六分。京師偏西十二度三十一分。領縣三。西南：連鼇山。西：醴泉。北：盤龍。東：蟆頤山。下臨玻瓈江，一名蟆頤津，卽岷江，自彭山入，逕武陽驛，分流復合，南入青神。醴泉江發源盤龍山，東西二源，出盤龍山，分流至州北，合爲雙河口，饒州城與松江合，入岷江。思濛江在南，一名芙蓉溪，濰甘水在西南，一名金流江，俱自丹棱入，逕州東南流，並至青神與岷江合。有魚耶、東館二鎮。丹棱 簡。州西九十里。南：長山。北：龍鵠山。東南：三峰、金釜二山。思濛江源出龍鵠山。夷郎川源出赤崖山，與思濛合，濰甘水自洪雅入，俱東南流入州。南：栅頭鎮。彭山 繁。州北四十里。東：金華山。北：彭亡山，本名彭女，水名彭望。東北：崌崍、天社。西北：廻龍山。大江一名汶江，又名武陽江，自新津入，逕城東北入州。府河卽錦水，下流納赤水，俱自仁壽入，南流入大江。東北：雙江鎮。青神 衝。州南八十里。西：熊耳。西：多棱山。東：上巖、中巖、下巖，卽三巖。大江一名導江，自州入，南流入樂山。思濛江、濰甘水俱自州入，東北魚蛇水自仁壽入，西南流，並入大江。

瀘州直隸州：要，衝，繁，難。川南永寧道治所。明，州。光緒三十四年，析九姓鄉隸永寧州。西北距省治七百五十里。廣三百十里，袤二百二十里。北極高二十八度五十四分。京師偏西十度五十七分。領縣三。州治在忠山麓，卽寶山，一名瀘峰。東：神臂巖。南：方山。北：玉蟾山。資江卽沱江下流，自富順入，東流逕北門外，至城東北，與大江會。大江自納溪入，東北流，逕城南，折流合沱江，曰合江，又東入合江。悅江源出榮昌白馬洞，南流入大江。支江自富順椽子漕入，思晏江自榮昌入，並南入資江。九曲溪自隆昌入，南流至玉蟾山下合思晏江。南：龍透、北玉蟾二關。巡司駐嘉明鎮。州判駐九姓鄉。納溪 衝。州西南四十里。東：樓子、撥旗。西：冠山。南：馬鞍山。北：濱江。西：納溪，俗名清水河，卽永寧河下流，源出阿永番部，東流入大江。南：倒馬、石虎二關。驛一：江門。合江 衝，難。州東北百二十里。南：少岷，卽安樂山。東南：榕山。西南：丁山。大江自州入，東流，逕北門東入江津。安樂溪一名小江，即古大涉水，亦曰鰼部水，自貴州仁懷入。之溪亦自仁懷入，合流至城東北入大江。南：符關。江安衝。州西南百十里。南：南照山。北：北照山。東：鳳凰山。大江在城北，自南溪入，東北流，入納溪。清溪自長寧入，東北流，逕城西北，入大江。緜溪源出連天山，亦入大江，曰綿水口。

永寧直隸州：要，衝，繁，難。隸川南永寧道。明，敍州府。敍永同知及貴州都司永寧衞轄地。順治初，仍明制，置同知，隸敍州府。析永寧衞隸貴州威寧府。康熙二十六年，改衞爲縣。雍正五年，廳地併入縣，改屬敍州府。八年，復設同知。乾隆元年，升爲敍永直隸廳，以永寧縣來屬。光緒三十三年，以永寧移治古藺。三十四年，改廳曰永寧直隸州，改縣曰古藺，並析瀘州之瀘衞，分州地曰九姓鄉，置古宋縣屬焉。西北距省治九百九十里。廣四百餘里，袤三百九十里。北極高二十七度五十六分。京師偏西十一度十三分。領縣二。東：天馬山。西：寶眞。南：青龍。東北：紅崖。東南：獅子山。永寧河亦曰界首河，一源自小井壩入，逕城西，一源自鐵矢坎入，合北流，通江溪自貴州入，納魚漕溪注之，入納溪，合大江。東：羅付大河，與貴州遵義接界，下流入烏江。東雪山、西北江門二關。驛一：永安。古藺繁，難。州東九十里。舊爲巡檢司駐。光緒三十三年改永寧縣爲今名，移治此。東：雪山。西：海漫山。赤水河自雲南鎭雄入，逕赤水衞東北，合永寧河入納溪。北：梯口關。縣丞一，駐赤水鎭。古宋衝，繁，難。州西。舊瀘衞。明設九姓長官司，屬永寧衞，後屬瀘州。順治四年歸附，仍明制。康熙二十四年併入瀘州。雍正四年設州同，後改州判。光緒三十四年裁，升縣改今名。西：中和山。南：古洞巖。魚漕溪東流入州，合通江溪。

松潘直隸廳：要，衝，繁，難。舊隸成緜龍茂道。明，松潘衞，隸四川都司。順治初，仍明制爲衞，屬龍安府。雍正九年，裁衞置廳。乾隆二十五年，升直隸廳。舊隸成綿龍茂道。松潘鎮總兵駐。南距省治九百五十里。廣二百七十七里，袤二百二十里。北極高三十二度四十六分。京師偏西十二度五十一分。南：火焰山。北：大小分水嶺。西北：岷山，卽瀆山，又謂之汶阜，一名沃焦山。禹導江處，其水曰瀆水，卽岷江，一曰汶江。東：雪欄山，下有白水，爲涪江之源。合三舍堡、羊峒口諸水，經小河營，曰小河，入平武。岷江自岷山之羊膊嶺南來，殺鹿洞一水東來注，經黃勝關弓槓口，一水西來注，逕廳東南，左納東勝河，右納窗河。又南，左納雲昌溝，右納山壩溪，經平定關入茂州。西：黑水河，有南北二源，合流亦入茂州。有望山、雪欄、風洞、紅崖、黃勝、平定、武都等關。巡司一，駐南坪。

石砫直隸廳：簡。隸川東道。明，宣慰司，屬夔州府。順治十六年歸附，仍明制，授宣慰司，屬夔州府。乾隆二十七年，升爲直隸廳。西距省治一千二百里。廣二百三十里，袤二百四十里。北極高三十度十八分。京師偏西八度十五分。東：石砫山。南：大峰門山。北：方斗山。大江自酆都入，右納神溪、鍾溪、沼溪，東北流入萬縣。東南：賨河有二源，俱自湖北利川入，曰龍嘴溪，曰冷箐溪，逕沙子關，合爲三江溪。又西南流曰後河，逕廳北，大鳳溪來注。又西南，江池溪自龍潭來注。又西南爲葫蘆溪，西北流入酆都，注大江。東沙子、南大風二關。巡司一，駐西界沱。

理番直隸廳：難。舊隸成緜龍茂道。明，雜谷安撫司，屬茂州。順治初，仍明制。乾隆十七年改廳，駐理番同知。二十五年，升直隸廳。嘉慶六年，以茂州屬之保縣入之。東南距省治三百八十里。廣九百六十五里，袤一百七十里。北極高三十一度四十分。京師偏西十三度十三分。領土司四。西：熊耳山。東：高碉。北：馬牽、龍山。西北：姜維、花崖二山。大江自茂州入，逕廳東南，又南入汶川。沱江在城西北，有二源：南曰雜谷河，北孟董溝，並東南流，至城西北而合，折南入大江。西：大溪，源出梭磨土司東界大雪山，東南流，亦入大江。西南維關、鎮遠關，西北鎮安關。梭磨宣慰司 廳西北。舊爲長官司。乾隆四十年升置。大溪源出司境大雪山，東北流入廳。從噶克長官司 廳西北。乾隆十八年置。卓克采長官司 廳西。乾隆十四年置。丹壩長官司 廳西。舊爲土舍。乾隆二十四年改置。

懋功屯務廳：大小金川土司地。順治七年，小金川歸附。康熙六年，大金川歸附。雍正元年，授安撫司。乾隆四十一年，分置美諾、阿爾古兩廳。四十四年，併阿爾古入美諾。四十八年，改懋功廳，駐同知，理五屯事務。廣千四百五里，袤五百七十里。北極高三十度四十四分。京師偏西十三度六十分。領屯五，土司二。懋功屯 廳治。東：巴郎山。南：漢牛雪山。北：日爾拉山。西南：喇嘛寺山。東北：商角山。小金川河自撫邊入，東南流，逕廳北，受南北兩山水，至章谷合金沙河。撫邊屯 廳北百三十五里。北：孟拜山。西：空卡雪山。小金川河在屯南，合日爾拉、索烏、巴郎諸山水，西南入懋功。章谷屯 廳西百八十里。東：墨爾多山、丹噶山。金川河自崇化入，逕屯東南，與小金川河合，折西南，流入打箭鑪，爲大渡河。崇化屯 廳西二百五十里。東：刮耳崖。東南：丹噶山。東北：木果木山。金川河自綏靖入，逕屯西入章谷。小溪河發源空卡山，東流入小金川河。綏靖屯　廳西二百七十里。東：索烏山。南：足古山。東南：功噶山。金川河自綽斯甲布土司入，逕屯西入崇化。鄂克什安撫司　廳東。乾隆十五年置。綽斯甲布安撫司　廳西。乾隆四十一年置。東：宜喜山。金川河自司境南流入綏靖。

清史稿卷七十

志四十五

地理十七

福建

福建：禹貢揚州南境。明置福建行中書省，改承宣布政使司。清初爲福建省，置閩浙總督。康熙二十三年，海島平，以其地置臺灣府。雍正十二年，升福寧州爲府，永春、龍巖爲直隸州。增置霞浦、屏南、福鼎。光緒十三年，升臺灣府爲行省，與福建分治。後入日本。東至海；百九十里。西至江西石城；千五百五十五里。南至海；二百七十里。北至浙江景寧。四百六十里。廣九百一十里，袤九百七十五里。南至詔南縣南境，北極高二十三度四十四分。北至浦城縣北境，北極高二十八度。東至長樂縣東境，京師偏東三度一十七分。西至武平縣西境，偏西二十二分。宣統三年，編戶二百三十七萬六千八百五十五，口一千四百二十二萬九千九百六十三。領府九，直隸州二，廳一，縣五十七。

福州府：衝，繁，疲，難。清爲省治。閩浙總督兼巡撫，布政、提法、交涉、提學四司，鹽、糧、巡警、勸業四道，福州將軍、副都統駐。道光二十三年，與英訂約五口通商之一。租界在閩江北岸，曰南臺，與府城對。航路：廈門、福州、三都澳。驛路：北逾仙霞嶺達浙江江山；西南達廣東黃岡。電線由福州北通杭州，西南通廣州，東通馬尾、川石山，東北通三都澳。海線由川石山東通臺灣淡水，由廈門東北通上海，西南通香港。北至京師六千一百三十四里。廣三百七十七里，袤四百十二里。北極高二十六度三分。京師偏東三度。領縣十。閩 衝，繁，疲，難。倚。府東偏。東：鼓山，爲郡之鎭。東南：九仙、大象、南臺。南：方山。海自浙江溫州迤西南入福寧，環府之羅源、連江，至縣東百九十里，爲五虎門。其外大洋，其內閩江口。閩江，閩大川，上匯富屯、沙、建三溪，至侯官分二派入：北派承洪山江，東逕中洲爲南臺江，至中岐爲馬頭江，合大定江、演江，亦曰東峽江，至羅星塔；南派澤苗江入，爲陶江，逕螺洲，左合黃山水，又東南爲陰崎江，又東爲烏龍江，右合榕溪，又東，亦曰西峽江，又東來會。又東過靑洲，右納太平港水，逕員山，又北支津北抵亭頭鄉。又東爲琅琦江，復歧爲二，一西北出五虎門，一東南與長樂分岸，爲广石江。梅花江出白猴嶼，並入焉。其下歷興化、泉、漳至粤，水程二千里，陸千二百里。閩海關總口二：一駐南臺，海防同知同；一駐閩安鎭，副將同。順治十五年築城，置戰船，南北岸礮臺。縣丞駐營前，雍正十二年徙三水部。關外、鎭口、中洲三鎭。巡司三：閩安、五虎門、永慶。三山、大田二驛。侯官 衝，繁，疲，難。倚。府西偏。西南隅：閩山。北隅：越王。東北隅：冶山。南：方山。西南：怡山。西：清泉。西北：雪峰。北：蓮花、壽山。西北：梧桐嶺。城南閩江，西北上承閩清大溪入，逕大竺，左合陳溪，至小箬，仍錯出復入，右合黿溪，左大目溪。又東南，左合黃石溪，至過山洲，合陳塘溪，爲馬瀆江。又東過懷安洲，歧爲二：北派東南左合五峰山水，爲石岊江，又爲螺江、金鎖江，至城西爲洪山江，分流復合，左合西湖水；南派右納樓梯嶺水，又南大樟溪自永福入，合浯溪、潢溪、喆溪、印溪，歧爲澤苗港，先後來會，爲澤苗江，又東南並入閩。北宦溪出蓮花山，北會板橋塘水，折西，右合長箕嶺水，逕下密，折東北爲日溪，爲密溪，入連江。西湖、東湖、南湖並堙。西河場。縣西：西江口，大使駐。閩晝地爲埕，漉海水曝之，與江、淮、浙煑鹽異。縣丞駐大湖。梅嶺、大穆、芋原、遼沙四鎭。竹崎、五縣寨二巡司。白沙、芋原二驛。長樂 疲，難。府東南百里。東：壺井山。東南：龍泉。西南：岱遇。東北：越還。北、東、南際海。北界閩之馬江口。太平港自七巖山循界西北分入，一入其營前，一合資聖溪及文洽浦，自東水關貫城東出。又北，合考溪入洋嶼。又東至籌港爲广石江、梅花江、陳塘港，入猫嶼。其外東沙、北犬、南犬，南爲磁澳。江西有仙岐寨、蕉山寨，西至漳港爲漳江。又南至壺井澳爲壺井江。又南至鐵鑪嶼爲巴頭港，三溪入。其外雙帆石、東洛嶼、西洛嶼。又南逕御國山、小祉、大祉，爲松下江口，至福清界。宋建炎初，陳可大始興水利。乾道四年，徐謩爲斗門及湖塘陂堰，溉田都二千八十三頃。磁澳鎭。广石、籌港、澤里、厚福四汛。猫嶼、蕉山、小祉廢巡司。福清 衝，繁，疲，難。府南少東百三十五里。城北隅：靈鷲山。東：瑞巖。東南：郭廬、海壇、南日。東南際海。自長樂迤西南爲鼓嶼、猫嶼。嶼頭龍江口、海口。江上源崔溪，出西北百丈嶺，東匯龍潭山水、無患溪，曰西溪。至城南，左合東皋山水，爲龍首河，瀦爲琵琶洋入。又東南三山、高山、天馬山，至蓮盤。北際御國山。有大扁嶼、東沙。自鼓嶼迤東南爲大練門。海壇南有三十六派湖。其北：軍山、鐘山，西：水馬山，南：南葵山、草嶼、東甲、西甲。又西：南日山，迤北：大岴、小岴，至迳江口。南日江上游，迳江上承蘇漁溪入，西南江口橋至莆田界。牛頭門、薛峯頭、上迳諸汛。錦屏、江口二廢巡司。宏路、蒜嶺二驛。**連江** 疲，難。府東北百里。城北：龍漈山。西北：白巖、雲居。城南：金鼇。東南：定岐。東北：馬鞍。東際海。自羅源迤南爲北茭。其南北竿塘山，與閩南竿塘直連江口。江卽鼇江，上匯羅源羅溪、長潭溪及鳳板溪，閩清雪峰水，寧德排樓溪於五縣寨口。又東至羅崙渡爲寶溪，又東爲鼇江。左合財溪、利安溪及雪溪；又東迳東岱爲岱江。右合蟾步江，左珠浦，又東與東北鯉溪迳燕窩並入焉。東湖漑田四萬餘畝。定海、北茭、小埕三鎭。東岱巡司。**羅源** 衝。府東北百六十里。治鳳山南麓。城北：文殊山、席帽。西：四明。西北：洪福礦。東南：松崎。東北際海。自寧德迤南爲鑑江口，東與東沖口直循東洛、西洛，又西可門、濂澳門、松崎江口。城西：羅川出蔣山，合九溪、四明溪，歧爲南北溪。復合，東迳禹步跡，縣北九龍溪合起步溪來會，與白水溪、小護溪、大護溪並達於松崎江。其東南至連江界。西南：鳳板溪、長潭溪，西：霍口溪，上承侯官密溪。左納蘇洋溪，屈東，南爲羅溪。左納老人山水，又東南入連江。西北楊溪入寧德。鑑江、濂澳、松山、上地四鎭。**古田** 衝，疲。府西北二百七十里。城北：翠屏山。城西：北臺。西南：九龍。東：蓋竹。大溪二源，東溪出杉洋鎭黃居嶺，西南右會太平山水，左納甘棠溪，又西南，左合石馬山水，右納富洋溪，又東，迳城東，爲東溪。屈南，西溪自其右來會。南迳鳴玉灘，錯閩清復入。劍溪自南平入，左合赤凌溪、嶺頭水，折東南，迳小武當山北來會，曰水口，亦名囦溪，又東南入閩清。東：蘇洋溪、老人山水，西南入羅源。柯潭、平湖，各漑二十頃餘。縣丞駐水口。黃田鎭。並有驛。白溪、西溪二廢巡司。**屏南** 疲，難。府西北二百二十里。雍正十二年析古田置。東南：羅經山。南：仙字巖。

西南：靈峯。城西：雙溪，南源出水竹洋，北源出天台嶺，合爲龜溪。又南至棠口爲棠口溪。右合白溪，折東南，其南龍滐溪、黛溪，並入寧德。西南：甘棠溪。西：富洋溪、牛溪。閩淸 簡。府西北百二十里。城西南：臺山。西：鼎峯。西北：白雲。南：金鐘。東北：鳳皇。城東建江，西北自古田入，合東溪，錯入，合石步坑水；又東南，右合大雄溪，錯侯官東北，陳溪注之。又南，梅溪，出馬坑嶺，會瞿曇溪。又西，左合峰洋溪，折東北，左合演水溪。又北逕城西，環而東南，合蓋平、仁壽、孝順、金沙諸里小溪來會，曰閩淸口，屈東北入侯官。淸窰鎭。洋頭塘汛。永福 疲。府西南百四十里。東北：摩笄山。北：文殊巖。城南：大張。南：陳山。東：觀獵。西南：高蓋，道書第七福地。城東大樟溪，西南上承德化滻溪入，合湫溪爲湫口溪。又東北，左合東洋村及上下滐水，又東逕嵩口，至重光寺。右納游溪，爲西溪、爲東溪，又東北，左合龜洋溪、滐溪，爲雙溪。右納游洋支津爲大溪。又東北，左合梧嶺水，右十八溪，又東北逕大樟山北，是爲大樟溪，入侯官。白葉湖，宋乾道二年修，溉十頃。大樟鎭。滐門巡司。

福寧府：衝。隸福州道。總兵駐。明，州，領縣三。雍正十二年爲府，割福建之壽寧來隸，增霞浦。乾隆四年，復析置福鼎。西南距省治五百四十五里。廣三百二十四里，袤二百三里。北極高二十六度五十四分。京師偏東三度四十一分。領縣五。霞浦 衝，繁。倚。西南：霞浦山，縣以此名。城北：龍首。南：羅浮。東：箬山。西：慧日。西北：望海。東、南、西際海。自福鼎迤南，小崳山、烏崎港。楊家溪納梓柏洋溪爲赤溪，折東爲雉溪入。又南三沙，迤西小皓，瓜溪入。又西松山，赤岸溪合倒流溪、三澗水入。又西百茶村，歐公河入。又西南漁洋埠，后壠溪入。又迤東南武崎山。又南廢大金山千戶所。又南羅浮山，是爲三都澳，商埠、海關在焉。又西葉山。又南北壁。又南東沖口。又西至福安界。其北獸頭山，霞浦溪入。又北鹽田關，柘溪入。其西坪溪、坑口溪、富溪，並入福安。斗門閘溉田萬頃。東沖、大金、古鎭、斗米、牙城五鎭。柘洋、三沙二巡司。高羅、楊家溪二廢司。

福鼎　衝，繁。府東北二百十里。治桐山南麓。東：福鼎山，縣以此名。東：福全。東南：茭陽。西：鐵樟。南：太姥。東南際海。自浙江平陽迆西南爲沙埕港。桐山溪出西北金尖山，屈東北，合金釵溪、茭溪、南溪，折南爲烏溪。合透埕溪、貫嶺溪，逕城東而南，合龍山溪爲夾城溪，又東南爲關盤港。會三叉河、前歧溪、象溪，其西南會董江爲白水江，又東南逕金嶼門入。又西屛風山，有福安塘、彈江入。又西黃崎山，篔簹溪入。又西北九曲港，王柄溪會才溪、蔗溪、躍鯉溪、秋溪入。又西峽門，硤門溪合濮陽溪入，又西至霞浦界。西南：樟柏洋溪入霞浦，管洋溪入浙江泰順。沙埕、峽門、南關三鎭。秦嶼，參將駐。有巡司。潋城廢司。

福安　疲，難。府西北百三十里。城北隅：銅冠山。城東：鶴山。北：扆山。東北：大東。西：福源。東南：馬頂、城山。南：重金。南際海。自霞浦迆西南，爲官井洋、白馬門口。大溪二源：東溪北上承浙江泰順，寧壽后溪，自緣界入，右會蟾溪；西溪上承寧壽托溪來會，爲交溪，至城西棲雲潭，右合秦溪，是爲大溪。又東南，左納坑口西坪水，折西南，會松洋溪，爲三江口。又南爲蘇江，右合薛阪，左赤石關水。又東南爲印江，黃崎江入。又東南，逕白馬門、達官井洋，入於海。有白石關巡司。白石鎭廢司。

寧德　疲，難。府西南百三十里。西：白鶴山。東：官扈。東南：金甌。南：勒馬。北：霍童山，白玉蟾云「三十六洞天第一」，高二十里，周五十里。東南際海。自福安迆西南爲雲淡門，松洋溪支津西北自壽寧入，納廡陽峽水爲南門溪。顯聖溪緣屛南界合雙溪來會，爲外渺溪。又東南，左合赤溪，逕銅鏡爲金乘港入。又西南北溪，西北上承屛南龍漈溪入，逕石堂山合黛溪。又南，東爲金溪。又東南，覆鼎嶼、白鉋山、青山。其南，青嶼門。北溪南支合鐘洋溪，納楊溪，逕城北爲藍田溪。又東南合古溪，又東合蒲嶺水，爲飛鸞江，合焦溪入。又西南至羅源界。其松洋溪經流東南入福安。東湖、飛鸞鎮。霍童巡司。石堂二廢司。壽寧簡。府西北二百八十里。城北隅：眞武山。北：立茂。東：叢珠。西：天馬。托溪卽北溪，西北自浙江慶元入，爲九嶺溪。又東南合西溪，至斜灘會南溪。其北蟾溪出西北大熟嶺，會茗溪貫城東出，逕筆架山，屈東南，緣界並入福安達交溪。又北，西溪出慶元界青田隘，東合官臺山官田洋水，又東爲葛家渡溪。又北后溪自浙江景寧入，爲上地溪，合小東水。又東，折北，錯泰順復入。又東南爲百步溪，右合武溪，復錯泰順與西溪合。下游亦注交溪。西南松洋溪自政和入，逕芹山至泗洲橋，支津西南出，又東南至溪口，並入寧德。里老橋陂溉田二百餘畝。漁溪巡司。

延平府：衝，難。延建邵道治所。明，領縣七。雍正十二年，割大田隸永春。東南距省治三百六十里。廣三百里，袤三百十八里。北極高二十六度三十九分。京師偏東一度四十九分。領縣六。南平衝，繁，難。倚。南：九峰山。東南：屏山。城西：虎頭。東北：演仙。西北：蓮花。西南：金鳳。劍江一曰建江，爲閩江上流。二源：東北東溪，上承建安建溪入，逕高桐，左合埂埕溪，右羣仙洋、大小滑水，逕城東而南；西北西溪，上承順昌大溪入，逕上洋口，左合鸕鷀溪，又東南，右合黃泥溪，至雙溪口，右納沙溪，又東南，折東北，逕城南來會，是爲劍江。右合十里庵口溪、南平里溪、羅源溪，左納吉溪。又東南，左合岳溪，右金鋼嶺水，尤溪亦自南來會。又東，左合武步溪入古田。東溪、黯淡灘、南溪、龍窟灘險甚。嵢峽巡司。又大歷廢司。大橫、劍浦二驛。順昌繁，難。府西少北百二十里。北：華陽山。西：鳳山。西南：大明。西北：七臺。城南大溪，二源：西北富屯溪，上承邵武大溪入，東南，左合順溪，右大幹溪，逕城西而南，亦曰礶砧溪；西金溪，自將樂入，合交溪、萋杉溪來會，是爲大溪。右合洄村溪水、南溪，又東，右合石溪、棋溪，入南平。鎭四：仁壽、上洋、大幹、安撫。仁壽廢巡司。

將樂 疲。府西二百二十里。城北：西臺山、龜山。東：蓮花。西：鐘樓。東南：天階、烏石。東北：封山、石帆。南：仙人塘。西南：五龍。城南金溪，西北上承泰寧大溪入，逕萬全北，合常溪、竹洲溪、將溪，屈東南，右合三溪寨水，左望江溪、獬村溪，又東，右納池湖溪、水口溪，折東北，至城東南，是爲金溪。龍池溪合沙溪自北來會。又東，左合安福口溪，逕三澗渡，右合常口溪、漠村溪，左瀨口溪、黃坑口溪，又東入順昌。西北瓜溪，屈西北入泰寧。萬安巡司。

沙 繁，難。府西南百二十里。城北：鳳岡山。西：巖山。西北：陶金。西南：呂峰。北：將軍。東北：馬笠。東：玉山。南：七朵。其下沙溪，二源：一太史溪，西南上承永安燕水溪入，逕莘口，右合西霞坂水，左明溪，又北，右合蔣坑水，左斑竹溪、隴東溪，至城東南；東溪出順昌界天柱山曰半溪，東南至漈口，又會瓦溪，合幼溪，又南逕城東來會，是爲太史溪。又東，左合鸕鷀溪、玉溪、楊溪、下涌溪、下湖溪，右洛溪、琅溪、丹溪、高溪、漁溪，入南平。北鄉砦巡司。

永安 繁，難。府西南三百里。城東二山，南登雲塔，北栟櫚。西北：黃楊巖。東南：斗山。東北：貢川。城北燕水溪，西北上承清流九龍灘水入，逕大嶺，屈東，左合羅峰溪；右櫞嶺水，至八仙巖。東連城姑田溪自西南來會，是爲燕水溪。又東，右會南溪及浮流溪、林田水、桂溪，至城北，右合大梅溪，左益溪，又東北爲貢溪，左納坊溪、田沙溪，右合青溪，其東南黃田嶺水，北合烏阬水爲西霞坂水。其北明溪自歸化入，又東並入。鎭二：西洋、星橋。安沙、小陶二巡司。英果、黃楊、湖口三廢司。

尤溪 繁，難。府南百六十里。城北：永山。西南：鸕鷀。西：璠山。東南：石井。南：眠象。東：參拜。尤溪城南二源：湖田溪西南上承大田縣溪入，逕高才，左合包溪，右漈頭溪及汶水，又北，左合新橋溪，右寶溪，至城南；青印溪出沙界羅巖峰，東南右合新坑水，左麻溪、小溪，逕城西來會，是爲尤溪。又東爲雲潭，右合雙髻山源湖水，左華南溪，又東，左合塔兜，右資壽溪，入南平。明溪北自歸化入，又東入沙。官陂西南溉田數千頃，波及德化界。高才坂巡司。

建寧府：衝，繁。隸延建邵道。明領縣八。雍正十二年，割壽寧屬福寧。東南距省治四百八十里。廣四百九十五里，袤四百三十里。北極高二十七度四分。京師偏東二度。領縣七。

建安 衝，疲，難。府東南。東北隅：黃華山。城南：覆船山。東北：馬鞍山。東南：象山。西南：龍池。建溪亦曰建江，二源：松溪東北自政和入，屈西南，左合川石漈，右東游、橫谷、坤口、千源諸溪，又西南，左合東萇溪、沙溪，至城東南爲東溪；又西，西溪自甌寧逕城西南來會，是爲建溪。又南逕太平驛，右合古老嶺、下溪、秦溪及其支津，左納百丈溪、房村口溪，入南平。雙溪、大官陂各溉田十一頃。迪口縣丞。房村巡司。太平一驛。

甌寧 衝，繁。附府西北。北：天湖山。西北：烏石。東：東山。城西：龍首。城南：覆船。東北：天堂。西溪二源：建陽溪自縣入，東南逕葉坊驛；柘溪自浦城入，迤西南，左合蓬嶺水來會，爲雙溪口，又南，右合吉陽溪、興賢溪、躍鱗溪，左紫溪、宜均溪，至城北分流，復合於臨江門外，是爲西溪。百丈溪出縣西北山，合登仙里水，東游溪出東北崙口，並入建安。巧溪出西黃源嶺，入順昌。鳳坑水出東北白石山，東入松溪。將軍山下陂溉田千餘頃。吉陽、營頭二巡司。葉坊、城西二驛。

建陽 衝，疲。府西北百二十里。城西隅：大潭山。西三十里，太平、九峰、唐石。西北：蘆峰。北：闌干。東北：硯山。南：蓮臺。西南：五峰。建陽溪亦建溪，二源並西北：崇溪自崇安入，曰北溪，左合陳溪，又南折東，左合芹溪，至河船，右合石船溪，左錦溪及油溪，屈西南至城東南；

西溪出西北毛虛漈山，會竹溪、瓦溪，屈南，右合化龍溪，折東，右合莒溪、馬伏溪，左龍口溪，逕玉枕峰西，又東來會，是爲建溪，亦曰交溪。迤東南逕樟灘，左合窑溪、將溪，右長湍溪、吳墩溪、徐墩溪，入甌寧。油陂溉田五十頃。西：廕沙鎭。南：蓋竹鎭。南槎巡司。建溪一驛。崇安 衝，繁。府西北二百四十里。南：武夷山，道書第十六洞天，周百二十里，峰三十六，巖三十七，岸壁紅膩，稜疊可愛。北：黃石。東北：濟拔。西北：三髻。西：白華。東：仙洲。東南：寨山。崇溪二源：東溪出東北石臼里，匯岑陽、寮竹諸山水，西南，左合小渾溪，右浴水溪、嵐溪、新豐溪，至大渾里，右合大漈溪，又西南至林渡；西溪出西北分水嶺，會大安源、雙溪，又東，左合溫林、觀音二寨水來會，是爲崇溪。又南過押衙洲，分流復合，逕城東，右合黃龍溪。又南，左合梅溪，迤西右合九曲溪，屈南至黃庭，右合黃石溪及籍溪，又東南入建陽，爲北溪。蘆陂溉田萬餘頃。鎭二：溫嶺、黃亭。五夫里巡司。興田、裴村、大安三驛。浦城 衝，繁。府東北二十七里。治黃華山南麓。城東隅：越王山。城北：橫山。東北：太姥、蓋仙、仙霞嶺。南：回隆。西南：西陽。東南：金斗。柘溪、南浦溪出東北柘嶺西南，右合灰塢漈、上溪，左半源、漁倉、裏洋諸水，又西，右合漁梁溪，左宦田溪，側城西南，湅蕤夾岸，亦曰梅花溪。新溪出西北百丈山，合洪源溪來會，是爲柘溪。又南，右合東源溪，左大石溪，又西南，右合臨江溪，左富嶺溪，逕曹村，右合石陂溪，又南入甌寧。北盃亭溪，西會小竿嶺、梨嶺水，會溪，入江西廣豐，注信溪。富嶺，縣丞治。鎭一：漁梁。巡司二：廟灣、溪源。驛二：小關、人和。松溪 簡。府東百六十里。治蹲獅子山南麓石壁山。東：王認山。東南：七峰。西：皆望。東北：鸞峰。松溪二源，分出浙江龍泉小梅、慶元溫嶼而合，逕木城隘入。西南逕舊縣塘，左納新窖水，又西，右納松源溪，又西至城東南，右合杉溪、白石溪，又西南入政和。吳村，縣丞駐。渭田巡司。政和 簡。府東百四十五里。東：池楝山。東南：大風。南：飛鳳、洞宮山，道書三十七洞天。東北：天柱峯。西北：南禪。松溪自其縣入，逕常口，迤東南至西津渡。七星溪逕鐵山口，合石龜溪、胡屯溪，又西合茶溪，逕城南合官湖，又西南來會。又南，亦曰當陽溪，左合小層溪，右山表溪，入建安爲東溪。東北新阬水，出天柱山，東南雙澗溪出溪門嶺，合下園溪、李洋水，並入壽寧。又南和溪出西表嶺，入寧德。范屯諸陂四十有四。下莊巡司。又苦竹廢巡司。

邵武府：衝，疲。隸延建邵道。明屬福建布政司。順治三年，隸武平道及分守建南道。康熙六年並廢，改。東南距省六百七十里。廣二百二十里，袤二百六十里。北極高二十七度二十一分。京師偏東一度五分。領縣四。邵武衝，繁，疲，難。倚。西南：殊山，爲郡祖龍。西：登高。南：福山。東：鷄鳴。東南：浮潭。北：雲際。東北：泉山。邵武溪即大溪，西北上承光澤交溪入，中合中坊溪，左勛溪。又東南，左合田段漠口，右和順高家渡龍鬭溪，逕紫雲灘，右合溪西鎮龍橋藥村水。又東至城北，左合石鼓溪、石樵溪，又東南，右合鹿口溪、銅青溪、大竹溪。折東，左合拿口上下溪，右密溪。又南，左合驕溪，至板孔灘，右合外石，左衞閩溪。又南，右合謝坊，左下黄溪、繡溪，至水口，右合桃溪，又東南入順昌。官坊溪出東南官尖峯，西南入泰寧，注龍湖溪。黄溪溉田四十頃。烏坂城，城東。黄土關，西南。有黄土三鹽場。水口、拿口巡司二。光澤衝，難。府西北八十里。城東：羅嘉山。西南：管蜜。西北：大和、昂山。東北：烏君塢。西溪上承馬嶺山水，自江西新城入，東逕羅家渡，右會象牙山巖嶺隘，左石螺山水，爲西溪。迤北，左得小禾山水，又東至水口，左納朱溪，右陳溪，折北合大嶺水，至册下。左合馬丫山、何家山、上下原諸水，逕城西，支津入城爲九曲溪。又北，過牛洲至城東，復與雲巖水來會。又東至烏洲。北溪東北自鉛山馬鈴隘入，逕雲際關南會大棋山水。又西南，左合延寮，右火燒關水，至舉賢，右合苦株阬，左肩盤嶺水，又西逕小寺州，右納冷水坑水。又西南，右合峰坳水，又南逕城東來會，是爲交溪。又東南，右合花園水，入邵武。西北大和山水，其西牛田水，並入蘆溪。松林陂溉田八頃。清化鎮。大寺巡司。建寧 疲，難。府西南二百十里。西北：白鹿山。北：何家。東南：大弋。城東：南山。西：鳳山。城南：濉江，西南上承寧化寧溪入，左合都溪及里源溪，又北，右合金鐃山水，又東北，右合百丈嶺水，是爲濉溪，逕城東而北，匯爲何潭。又東，右合開山溪，逕橫口，左納永城溪，右合武調溪及馮家漈溪，又北，東入泰寧。東南黃土嶺水，東入歸化。雙溪、張家陂各溉田七頃。泰寧 簡。府西南百四十里。城西隅：鑪峰山。北：鐘石。西：青蓮。東北：旗山。南：石山。大溪亦東溪，東北上承邵武官坊溪入，右會龍湖。東溪納龍湖，逕濟橋，右納交溪，左合梅林溪及朱口溪。又西南，合龍門溪及將溪，至山夾橋，左納黃溪，至城東，右合杉溪，匯於何潭，是爲城東三澗。折西，左合福沖溪、均福溪、二十四溪，至南會保，右合瑞溪、石塘溪，建寧濉江亦自西來會，是爲雙溪口。折南，右合龍安溪、金口溪，又東南爲布溪，入將樂。樂思壩本鸕鷀陂，溉田四十頃。

汀州府：衝，繁，疲。隸汀漳龍道。東北距省治九百七十五里。廣三百五十五里，袤四百三十里。北極高二十五度四十七分。京師偏東二分。領縣八。長汀 衝，繁。倚。今治南城。北：臥龍山。東：馬鞍。城南：圓珠、宣嚴。西：玉女。東北：翠峰。東南：七寶。鄞江卽汀水，東北自寧化入，右合將軍山、天井山水，又西南出龍門峽，右合梓步溪，又南爲湘洪峽，右合小湘溪。折西，右合北溪及東溪，又西南，右合篁竹嶺水，逕城南，右會西溪。又南，左合南溪，又東南，左合鍾家坑諸水。又西南，左合黃風溪，濯田溪合桃楊隘水、臘溪、黃峰水、桐木坑水，逕濯田自其西來會。又南，左合羊角溪，右納小瀾溪，入上杭，下至廣東下埔爲韓江，至澄海入海。東：虎忙嶺水，其南牛尾嶺水，又南八仙巖水，並入連城。其西磯頭水，入上杭。西北貢水，卽湖漢水，入江西瑞金，爲貢江，行七百餘里，下流與章江會爲贛江。大城寨巡司。館前、臨汀、三洲三驛。

寧化 簡。府東北六十里。城北：翠華山。南：五靈。西南：南山。東：墨瓦。東北：寶螺。西北：西華。大溪二源：西溪西南出狐棲嶺，東匯爲蛟湖，折北，左會陳家坑水、覺溪，折東至城東南；東溪，北出建寧界三都嶺，又南，左合罕坑，右若竹嶺水來會，是爲大溪。有烏路峽。右合合溪及上坪村諸水，與其南安樂水、羅溪並入清流。西南龍蘿山水，入長汀。西北寧溪，東北入建寧。七里圳導竹篙嶺水自新安橋至西溪三百五十丈，溉田數千頃。縣丞駐泉上里。石牛、安遠二巡司。

清流 簡。府東北二百里。城北：屏山。南：龍山。東：東華。東北：國母崠。東：隘嶺。清溪卽大溪，西北上承寧化大溪入，左合三港溪、鄭家坑溪，右合安樂水，逕城南，右合嚴坊水，左嵩溪、梓材坑水，又東南至羅口。文川溪，上承連城清溪入，合楮嶺水，會羅溪。又東北，合官坊溪來會。又東，左合油瓶、隔右、洞口水，又東入永安。東北夢溪合芹溪、炭山水入注之。鐵石磯廢巡司。

歸化 簡。府東北二百九十里。南：樓臺鼓角山。西南：銀瓶玉琖。東：龜山。東南：南山。西：黃牛。北：蛾眉。東北：龍西嶂。明溪西出永安界五通坳，會大嶺水，逕城北，右合黃溪而東，左合隘門叉，右雪山水。又珩溪、小明溪，又東左合瀚溪，又東爲沙溪，左合無塵坑，右呂源水，至紫口坊。右合夏陽溪，折東南，左合紫雲臺水，與南大吉溪、胡坊溪並入永安。西北鋪溪出黃婆山，會寧化泉、上里水。又北建寧水，自長嶺隘入，合楓溪來會，折東，左合巃坑，右丘地、茶坑二水，又東北入將樂。東北瓦溪入沙。大陂圳西北長二十里，溉田數萬畝。夏陽巡司。明溪驛。

連城

簡。府東南百四十里。北：蟠龍山、蕭坑。南：銀屏。東：蓮峰。東南：天馬。東北：馬坑。文川溪源自西南五磜，東北，右會金雞山，左張坊水，逕城南而東，合草笠山水。折北，左合李坊水，至廠潭，右合楮嶺水。又西北，左納虎忙嶺、牛尾岃二水，折東北入清流。西南豐頭溪，源自郎村隘，左會岡上水，右會牛尾岃南水。又西南，左合莒溪、苧園溪，右納八仙巖水，入上杭。東南曲溪，其南賴源水，並東北入永安。少西大東溪，又西隔溪，並東南入寧洋。北團寨巡司。上杭 衝，繁。府南二百四十里。北：紫金山。東北：覆籮。東：冷洋。東南：鐵障。南：橫琴。西：展旗。西南：羊廚。城南大溪二源：鄞江西北自長汀入，屈東南，左合射溪、金山溪，右九華溪，至水舖塘，右納檀溪，至九洲關；豐頭溪東北自連城入，右納磯頭水，左合九曲溪、苦竹溪，又西南來會，是爲大溪。屈南，逕城東而南，瀨溪自西南來會。橫琴岡一曰龍翔溪，又南，左合安鄉溪，至樟樹潭，左納豐稔溪，又西南，右合白沙磜水，又東南，左會永定溪，右合磜頭水，入廣東大埔，注神泉河。縣丞駐峰市。平西、藍屋二驛。武平 簡。府西南二百六十里。北：交椅山。東：梁野。西：靈洞。武平溪二源：東北大豐溪，源自永平寨東，左會當風嶺水，右合漁溪，左靈聚溪，西南，左合下黃溪、黃沙溪，爲化龍溪，至朱阬西北；大溪自江西會昌入，左合石徑嶺水，徑武平所東，屈南，右合溪頭水來會，是爲武平溪。又西南，左合巖前寨水，入廣東鎮平，注大溪。東中保水，東南象洞水，並入上杭。北大順溪，東北，左納石子嶺水，入長汀。西南馬戰崠水，西北張阬水，分入江西長寧、會昌。象洞、永平二巡司。永定 繁，難。府東南三百六十里。北：龍岡山。南：挂榜。西：印匣。西北：黎袍崠。東北：寒袍崠。東：圓嶺。永定溪東北上承龍巖、文筆山水，逕富嶺北，屈西南，左合分水嶺水，右文溪、武溪，至溪口，右合涼繖寨，左湖雷水，逕城東。又西南，左合當風坳，右分水坳水，入上杭。東南金豐溪，出巖背山，西會下佛子隘水，屈西南，左合高頭水、莒溪、香南溪，右鳴岐嶺、新村水，入廣東大埔。西北豐稔溪，出茫蕩洋山，錯上杭，會大豐壩水復入，合合溪、香溪、跳魚溪、躍鱗溪、湯湖溪，再錯復入，合小大阜漈水仍入之。三層嶺、太平砦二巡司。興化廢司。

漳州府：衝，繁，疲，難。汀漳龍道。漳州總兵駐。明，領縣十。清初因之。雍正十二年，升龍巖爲直隸州。漳平、寧洋割隸。嘉慶元年，析平和、詔安地增置雲霄廳。東北距省治六百八十里。廣二百七十里，袤二百九十里。北極高二十四度三十二分。京師偏東一度二十分。領縣七，廳一。龍溪衝，繁，疲，難。倚。城西北隅：登高山。北：天柱。西北：九龍。南：名第。東：文山。東南：龍漈。西：天寶。九龍江西北上承漳平九龍溪入，逕涵口，又南爲華崶溪。又東南，左合石兀山水，逕下漳，左納高層溪，右三腳竈水，入爲汰溪。碧溪至香洲渡，左納龍津溪爲郭溪，又東爲柳營江。南門溪上承南靖大溪入爲梅溪，支津入城。又東，合龍漈山水，至三叉河歧爲石碼港，又東北來會，爲福河。又東爲錦江，過許茂烏礁歧爲二，分出二洲間，幷入海澄，與南溪合入海。通判駐石碼。鎭四：東關外、木屐、石尾、玉洲。驛三：江東、甘棠、丹霞。有新岱巡司。九龍、柳營江二廢司。海澄難。府東南五十里。雍正十一年割漳浦之鎭海衞來隸。西南：儒山。北：文圃。南：席帽。東：吳養。西南：侯山。東南：鹿石。東、南、北際海。北自同安迤西南爲浮宮港。南溪，西南上承南靖馬坪溪，緣界爲馬口溪，又東南爲倒港，歧爲二：一東北逕白水營北入；一東北逕城南，復歧爲二，一東夾洲入，一北逕城西而北爲普賢港，逕沈嶼爲盧沈港，會龍溪、石碼港、錦江，又東過恆溪、玉枕二洲，逕胡使二嶼、圭嶼與海滄港，逵同安鼓浪嶼入焉。鎭四：鎭海、浯嶼、海滄、海門。海門、濠門、島美三廢巡司。南靖繁，疲。府西四十里。南：林壁山、西天山、獨坐。東北：巖倉嶺。東：峽口。西南：麒麟。西北：朝天嶺。城南雙溪二源：大溪亦西溪，西南自和平入，爲高港，西北逕長窰墟，折東北爲小溪口，左納博平嶺水，折東南爲鯉魚溪、船場溪，合象溪，納琯溪，至旗尾渡；小溪亦東溪，西北自漳平入爲員沙溪，又南合沄水、阬水，折東合鵝髻山水，又南逕金山北，出湧口至太監嶺，西合涵溪，折東，左納苦竹村水，又南來會，爲雙溪口。折東，逕城南，爲湖山溪，又東南爲峽口溪，又東入龍溪。馬坪溪自平和緣界合老竈山水，又北，東入漳浦。龍磜陂溉田三千餘畝。巡司二：和溪、永豐。又九龍砦廢司。驛一：平南。漳浦 衝，繁，難。府南百二十里。城北：羅山。南：梁山，西麓盤陀嶺。西南：將軍。東：海雲。東北：太武。東南：良山。東南際海。自海澄迤西南爲井尾澳，黃女江入。又南將軍澳。迤西虎頭山，山北六鼇廢所。又西竹嶼、浮頭港。李澳川西北上承平和五寨溪入，右合崎溪，又東南爲秦河，又東南逕龍頭保入，又西南爲古雷城，至雲霄廳界。其北杜潯溪入。南溪上承南靖馬坪溪，緣界合小溪，又東逕大帽山北入海澄。縣丞駐佛曇。鎭一：杜潯。驛二：臨漳、盤陀嶺。平和 衝，繁。府西南二百里。東北：長盧山。東：九牙。南：天馬。西北：象湖。東南：大峰，四溪出焉。曰河頭溪，西會官寮山水爲合溪、龘溪，又西逕樓宅山，至城南。又西，右合大蘆溪，入廣東大埔，注清遠河。曰高山溪，東北，左會小坪山水，右合南勝溪。又東北爲琯溪，左合高磜溪、碧微溪，右九團溪，又東北入南靖。曰河上溪，東南會白石山水爲三合溪，又東南合佛几嶺水，入雲霄廳。曰徐阬溪，西南會陳溪、天馬山水，又南，左合下陂溪、馬溪入詔安。東南五寨溪，東入漳浦爲李澳川。高港溪東北入南靖爲大溪。南靖故城，縣丞駐。鎭二：南勝、庵後。有琯溪巡司。詔安 衝，繁。府西南二百五十里。城西：良峰山。西北：金雞。北：烏山。東：奇山。東南：川陵。東南際海。自雲霄廳迤西南爲銅山廢所，東北與古雷城直爲石城嶼。其西漸山、八尺門汛。其間後澳港、大陂溪合梅洲溪入，有金石廢司。其南南浦，又西南宮前，迤西北懸鐘廢所。東溪東北上承平和徐阮溪，合下陂溪，又南，右合白葉洞水，又東南合赤溪，逕城東園林歧爲二，一自東沈村循甲州而東，一自奧雅頭右合磁窰溪，逕牛姆礁，入於海。南南澳，總兵駐。又西至廣東饒平界。新陂溉二千餘畝。鎮九：懸鐘、雲澳、青澳、西礮臺、草寮尾、紅花嶺、分水關及銅林之後林村、宮前村。銅山場大使。漳潮巡司。驛二：南詔、大碑塘。長泰 簡。府東北三十八里。西北：良岡山。北：董峯。東：天柱、蜈蚣。東北：內方。龍津溪出東北林口隘，東南，左合芹果溪，又南左合白桐山水，右歧爲巖溪，注高層溪，入龍溪。又南，左合馬洋溪、可壠溪，折西逕城南，又西南逕鼎山北入龍溪。有朝天嶺廢巡司。雲霄廳 中。府西南百六十里。嘉慶三年，析平和、詔安置。東：大臣山。南：馬山。西：將軍。西南：眞武崎。西北：呈奇嶺。東南際海。自漳浦迤西南，杜潯港入。又西，西林溪，西北上承平和白石溪入廳北，又南逕大田，左合嶺腳水，右納龍頭水，又南逕爲西林溪，右合將軍山水，側城東南，右合御史嶺水，與杜潯港達於漳江。陳岱港出城東南盤石，東南流，逕八尺門，入於海。石蛇尾、梅州二鎮。

龍巖直隸州：繁，難。隸汀漳龍道。清初因明制爲縣，屬漳州。雍正十二年，爲直隸州，割漳州之漳平、寧洋隸之。東北距省治九百二十里。廣二百二里，袤百九十一里。北極高二十五度九分。京師偏東三十九分。領縣二。城內：大對山。城北：後山。南：奇邁。東：東寶。西：虎嶺。城南龍川，出州西九曲嶺，會大小池水，東爲羅橋溪，逕城南，匯爲石鼓潭。右合陳陂溪及曹溪，又東爲東溪，逕觀音座山，匯爲甕口潭。左合傅溪，又東北爲雁石溪，左合硔溪、硿頭溪。其北藿溪，上承連城大東溪入，合隔溪，逕溪口，右合長坂溪，左納小東溪。有雁石巡司。適中驛。漳平 難。州東百七十里。西北：古漈山。北：三山。西：龍停。東：東關。南：覆鼎。東北：淩雲。城南九龍溪二源：東源西北上承寧洋大溪入，爲九鵬溪，又東南，左納藿溪、西阮水，又南逕鹽場塘西；西源雁石溪自州來會，是爲九龍溪，又東，右合吳地溪，逕城南，匯爲九龍潭，又東南，右合黃畬鋪水，至華口塘，左納感化溪，右合下折溪，二溪相交如十字然，又東南，與南三腳竈水並入龍溪。東北古格嶺水，入安溪。後溪洋陂溉田六頃有奇。有永福里鎮。歸化、蘆溪南廢巡司。寧洋 簡。州東北百八十里。北：金鳳山。南：香寮。西：芙蓉。西北：殺狐嶺。城南大溪三源：北溪出西北梨子嶺，會百種畬洞水，逕城北，會西溪，至城南，會南溪，是爲大溪；又南，右合西溪，又東南，並入漳平；東溪出縣西鑪山峰，西南流，合熱水、小溪水入龍巖。

興化府：衝，繁。隸興泉永道。清初因明制。北距省治二百四十里。廣二百十里，袤八十五里。北極高二十五度二十六分。京師偏東二度四十七分。領縣二。莆田 衝，繁，疲，難。倚。南：壺公山。東南：五侯。西南：天馬、龜山。西北：夾漈。北：浮山。東北：澄渚。東：持久。東南際海。自福清迤南爲黃竿。北荻蘆溪，會澳溪爲洙溪，匯爲北洋太平陂，達迎仙港。延壽溪上承九鯉湖，東爲莒溪，匯爲北洋延壽陂，達涵頭港。木蘭溪上承仙遊仙溪，東爲瀨溪，又東堰爲南洋木蘭陂，達白湖港。三港既會，是爲三江口，又東入焉。又南：美南。東南：青山。瀝嶗塘，唐築，溉田百四十頃。縣丞駐平海。鹽場大使三，駐涵江、前沁、東嶠。湄州、忠門二鎮。涵江二巡司。大洋淩厝廢司。莆陽驛。仙遊 難。府西七十里。治大飛山南麓。西北：仙遊山。東：鐵山。北：將軍。東北：石所。南：白巖。城南仙溪，西北自德化入，爲大目溪，右合古瀨溪，又東，右納金沙溪，左合大濟溪，爲三會溪。右合神堂溪，逕城南，又東北，左合走馬山水，右納石二嶺水，至東渡，左合安吉溪。其北九鯉湖，並入莆田。其南楓亭溪入海。北游洋溪入永福。興泰、楓亭二巡司。白嶺廢司。

泉州府：衝，繁，疲，難。隸興泉永道。提督駐。通判駐蚶江。明，領縣七。雍正十二年，升永春爲直隸州，割德化隸之。東北距省治四百十里。廣二百七十里，袤二百里。北極高二十四度五十六分。京師偏東二度二十五分。領縣五。晉江衝，繁，疲，難。倚。城北：清源山。東南：法石。南：獅山。西南：石塔。北：雙陽。東北：鳳山。東南際海。自惠安迤西，其洛陽港入爲洛陽江，會長溪入白嶼。晉江上承南安黃龍江，東南爲筍江、浯江、溜石江，至磁竈，逕法石汛爲蚶江入。少南，陳埭、玉蘭浦、植壁港入金嶼。嶼南石湖即日湖。又東東埔，東北與崇武所直。又西深滬灣，又西南圍頭鎮，又西北石菌、白沙。九溪自南安入，爲安海港，合靈源山水入，又西至南安界。縣丞駐石獅。潯美場大使。鎮二：浦邊、圍頭。巡司二：鷓鴣、雒陽。又庵上廢司。驛一：晉安。南安繁，疲，難。府西四十五里。城北：葵山。西北：鵲髻。南：靈秀。西：九日。西南：覺海。城南金溪二源：自永春入者桃溪、小姑溪，合於便口，又東南歧爲二，一南合高田山水，一東合瀘溪、淩斜溪，復合爲雙溪口；自南安入者藍溪，東逕珠淵汛，左合洞后埔水，右英溪、歸溪，又東亦歧爲二，東與永春水會，東南逕金雞山爲金溪，至城南爲黃龍江，一南合囷山、蝌阬山水，至白石復歧，一東逕娘子橋，一南逕官厝，合柏峰山水爲九溪，並入晉江。縣丞駐羅溪。蓮河場大使駐營前。鎮一：洪瀨。巡司駐大盈。又澳頭、蓮河二廢司。驛一：康店。惠安衝，繁，難。府東北五十里。東北：龍屈嶺。西北：大帽山。東：五公。東南：松洋。南：錦田。西南：盤龍。城西：登科。東際海。自莆田迤西爲橫嶼、洋嶼、沙格澳、傅埭、添崎港入，又南峰尾澳、峰崎港入岱嶼、吉嶼，又南黃崎澳，又南小岞，東北與莆禧所直。胡埭出石佛嶺，合藩厝水，迤西大岞，又西崇武澳、獺窟澳，又西下按澳。峰崎港支津西南逕走馬埭，合龍津溪、馬山埭入。其北洛陽港，至晉江界。又北大溪，入仙遊。鎭三：崇武、沙格、黃崎。門頭鄉，鹽大使駐。良興巡司。塗嶺廢司。驛一：錦田。同安 衝，繁，疲，難。府西南百三十里。北：三秀山。東北：大輪、北辰山。東：九躍。南：寶蓋。西：西山、夕陽。南際海。自南安迤南爲大嶝嶼，蓮溪入。又西北石潯港，抵城南，東溪、西溪入。又南下店、潯尾，後溪、深青溪入。迤東高埔、離埔、洒洲嶼、白嶼。其南大島二，東曰金門，有北大武山，縣丞駐。其北官澳，其東峰上，又東料羅。西曰廈門，故嘉禾嶼，東南與澎湖直，有洪濟山。道光二十二年，金陵條約爲商埠。分巡兵備道。光緒甲午後，水師提督駐。五通渡、高崎汛、筼簹港入金、廈之間。懸嶼有大擔門、小擔門，南抵海澄、浯嶼。廈門西南隅鼓浪嶼，有德、英、日、法領事署。鎭六：店頭、新墟、下店、大路尾、浯嶼、高崎。通判駐馬家巷。浯洲、祥豐二鹽大使。灌口、石潯、劉五店三巡司。驛二：大輪、深青。安溪 疲，難。府西一百五里。西：蓬萊、騶馬。南：黃龍山。黃蘗又名午山，爲縣中衆山之宗。北：鳳山、翠屏、雪山。東南：北觀、金龜。西南：龍塘。西北：鶴頂、佛耳、朝天諸山。縣南三里，藍溪亦曰清溪，源二。西北源出龍巖、漳平東北古格嶺，東南流入縣。東南逕桃舟隘，西受梯子嶺水，南流逕連德坂，南折而東北，逕龜壩南來會，又東北錯入永春洲，永春洞口溪自北來注之，又折而東南，復入縣。又東逕小橫鄉南，受熊田溪，溪亦自永春入。又東南受漢阪水，又南至魁斗西，受東溪、三層溪，又東南逕縣治西，曰吳埔溪，又南合西源。西源出縣西南北岸山東麓，東北流，受白葉山水，又東北逕舉溪壩南，受留山水，又東北受溪益水，復合九峰山后溪、胡坑諸水，又折而東南，逕五里埔北，受龍門嶺水，又東曰灣江，又東與西北源合。合而環縣東南，是爲藍溪。又東逕羅渡南，田隙鄉北，入南安。有長坑、湄上二鎭。

永春直隸州：繁，難。隸興泉永道。明，縣，屬泉州府。清初因之。雍正十二年，爲直隸州。泉州德化、延平大田割隸。東北距省治四百十里。廣百八十五里，袤百八十八里。北極高二十五度一十八分。京師偏東一度一十八分。領縣二。西北：大鵬山、雪山。東：崑崙。東南：花石。西：陳巖。西南：龍山。北：浮空。東北：樂山；雪山，桃溪出，爲陳巖溪，合錦溪爲埔兜溪，左合新田溪，又東逕東平山爲洑溪，左合冷水坑水。又北，東爲磁竈溪、石鼓溪，合龜龍溪，又東爲州前溪，留灣溪，左合新溪支津，又東南與小姑溪並入南安。新溪出西北天馬山，其經流東入仙遊。西北熊田溪自德化入，屈西南爲碧溪，右合上窰水、南洋水，其西洞口溪，並入安溪。黃坂鎭。德化 難。州西北三十里。治龍潯山南麓。北：繡屏。東北：石牛。東：龍門。東南：天馬。南：雙魚。西：五華。西北：戴雲，滻溪出，爲東埔水，會李山水，南，西爲白泉溪；又南，右合黃洋溪、花橋溪，爲石溪、蘇溪、塗坂溪，右合龍潭水，左蓋竹溪、郭坂溪、丘店溪，又東爲西門溪，至城南，是爲滻溪。右合大雲溪、黃斜溪，左丁溪。又東北，左合龍門溪，右碧潭水，至高漈。左合龍潭水及上雲溪，又東北逕岱山，左合南埕溪，折西北，左合盧溪，又東北入永福。西北小尤溪、錦屏山水、湯嶺水，分入大田、永春、尤溪。東北石牛洞水，入仙遊。內洋鎭。小尤、楊梅諸廢巡司。大田 簡。州西北二百六十五里。南：大仙山。西南：臺閣。東：銀瓶。東南：文筆。北：雙髻。東北：白鶴。縣前溪上承小尤溪，東南自德化入，合龍背嶺水爲梓溪。又西北，左合小坑水，折東北爲湯泉溪，至城南，匯爲塔兜潭。又東北逕京口，右合仙峰溪，左上華水，至漈頭，英果溪合渡頭溪自其西來會，又北入尤溪。西南沈口溪，入寧洋。其南武陵安水入漳平。有桃源巡司。花橋廢司。

清史稿卷七十一

志四十六

地理十八

臺灣

臺灣：古荒服之地，不通中國，名曰東番。隋開皇中，遣虎賁陳棱略澎湖三十六島。明嘉靖四十二年，海寇林道乾掠近海郡縣，都督俞大猷征之，追至澎湖，道乾遁入臺灣。天啓元年，閩人顏思齊引日本國人據其地。久之，爲荷蘭所奪。清順治十八年，海寇鄭成功逐荷蘭人據之，僞置承天府，名曰東都，設二縣，曰天興，曰萬年。其子鄭經改東都爲東寧省，升二縣爲州。康熙二十二年討平之，改置臺灣府，屬福建省，領縣三。雍正元年，增置彰化縣，領縣四。光緒十三年，改建行省。光緒十三年九月庚午，閩浙總督楊昌濬、臺灣巡撫劉銘傳會奏，略云：「臺灣疆域，南北相距七百餘里，東西近者二百餘里，遠或三四百里，崇山大溪，鈎連高下。從前所治，不過山前迤南一綫，故僅設三縣而有餘。自後榛莽日開，故屢增廳治而猶不足。光緒元年，沈葆楨請設臺北府、縣以固北路，又將同知移治卑南以顧後山，全臺官制，粗有規模。然彼時局勢，未闓擇要修舉，非一勞永逸之計也。臣等公同商酌，竊謂建置之法，恃險與勢，分治之道，貴持其平。臺省治理，視內地爲難，而各縣幅員，反較多於內地。如彰化、嘉義、鳳山、新竹、淡水等縣，縱橫二百餘里、三百里不等，倉卒有事，鞭長莫及。且防務爲治臺要領，轄境太廣，則耳目難周，控制太寬，則聲氣多阻。至山後中、北兩路，延袤三四百里，僅區段所設碉堡，並無專駐治理之員，前寄清虛，亦難遙制。現當改設伊始，百廢俱興，若不量予變通，何以定責成而垂久遠？臣銘傳於上年九月親赴中路督剿叛番，沿途察看地勢，並據各地方官，將境內扼塞道里、田園山溪，繪圖貼說，呈送前來。又據撫番清賦各員弁將撫墾地所陸續稟報，謹就山前後通局籌畫，有應添設者，有應改設者，有應裁撤者。查彰化橋孜圖地方，山環水複，中開平原，氣象宏敞，又當全臺適中之地，擬照前撫臣岑毓英議，就該處建立省城，分彰化東北之境設首府曰臺灣府，附郭首縣曰臺灣縣，將原有之臺灣府、縣改爲臺南府安平縣。嘉義之東，彰化之南，自濁水溪至姑石圭溪止，截長補短，方長四百餘里，擬添設一縣曰雲林縣。新竹苗栗街一帶，扼內山之衝，東連大湖，沿山新墾荒地甚多，擬於新竹西南各境添設一縣曰苗栗縣，合原有之彰化，及埔里社通判，一廳、四縣，均隸臺灣府屬。其鹿港同知一缺，應即裁撤。淡水之北，東控三貂嶺，番社歧出，距縣太遠。基隆爲臺北第一門戶，通商建埠，交涉紛繁，現值開採煤礦，修造鐵路，商民麕集，尤賴撫綏。擬分淡水東北四堡之地，撤歸基隆廳管轄，將原設通判改爲撫民理番同知，以重事權。此前路添改之大略也。後山形勢，北以蘇溪爲總隘，南以卑南爲要區，控扼中權，厥惟水尾。其地與擬設之雲林縣東西相直，現開路百九十餘里，由丹社嶺集集街經達彰化，將去省城，建立中路，前後脈絡，呼吸相通，實爲臺東鎖鑰。擬添設直隸州知州一員曰臺東直隸州，左界宜蘭，右界恆春，計長五百餘里，寬約四十里、十餘里不等，統歸該州管轄，仍隸於臺灣兵備道。其卑南廳舊治，擬請改設直隸州同一員。水尾迤南，改爲花蓮港廳。其內已墾熟田約數千畝。其外海口水深數丈，稽查商船，彈壓民番，擬請添設直隸州判一員，常川駐紮，均隸臺東直隸州屬。此後路添設之大略也。謹按臺灣疆土賦役，日增月廣，與舊時羈縻僑置情形迥不相同，因地制宜，似難再緩。況年來生番歸化，狉榛之性初就範圍，尤須分道拊循，藉收實效。輯遐牖邇，在在需員，臣等身在局中，既不敢遇事紛更，以紊典章之舊，亦不敢因陋就簡，以失富庶之基，損益酌中，期歸妥協。」二十一年，割隸日本。省在福建東南五百四十里。西北距京師七千二百五十里。東界海；西界澎湖島；南界磯頭海；北界基隆城海。廣五百里，袤一千八百里。一統志載戶口原額人丁一萬八千八百二十七，滋生男婦大小口共一百七十八萬六千八百八十三，戶二十二萬四千六百四十六。領府三，州一，廳三，縣十一。臺灣屹峙海中，爲東南屏障，四面環海，崇山峻嶺，橫截其中，背負崇岡，襟帶列島。浪嶠南屏，鷄籠北衞，澎湖爲門戶，鹿耳爲咽喉。七鯤身毗連環護，三茅港匯聚澄泓。畜牧之饒，無異中土。誠東南一大都會也。

臺灣府：衝，繁，疲，難。爲臺灣省治。巡撫、布政使、分巡兵備道兼按察使銜，共駐。其地東及東南界臺東州；西及北界海；南及西南界臺南府；東北界臺北府。廣袤里數闕。北極高二十四度三十三分。京師偏東四度二十分。領縣四，廳一。臺灣衝，繁，疲，難。倚。分彰化縣治。葫蘆墩，巡司駐。彰化繁，難。府北百里。鹿港，縣丞駐。雲林難。林圯埔，縣丞駐。苗栗衝。大甲，巡司駐。埔里社廳調。府東南。其山在府境者，西北：五鶴、牛困山。西：史老榻山。南：蘆芝、莿根、郡坑、松柏山、土山。東：內山。濁水出埔里社廳東南山，西南流，左合二水，經雲林縣東北，一水自南來注之。曲北，右納一水，經縣北。又西北，一水自嘉義縣來，北流注之。又西經牛埔厝，歧為三支：一支曰石龜溪，西為牛稠溪；一支曰虎尾溪，經汕頭厝為麥寮港，並經縣西入於海；一支為東螺溪，又歧為三，曰剌桐港，卽番空港，曰鹿港，曰二林港，並經彰化縣西入於海。大肚溪上源曰合水溪，出埔里社廳東南魚池仔，西北流，合南磘溪，經廳西北，北港溪、北磘溪並西流注之。又西，珠子山二水合西北流注之，經府治南，左右各納一水，經大肚街為大肚溪，又西北入於海。大甲溪出苗栗縣東南，合數小水，西南流，右出支津注於呑霄溪。正渠南流，左納一水，折西北，經鐵砧山南，又西北入於海。呑霄溪出苗栗縣東南，合大甲溪支津，經縣南，西北流入於海。后壠溪出苗栗縣東南山，合一水，西北流，經五鶴山，南至鋼羅灣，夾二洲，又西北，經縣治北，右通中港溪，左納一水，入於海。中港溪出縣東山，緣界西北流，經縣治，左出支津合后壠港支水為烏眉溪，與正渠並西北入於海。

臺南府：衝，繁，難。舊臺灣府改設。東北距省治二百里。東及東南界臺東州；西及南界海；北及東北界臺灣府。廣袤里數闕。北極高二十三度。京師偏東三度三十一分。領縣四，廳一。安平衝，繁，難。倚。大武壠、斗六門二巡司。鳳山繁，難。府南八十里。下淡水，縣丞駐。枋寮，巡司駐。嘉義繁，難。府北一百十七里。笨港，縣丞駐。佳里興，巡司駐。恆春疲，難。澎湖廳簡。府西水程二百四十里。澎湖，總兵駐。澎湖八罩巡司。其山在府境者，北：太湖、白水、木岡山。東北：大福興、大利山。

噶瑪蘭頭圍，巡司駐。

東：觀音、枕頭山。北：華山。東南：武吉、草山。南：虎頭、龜山。西：鳳山，鳳山縣以此得名。鳳山北大岡滾水、大武壠、大木岡山。縣東傀儡山，俗曰加禮山。澎湖廳縣居海中。牛稠溪出嘉義縣東，西北流，經治北，與布袋嘴港並西流入於海。八掌溪出雲林縣界，西北流，經平鼻山北半月山，南合瀵箕湖及一小水，西流至鹽水港，入於海。急水溪二源，並出雲林縣西界，經嘉義縣東南，合西流，又經急水舖南，左納十八重溪，又經鐵綫橋街北，又西入於海。曾文溪出府治東北，西北流，經大武壠北，右納茄拔溪，左納一小水，經府治北，又西經倒風港，入於海。柴頭港出府治東北山，西北流，經治北，又西合德慶港爲安平港，入於海。二層行溪出府治東，茄定港出雁門關嶺，阿公店溪出鳳山縣東北，並西流入於海。淡水溪出府治東六張犂，西南流，右納一水，左納二水，經下淡水西，鳳山縣治東，至潮州厝汛北，西冷水溝水出縣東芧匏山，合二水西南流注之。又西南匯爲東港，入於海。茄藤港在鳳山縣南，西流入於海。率芒溪出恆春縣北武吉山，合一水，西流入於海。刺桐港、楓港、五重溪、三重溪、射寮溪並在恆春縣北，西流入於海。龍鑾潭在恆春縣南，西北流入於海。猪撈東港在恆春縣東，東流入於海。

臺北府：衝，繁。西南距省治三百五十里。東、北、西界海；南界臺東州；西南界臺灣府。廣袤里數闕。北極高二十五度十七分。京師偏東五度十五分。領縣三，廳一。淡水衝。倚。新竹疲，難。府西南。宜蘭疲，難。府東南。頭圍，縣丞駐。基隆廳衝，繁。府東北二百七十五里。其山在府境者，北：大屯、沙帽、大武壠山。東北：雞籠山，在基隆廳東。府城東：攀山。南：瓦窰山、大霸尖山、五指山。西南：橫山、金面山、虎頭山。西南：嵌山。海環府東、北、西三面。基隆口在基隆廳東北。扈尾口在府治西北。磺溪出府治南山，合石頭溪，東北流，左右各納一小水，至枋橋街，紅仙水合擺接溪諸水西流注之。又北經府治西，艋舺、十八重溪水北流折東注之。至大稻埕。大隆洞溪出基隆廳東雞籠山，合一水西流注之。又西北，分流復合，經扈尾港入於海。南崁港上流爲大過溪，在府治西北。中壢溪、土牛溝、紅毛港、鳳山崎溪、舊港、油車港、香山港並在新竹縣西北入於海。三貂溪在基隆廳東南，草嶺大溪、加禮遠港、蘇澳門並在宜蘭縣南，俱入於海。

臺東直隸州：衝，繁，疲，難。卑南廳改設。西北距省治五百里。東及南界海；西及西北界臺灣府；北界臺北府；西南界臺南府。廣袤里數闕。北極高二十二度二十五分。京師偏東四度。卑南，州同駐。花蓮港，州判駐。其山在州境者，北：岐來山、能高山。西：秀姑巒山。東：丁象山。西出八同關，爲秀姑巒山一帶番社，係屬巒番所居。西南一帶高山番社，係屬昆番所居。大港上源曰打馬攔溪，出秀姑巒山，東流經治北，右合網網溪，左合一水，經奇密社北，入於海。卑南大溪出州西南新武洛社，合三水東南流入於海。花蓮港二源，並出州西北，合數小水，經太平廠南入於海。東澳、南澳、大濁水溪、大清水溪、小清水溪、得其黎溪、三棧溪、尤丹溪、米崙港並在州東北，入於海。紅蝦港、黎仔阬溪、郎阿郎溪、馬武窟溪、八里芒溪、呂家望溪、知本溪、大苗里溪、蚶子崙溪、大足高溪、干子壁溪、大烏萬溪、巴塱衞溪、魯木鹿溪、牡丹灣、八磘灣並在州東南，入於海。

清史稿卷七十二

志四十七

地理十九

廣東

廣東：禹貢揚州之南裔。明置布政使司，治廣州。清初因明制，定爲省。雍正中，升連州及程鄉爲嘉應州，並直隸。嘉慶中，南雄降直隸州，尋並復故，增佛岡，南雄仍降州，增連山。同治中，陽江升廳，增赤溪。光緒中，升欽州、崖州，降萬州。爲道六，爲府九，直隸州七，直隸廳三，散州四，散廳一，縣七十九。東至福建詔南；千里。西至廣西宣化；千五百里。南至海；三百里。北至湖南桂陽；七百八十里。東南至海；二百八十里。西南至崖州海；二千四百里。東北至江西長寧；八百里。西北至廣西賀。七百三十里。廣二千五百里，袤一千八百里。東北距京師七千五百七十里。宣統三年，編戶五百四萬一千七百八十，口二千八百一萬五百六十四。其名山：靈洲、黃嶺、羅浮。其巨川：西江、北江、東江。鐵路：粵漢南段，自廣州西逕三水，又北清遠、英德、曲江至樂昌，與湖南興寧路接。

廣州府：衝，繁，疲，難。隸廣肇羅道。兩廣總督舊駐肇慶，乾隆十一年徙。光緒二十四年裁巡撫，尋復。三十一年，仍與粵海關監督、糧道同裁。布政、提學、提法、鹽運四司，巡警、勸業二道，廣州將軍，滿洲、漢軍副都統，廣東水師提督駐。明領縣十三。康熙中增置花縣。廣四百二十里，袤五百二十二里。北極高二十三度十一分。京師偏西三度三十三分。領縣十四。有廳三：曰佛山，雍正十一年置；曰前山，乾隆八年置；曰虎門，道光二十五年置。有粵海關，康熙二十四年置。廣州商埠，道光二十二年英南京條約訂開。**南海** 衝，繁，疲，難。倚。府西偏。粵之山，五嶺據其三。北：越秀。西北：靈洲。西南：西樵山。北江自三水入，東南流，東別出為紫洞水，至番禺，合珠江入順德。西江自三水入，東南過九江，亦入順德。西北馬逕水，首受蘆包水，南與三江水會。屈東北流，左合黃洞水，南流溪水自番禺西南注之。南出石門山為石門水，過府治西南，屈東為珠江，入番禺。有九江浦主簿。三江、金利、神安、黃鼎、江浦、五斗口六巡司。西粵漢，西南三佛鐵路。**番禺** 衝，繁，難。倚。在城有番、禺二山，縣以是名。北：白雲。東南：浮練，一名浮蓮岡。東南濱海。南有珠江，上承南海石門水，東南流，歧為二，至長洲復合。又東南為波羅江，左合東江，為三江口。又東南，獅子洋合沙灣水入於海。有獅子營。西：永靖營。有慕德、鹿步、沙灣、茭塘四巡司。魚雷營有船塢在黃埔。番禺、五羊二驛。東廣九，西北粵漢鐵路。**順德** 繁，疲，難。府南百里。北：都寧。西：天湖。西北：西淋山。北江自南海入，爲河澎海，東南流，屈北爲扶閭海，又東叠石海，東別爲沙灣水，合珠江。至半江爲板沙海，入香山。西江自南海入，東別出爲甘竹灘水，與板沙海合，過仰船岡，別出爲仰船海，至新會入海。縣丞一，治容奇。有紫泥、江村、馬寧，又北都寧四巡司。有甘竹商埠，光緒二十三年中英緬甸條約開。東莞 衝，繁，疲，難。府東南百八十里。南：黄嶺。東南：寶山。西南濱海。海中秀山，東西峙若門然，曰虎頭門，珠江出其中，又謂之珠江口。有礮臺五：曰威遠、上横檔、下横檔、大角、沙角。東江自博羅入，合瀝林水、九江水，西過黄家山，南別出爲到涌水，會珠江，皆入海。石龍鎮，縣丞一。京山、缺口、中堂巡司三。鐵岡驛一。廣九鐵路。從化 簡。府北百三十里。東北：五指山。又十八山，流溪水出焉，南合陳峝水、玉溪，合過縣治東南，左納曲江，右納黎塘，至番禺入石門。有流溪巡司。石岐驛。龍門 簡。府東北二百一十里。西：藍糞山。西北：分水凹山。山西之水匯流溪入北江，山東之水匯西林水入東江。西林水一名九淋水，出西北三角山，合高明、白沙，屈西南，納羣溪水、永清水，入增城爲增江。有熱水湖在西北。有廟子角巡司，後遷永清墟。新寧 疲，難。府西南三百六十里。北：三台。東：百峰山。西南：大隆山。南濱海。海中有上川洲、下川洲。北：長沙河，即恩平江，自開平入，東南流，合南門河，西北合紫霞河，入新會。東南：泥涌河，南合牛角水，至烽火角入海。西：那扶水，亦南至獅子洲入海。又有潭㵿河，康熙二十六年總督吳在南鑿，西引泥涌河，東北達新會崖門，以通舟楫。溫泉、醴泉在西南。廣海寨，縣丞駐。有上川鹽巡司。有公益商埠。寧陽鐵路。增城 簡。府東百六十二里。西：雲母。西南：南樵。東北：羅浮山。東江自博羅入，西流屈南，至番禺合珠江。增江上流爲龍門水，南與派潭水合，又南至三江口，右納澄溪水，左納九曲水，過縣治東南，分流入東江。綏福水出西北青幽山，亦東南入於東江。有茅田巡司，新塘墟主簿。香山疲，繁，難。府東南二百廿里。北：浮虛。東南：五桂。又濠鏡澳山，山突出海中成半島形，曰澳門。光緒十三年入於葡萄牙。其北濠鏡澳關。又西，拱北灣有關。東南濱海。海中有東澳山、九星山，下曰九星洋。又有老萬、九澳、橫琴、三竈、浪白諸山在海中。西北：板沙海，自順德入，東南至潭洲。木頭海首受仰船水，東南分流入海。古鎮海首受西江，亦自順德入，東南至螺洲，與石岐水合，南出磨刀門入海。前山寨城，縣丞駐。黃梁都城，都司、巡檢駐。又淇澳、香山、黃圃三巡司。有香洲商埠，宣統元年奏開。新會繁，疲，難。府西南二百三十里。北：黃雲、圭峯。東南：崖山，與西南湯瓶嘴山對峙，熊海出其中，曰崖門。南濱海。西江自南海入，為天河海，東屈而南，過豬頭山，歧為二：東南出者曰荷塘水，合古鎮海東南入香山，又西別為外海水，西南至虎跳門入海；西南出者曰分水江，合滘水，南過江門，注熊海。又西，恩平江自開平入，與潭江合，東北流，為青膾洋，左納橋亭水，東南合分水江，出崖門入海。江門，縣丞駐。潮連、牛肚灣、沙村三巡司。大瓦司，廢。蜆岡、東亭二驛。江門商埠，光緒二十八年中英商約訂開。有寧陽鐵路。三水衝，難。府西北二百七十里。南：崑都。北：龍坡山。北江西南流，至胥江口東別出為蘆包水，又西南至四會，合綏江，別為思賢滘水，會西江。東過縣治南，為肄江，至於西南潭入南海。北江自西南潭別出為三江水，與蘆包水合，至南海，出石門，其下流為珠江。西有西江，自高要入。青岐水首受綏江，東南過金洲山，亦入南海。西南鎮，縣丞駐。有胥江、三水二巡司。三水口亦名河口，有商埠，光緒二十三年中英緬甸條約訂開。有三水、西南二驛。三佛鐵路。清遠衝，難。府北三百四十里。西：秦王。東：中宿峽，一名飛來峽。北江自英德入，西南流，滘江水東來注之，曰滘江口。至縣治西南，合政賓江。屈南，右納山塘水，左納大燕水，過迴岐山，入三水。有迴岐、滘江、濱江三巡司。有清遠驛，安遠廢驛。有粵漢鐵路。新安 疲，難。府東南二百六十里。康熙六年省入東莞，八年復置。南：杯渡，一名聖山，古謂之屯門山。東南：官富。東北：大鵬山。其南曰老大鵬山，有東涌所城。東、西、南三面濱海。海中有零丁山，其下曰零丁洋。又南，頭沱灣、佛堂門、急水門、大嶼山、榕樹灣等澳。西北：永平河，首受東莞九江水，東南至碧頭汛入海。大鵬所，縣丞駐。有福永、九龍二巡司。其南：香港島，道光二十二年割於英。咸豐十年，又割九龍寨屬焉。光緒二十四年，又拓租九龍司屬地二百方英里，訂九十九年之約，置九龍關榷稅。有廣九鐵路。花 簡。府北九十里。康熙二十四年，以番禺縣平嶺置，析南海縣地益之，來屬。東北：花山，縣以是名。西北：盤古洞，黃洞水出焉，西南流，右納橫潭水、羅洞水，屈南曰泥水，出清遠，自西北來注之，又東南入南海。有獅嶺、水西二巡司。有粵漢鐵路。

肇慶府：衝，繁，疲，難。廣肇羅道治所。初沿明制，領州一，縣十一。雍正九年增鶴山。同治九年，陽江升直隸廳。光緒三十二年，復改直隸州，陽春、恩平割隸。東距省治二百九十里。廣一百一十九里，袤三百九十五里。北極高二十三度五分。京師偏西四度八分。領州一，縣九。高要 衝，繁，疲，難。倚。北：定山。東北：頂湖，有高峽。西北：騰豺山。西江自德慶入縣西北境曰端溪，北屈而東，都偃水、筍洞水南流入焉。東合大湘水，屈南，合小湘水，過府治南，新興江自西南來注之，謂之新江口。又東北，與宋崇水合。過羚羊峽，左納長利水，右納蒼梧水，入三水。縣丞駐金利墟。有橫槎、祿步二巡司。高要、新村二驛。四會 簡。府東北百三十里。北：金雞山。南：貞山。東南：北江自三水入。西北：綏江，一名綏建水，自廣寧入，東南流，至縣治東南，龍江水西北來注之。過消息嶺，南別出爲青岐水，至三水合西江，東至南津口合北江，入三水。有南津巡司。新興 衝，難。府西南百三十里。

北：巨福、雲斛。南：龍山。東北：利山。北：新興江，源出縣南六阮頂山，屈西北流，入東安。逕縣西南爲錦水，東北至洞口，盧溪水北流合焉。又北與通利水合，是爲新興江也。又西北，入東安。西南：立將巡司治天堂墟。有腰古廢驛。

高明 疲。府東南七十里。西北：老香山。東北：淩雲。西南：表山。西江自三水入。南滄江一名倉步水，出高要，東南流，合雲宿水、屏山水，逕縣治東南，左納北港水，右納清泰水，又東南合西江水入南海。有三洲巡司。

廣寧 疲。府西北二百九十里。東北：大羅山。西南：高望山。西：綏江自廣西懷集入，南流出峽山，南鄉水東北流合焉。又南，與顧水合，屈東南，右納金場水、新招水，左納東鄉水、扶羅水，東南入四會。又龍江水出東北石馬山，亦至四會合綏江。

開平 疲，難。府東南二百六十里。順治六年，以新興縣開平屯置，析新會、恩平二縣地益之，來屬。東北：梁金山。西南：北獵山、羅漢山。蜆江水上承恩平江，東南流，右納長塘水，東南至赤磡爲赤磡水。北雙橋水，南流入焉，至縣治南，與獨鶴水合，是爲尖石水也。又東南流爲長沙河，過赤水口，入新會。有松柏、沙岡二巡司。

鶴山 疲，難。府東南二百六十里。雍正九年，以廣州府新會縣大官田置，析開平縣地益之，來屬。在城有鶴山，縣以是名。東北：崑崙。西北：雲宿。西江自南海入，過縣東北境曰古勞河，又曰蘇海，合古勞小河，東過大雁山入新會。潭江出縣西馬耳山，東南至鑼鼓潭，屈西錯入開平，至新會合恩平江。官田水出東北嶂背山，東南與嵐洞水合，入新會爲橋亭水也。雙橋水出西北雲蓋村，西南流，至水坪墟曰水坪江，西南過胡盧山入開平。有雙橋、藥徑二巡司。

德慶州 衝。府西百八十里。西北：香山，一名利人山。東北：西源山。南：西江自封川入，東流過錦石山曰錦水，又東與淥水合，過州治，端溪水南流入焉。又東過南江口，合馬墟水、悅城水。悅城水上源曰靈溪，又曰靈陵水也，東北入高要。有悅城巡司。德慶驛。舊壽康驛，廢。

封川 衝。府西

北三百三十里。東：封門山。東北：白馬、留連大山。西江，古鬱水，合黔水、桂水自廣西蒼梧入，東南至靈州。賀江自開建入，左合寧洞、文德水，右合東安江，又東南，右納蟠龍，左世陽水，逕圓珠山，屈西南入德慶。淥水出東北豐壽山，亦南至德慶入西江。有文德巡司。封川驛。舊麟山驛，廢。開建 簡。府西北四百一十里。西北：圓珠山。東北：忠讜山。開江在西，卽賀江，古謂之封溪水，自廣西賀縣入，東南至潭霜山，潭霜水合金裝水南流入焉。又南，與蓮塘水合，過縣治西南，左納金縷水、黎水，右納大小玉水，屈東南入封川。

羅定直隸州：繁，疲，難。隸廣肇羅道。東北距省治六百八十九里。廣一百八十四里，袤二百里。北極高二十三度四十二分。京師偏西五度十三分。沿明制，領縣二。西：雲致山。西南：雲際山，一名雲沙山。瀧水源出西寧縣榃棉村，東北流，入州西南分界墟，東南過羅鏡所城，屈北與石印水合，又西南合三都水，過州治，入西寧爲南江。東水出州南沙萳墟，亦東北入西寧合南江。州判治羅鏡墟。晉康巡司治連灘墟。有晉康廢驛。東安 難。州東北百六十里。西南：雲霧山。西江自西寧入，東南至絳水口，大絳水自西南來注之，又東北入高要。東南：新興江出新興，東北流，左納客朗水，過腰古汛，入高要合西江。有西山巡司。西寧 難。州北百二十里。北：玉枕山。西江自封川入，至羅旁口，文昌水合寶珠水、桂河水北流入焉。又南，南江上源瀧水出西南榃棉村，東北入羅定，過連灘墟合西江，入於東安。西南：到沙水，出羅雲山，東南至羅定入瀧水。又西，蟠龍水，出大筍嶺，東北入封川。有夜護巡司。都城巡司，廢。

佛岡直隸廳：難。隸廣肇羅道。明大埔坪地，分屬淸遠、英德。雍正九年置同知，隸廣州府。乾隆七年廢。嘉慶十六年復置，更名。南距省治四百四十里。廣五十七里，袤四十八里。北極高二十三度五十分。京師偏西二度五十九分。北：觀音山。東北：獨凰山，水頭汛河出焉，北合高江水，至燕嶺墟為燕嶺水。又西北至英德，合羅紋水，入翁江。吉河水亦出獨凰山，迤西流，神逕水自北來注之，南別出為達溪，瀦為潭。過廳治北，屈南，右納黃沙河，出大廟峽入清遠。黃華水出東南羊角山，亦西南入清遠，合於吉河水。其下流是為湟江也。

赤溪直隸廳：要。隸廣肇羅道。同治七年，析新寧縣赤溪、曹沖等地置。東北距省治四百一十五里。廣二十里，袤二十里。北極高二十一度五十四分。京師偏西三度三十五分。廳東、西、南三面濱海。南：曹沖山。西南：銅鼓山，其下曰銅鼓海。又有黃茅、青洲、大金、小金諸山，在海中。

韶州府：衝，疲，難。韶連道治所。南距省治八百七十里。廣一百九十五里，袤三百一十一里。北極高二十四度五十五分。京師偏西三度二十一分。領縣六。有太平橋鈔關，舊在南雄，後遷府治西南。又有太平分關，在英德。曲江 繁，難。倚。北：浮嶽。東北：韶石。西：芙蓉山。東南：南華山。湞水在東，一名湘江，自始興入，西南流，合錦江、霽溪，逕府治東南，武水自北來會，曰曲江，又謂之始興大江也。又西南，過虎榜山，屈東南，右納瀧水，左納曹溪水、宣溪水，南入英德為北江。縣丞治蓮花嶺村。有濛瀼、平圃二巡司。曲江縣驛。舊芙蓉驛，廢。有粵漢鐵路。樂昌 衝，難。府西北八十里。東：昌山，縣以是名。北：桂山。東北：冷君。西北：九峯山。武水在西，一名虎溪，古謂之溱水，出湖南臨武，東北至宜章。屈而南，入縣西北境，武陽溪自乳源東流合焉。屈東南，歷藍毫山，爲三瀧水，與羅渡水、九峯水合。過縣治西南，蓮花江分流注之。又東，屈而南，左納長垓水，右納楊溪水，入曲江。有九峯、羅家渡二巡司。有粵漢鐵路。仁化簡。府東北百里。西北：黃嶺山。東南：丹霞山。東：錦江出分水坳，西南至恩口，與恩溪水合，卽藍田水也。西南流，左納扶溪水、康溪水，過縣治東南，澌溪水合湞陽水自西北來注之。屈東南入曲江。有扶溪巡司。仁化縣驛。乳源簡。府西九十里。北：雲門山。西南：臘嶺。武陽溪自湖南宜章入，東北逕武陽司，右合七姑灘水，左納凝溪，屈東至樂昌入武水。楊溪水出西北神仙坪，亦至樂昌入武水。瀧水一名洲頭水，出西南梯子山，北屈而東，左納員子山水，右納湯盤水，過縣治南，大布水北流合焉，又東南入於曲江。南有武陽巡司。世襲撫瑤廳一，管埠市。翁源衝，難。府東南百八十里。嘉慶十六年改隸江西南安府，十七年仍來屬。北：雞籠。東：玉華。東北：婆髻山，羅江水所出，西南逕翁山南，浦水自東南來注之。屈南，右納芙蓉水，左納龍仙水，又西南與周陂水合，迤西過三華鎭入英德。又西，太平水，一名江鎭水，出東北桂丫山，南流至英德合羅江水，是爲翁江也。桂山、礤下二巡司。英德衝，難。府南二百二十里。北：英山。南：南山。又南：皐石山，一名湞陽峽。北江在北，自曲江入，過湞石山，屈西至縣治東南，東有翁江，右合曲潭水，左合羅紋水，西南流合焉。南至洸口，洭水合波羅水自西北來會。洭水者，湟水也，亦曰洸水，東南流入清遠。有洸口、象岡二巡司。英德縣驛。舊湞陽驛，廢。有粵漢鐵路。

南雄直隸州：衝，繁，疲。隸南韶連道。初沿明制爲府，領縣二，治保昌。嘉慶十一年，降爲直隸州，省保昌縣。十六年，復升爲府。十七年，又降爲直隸州。西南距省治千一百七十里。廣一百七十里，袤一百二十一里。北極高二十五度十五分。京師偏西二度三十分。

領縣一。大庾嶺在東北，一名梅嶺，有梅關。東：天柱。東南：青嶂山。南有湞水，出東北油山，南逕綮田鎭，與昌水合。西南流，左合平田水、芙蓉水，右合東溪水，至長浦橋，北坑水合橫水南流入焉。水出梅嶺，又謂之大庾河水也。又西合長潭水，過州治南，樓船水自西北來注之，西南與修仁水合。又北納半徑水，入始興。又西北，分水坳，石峽水出，爲康溪水，入仁化。有平田、紅梅、百順三巡司。有保昌驛。舊臨江驛，廢。始興　衝，繁。北：丹鳳山。南：機山。北：湞水自州入，西南至圓嶺舖，躍溪水北流合焉。又南，墨江，出西南沙子嶺，迆東爲清化水，屈西北爲涼傘水，右合翔水爲始興水，卽古斜階水也。又西北過縣治南，與官石水合，又西北合湞水入曲江。有清化徑巡司。在城驛。

連州直隸州：衝，難。隸南韶連道。初沿明制，隸廣州府。雍正五年，升爲直隸州，其陽山、連山割隸。嘉慶中，連山直隸。東南距省治七百六十里。廣八十里，袤一百六十八里。北極高二十四度四十八分。京師偏西四度十七分。領縣一。南：楞枷，一名貞女山。西南：崑湖。西北：桂陽。湟水在西，一名洭水，漢志以爲匯水。上源爲盧溪，出西北黃蘗嶺，又曰蘗水，南迆東過圭峯山，東北合奉化、潭源、黃嬌諸水，至州治西南，高良水自連山西來注之，東南過同冠峽，入陽山。州判治皇子墟。有朱岡巡司。陽山　難。州東南二百里。雍正十五年自廣州府來屬。北：騎田嶺。西北：陽巖。東北：寶源山。湟水自州入，一名陽谿，南合同冠水，又東南過縣治南，通儒水自馬丁嶺東流注之，又東與青蓮水合。水出縣北大陂墟，又謂之大陂水也。又東南，過三峽入英德。有洪潭、七鞏二巡司。

連山直隸廳：繁，難。隸南韶連道。本連山縣，隸廣州府。雍正五年，改隸連州。嘉慶二十一年，升爲綏瑤廳。東南距省治八百七十里。廣一百里，袤一百二十六里。北極高二十四度四十九分。京師偏西四度三十五分。北：崑湖山。西北：鍾留、大霧。南：黄帝源山，一名黄連山，中有大排瑤五，小排瑤二十四。高良水在南，一名大獲水，上源爲横水，出西北天堂嶺，東南流，逕廳治南，屈東北，與茂古水合。過雞鳴關入連州，合於湟水。又，上吉水出廳西分水坳，西南流，至木羌墟，八排瑤水自東南來注之，屈西北，過鐘山，入廣西賀縣，又爲賀江別源也。有宜善巡司。

惠州府：衝，繁，難。隸惠潮嘉道。西距省治三百九十里。廣四百五十里，袤四百里。北極高二十四度八分。京師偏西二度三十七分。領州一，縣九。有通判一，治碣石衞城，道光二十一年置。有惠州商埠，光緒二十八年中英商約訂開。歸善衝，繁，難。倚。東北：歸化山，一名雞籠山。東南：平海山。東南濱海，中有霞涌、吉頭、澳頭諸港。東江在北，一名龍江，自河源入，西南流，至府治東北。西江出縣東龍頭石山，西南合長塘水、上下淮水，入博羅。西豐湖、潼湖，皆引流入於東江。內外管、平山、平政、平海、碧甲五巡司。欣樂司，廢。博羅繁，疲。府西北三十里。西北：羅浮山。東北：象山。東江自河源入，中與歸善分界。合公莊水，逕縣治南，右納榕溪水，過缸瓦洲入東莞。其支渠，西北至黄家山，與羅陽水合，過石灣鎮入增城。有石灣、善政、蘇州三巡司。莫村廢驛。長寧簡。府西北四百里。北：玉女峯、雲髻山。東北：雪洞山。新豐水在南，出西北分水凹，屈東與沙羅山水合。一東逕縣治，又東，左合羌阬水，逕馬頭墟，左納密溪、大席、忠信水，右納錫場水，過立溪口，至河源入東江。羅紋水出縣西宋洞山，西北至來石汛，屈西南入英德合翁江。有垰坪巡司。永安簡。府東北二百里。西南：越王山。東南：南嶺。南：

秋香江，一名欖溪，出縣東雞公嶺，西南流，與南山水合，至河源入東江。又西，神江、義容江從之。南琴江，源出公院嶂，南流至米潭，又東北入長樂。北琴江亦至長樂，合於南琴江，其下流是爲梅江也。有馴雉里、寬仁里二巡司。海豐 難。府東南三百里。東：龍山。西北：五坡嶺。南濱海。有麗江，一名長沙港，上流曰龍津水，出西北蓮花山，東南會黃姜水，南屈而西，至鹿鏡山，匯爲青草澳，合大液水，逕大金籠山入海。東北有熱水，南流過九龍山，屈東爲大德港，至陸豐，合內河水入海。西：鳳河水，南與鵝埠水合爲小漠港入海。東：汕尾鎮，縣丞駐。有鵝埠巡司。平安廢驛。陸豐 難。府東南三百五十里。雍正九年析海豐縣地置，治東海滘，來屬。東北：內洋山。南：虎頭山。濱海。北：內河水，一名羅江，源出東北旗頭嶂，與吉石溪合。南過石頭山，分流，至大德港、烏墩港入海。又東：草洋水，東南流，屈西爲華清港，至甲子港入海。上沙墟水出東北赤嶺，至普寧合南溪。有甲子、黃沙阬、河田三巡司。有法留鋪在縣西，道接海豐，又東至惠來百六十里。有鹽場三：曰石橋、海甲、小靖。龍川 簡。府東北四百里。東：霍山。東北：龍穴，一名龍川山。西北：鰲山。龍川水在東，又名合河，上源爲定南水，自和平入，東南合河口會杜田河，西南流，與浰溪合，逕縣治東南，雷江水南流入焉。又西南，合合溪入河源爲東江。又練溪出東北鵝石嶂，西南流，右納通衢水，入長樂。有老隆、通衢、十一都三巡司。雷鄉廢驛。連平州 簡。府北四百里。東北：九連山。南：戈羅、筆山。有密溪水，出分水坳，東南流，與楊梅坪水合。又過州治南，納內管水、九嶺水，東南至長寧入新豐水。東大席水從之。又忠信水，西南入河源。有忠信、上坪、長吉三巡司。河源 衝，難。府北百五十五里。西：桂山。東：古雲。東北：藍溪山。東江一名槎江，西南至藍鎮墟，左納藍溪水，右納曾田水，又西南與康禾水合。過縣治東南，新豐江自長寧東來注之，西南合秋香江入歸善。西北：忠信水，出連平，西南過楓木鎭，合二龍岡水，至長寧入新豐水。鱷湖東爲河源舊城，今謂之下城也。有藍口巡司。義合、寶江二驛，後廢。和平 簡。府東北四百二十里。北：紫雲山。西：九連山。東北：定南水，自江西定南入，東南流，右納烏虎水，又東北過江口，屈東南入龍川。浰水出西北羊角山，東南至合水口，湯坊水自東北來注之，過林鎭墟，與九龍水合。屈東至龍川，入於定南水。有浰頭巡司，後廢。

潮州府：衝，繁，難。隸惠潮嘉道。西距省治千一百八十五里。廣二百五十五里，袤三百里。北極高二十三度二十七分。京師偏東十二分。領廳一，縣九。有黃岡同知，康熙五十七年置。有通判一，治菴埠鎭。海陽 衝，繁，難。倚。東：韓山。南：桑浦山。西：湖山。西北：海陽山。韓江在東，一名意溪，上承留隍河，自豐順入，東南過蒲都山，分流爲三：正渠東南流爲東溪；東北出者曰涸溪，舊名鱷溪，屈東南，過七屏山至饒平爲後溪；西南出者曰西溪，過府治東南，右納白茫洲水，屈南，北溪水自揭陽來注之，屈東，與東溪合，南流入於澄海。縣丞一，治菴埠鎭。有浮洋巡司。鳳城廢驛。豐順 疲，難。府西北百九十里。乾隆三年以海陽縣豐順鎭置，析嘉應州及揭陽、大埔二縣地益之，來屬。南：瘦牛山，一名雲落山。東北：銅鼓嶂。東：留隍河自大埔入，西南合豐溪水，又南合九河水，入海陽爲韓江。又南湯溪，一名湯阬水，下流至揭陽爲北溪。有湯阬、留隍二巡司。潮陽 繁，疲，難。府南百四十里。東：東山。東南：錢澳。西北：曾山，一名雙髻山。北、東、南三面濱海。海中有東沙島。練江在西，首受揭陽南溪，自普寧入，至縣治南合後溪，西南出海門入海。西北：後溪水亦出揭陽，東南過石井山爲鋪前水，過潯洄山，別出爲後溪，引流入練江，過磊口山爲招沙水，屈南，至河渡門入海。有招寧、吉安、門闢三巡司。有靈山驛。揭陽 繁，難。府西南八十里。西：獨山。西北：揭陽山。東南濱海。南：南溪，出縣西明山，東南流入普寧，又東北入縣。西南：古溪水北流合焉。迤東逕縣治南，與北溪別派合，東南過雙溪口入海。北溪出豐順南，屈東分流注南溪，又東北至海陽合韓江。縣丞駐棉湖寨。有河婆、北寨二巡司。饒平　難。府東北百五十里。北：九峻。西：鳳凰山。東南：紅螺山。南濱海。海中有井洲、信洲、浮潯、牛心石諸澳。東南：黃岡溪，出東北界山，西屈而南至望海嶺，桃源水自西北來注之，南與飛龍徑水合，屈東南爲大石溪，至黃岡鎭分流入海。西南：韓江，自海陽入，合後溪水，東入澄海。東南有黃岡鎭城，其東南爲大城所城，又南爲柘林，有柘林巡司。海山、東界二鹽場。惠來　難。府西南二百七十里。西：龍溪。西南：釣鼇山。東南濱海。南：神泉港，上流爲龍江溪，出西北南陽山，東南合葵潭水、梅林水，迤東過龍江關，林招溪自西北來注之，東注神泉港。東福溪、祿昌溪皆流合焉，又南入海。有神泉、葵潭二巡司。北山驛。惠來柵鹽場。大埔　簡。府東北百六十里。西：陰那山。汀水自福建上杭入，一名神泉河，東南流，逕縣治東北，屈西，漳溪水東流北屈注之。又西過大河山，屈南與小河水合，又南至三河市，清遠河西北流合焉。河出福建平和，其上源曰河頭溪也，東南入豐順。有三河、白堠二巡司。烏槎司一，廢。澄海　繁，難。府東南六十里。康熙五年省入海陽縣，八年復置。北：管隴山。西南：龍泉山。東南濱海。海中有鳳嶼，其下曰侍郎洲、大萊蕪、小萊蕪山。西北：橫隴溪，首受東溪，自海陽入，西南別出爲新港水，分流入海。正渠迤東流，南別出爲玉帶溪，至縣治東南入海。又東逕獅子山，與饒平後溪合，東至東隴關爲東隴港入海。有漳林、鮀浦二巡司。商埠曰沙汕頭，咸豐八年英天津條約訂開。有潮海關。潮汕鐵路。小江鹽場。普寧　繁，疲，難。府西南百二十里。南：鐵山。西北：官人望山。南溪自揭陽入，歧爲二：一東逕馬嘶巖山，東北入揭陽；一西南逕鯉湖埠爲鯉湖水，屈東南，與上沙墟水合，過望夫石山，爲蹇婆徑水，東北爲白阬湖，又東入潮陽爲練江。又東：普寧港，一名通潮港，東北入揭陽爲古溪。有雲落徑巡司。南澳廳 中。府東南百五十里。本南澳鎮地。分四澳。雲、靑二澳隸閩之詔安，隆、深二澳隸粵之饒平。雍正十年置海防同知，爲南澳廳治，深澳來屬。南：金山。東南：雲蓋山。四面濱海。北臘嶼、虎嶼，在海中。西南有赤嶼、白嶼，其田產鹽。有南澳巡司。

嘉應直隸州： 衝，繁，難。隸惠潮嘉道。舊程鄉縣，隸潮州府。雍正十一年，升爲嘉應州，直隸廣東布政使司。嘉慶十二年，升爲嘉應府，復置程鄉縣爲府治。十七年，仍改爲直隸州，省程鄉縣。西南距省治千二百八十二里。廣百五十七里，袤百五十四里。北極高二十四度十二分。京師偏西十九分。領縣四。東：百花。東南：酉陽，一名九峯山。東北：王壽山。南：梅江卽興寧江，東北流，逕州治南，左納程江水，屈東與周溪水合，東北至丙市，石窟溪西北自鎮平來注之。東北合松源溪，屈東南，過蓬辣灘入大埔，是爲小河水也。州同駐松口。有豐順、太平二巡司。程鄉、武寧二驛，後廢。長樂 衝，難。州西南百一十里。舊隸惠州府。雍正十一年來隸。北：五華山。東南：嵩螺山。西南：龍村河自永安入，東北至琴口鄉，華陽水首受北琴江，東流合焉，東北至七都河口會岐嶺河。河出龍川曰練溪，其下流又謂之淸溪也；又東北流爲長樂河，入興寧。有十二都巡司。興寧 難。州西七十里。舊隸惠州府。雍正十一年來屬。東：雞靈山。北：大望山。其西麓羅岡水，合龍歸水、楊梅砦水，西南流爲大河水，又逕縣治西爲西河，亦名通海河，屈東南至水口鎮，長樂河自西南來會，是爲與寧江也，東北入嘉應爲梅江。西北：杜田河，出江西長寧，西南過杜田汛入龍川。有十三都、水口二巡司。平遠 簡。

州西北七十里。舊隸潮州府。雍正十一年來屬。東北：頂山、五子石山。西：鳳頭嶂。其東麓曰分水坳，縣前水出焉，東南流，左納頂山水，過卓筆山，至福建武平，合於武平溪。又河頭溪，源出西南九鄉堡，東南過石鎮山，大拓水東流合焉，東南流爲橫梁溪，與長田水合，東入鎮平爲徐溪。有壩頭巡司。鎮平 簡。州北六十里。舊隸潮州府。雍正十一年來屬。西：鐵山嶂。東：大峯嶂。西北：石窟溪出平遠，自福建武平入，合楊子山水，過縣治西，與東山水合，南至小詰山納徐溪，至嘉應入於梅溪。又東北：松源溪，源出玉華峰，亦至嘉應入梅溪。有羅岡巡司。

高州府：衝，繁，難。高雷陽道治所。東北距省治千六十里。廣三百一十五里，袤二百三十里。北極高二十一度四十九分。京師偏西五度四十分。領州一，縣五。有通判一，治梅菉。茂名 繁，難。倚。高涼山在東北，州以是名。東山在東。南濱海。北：竇江自信宜入，東南流，左納雙柘水，至府治東北，鑑江水西流合焉，今又謂之石骨水也。屈西南，過那射嶺入化州。東南有浮山水，卽三橋河，出電白，西南至赤嶺爲赤嶺水，又西南入吳川。有赤水、平山二巡司。大陵廢驛。電白 繁，疲，難。府東南百六十里。北：浮山。南：蓮頭山，其下曰蓮頭港。又西南，有赤水港。南濱海。有博賀島在海中。東北有儒垌河，源出分水凹，西南流，過望夫山曰望夫水，屈南與界頭河合，又南爲五藍河，入於海。又三橋河，出東北木力嶺，西南至潭儒山爲潭儒河，合龍珠河，西南入於茂名，其下流是爲浮山水也。有沙瑯巡司。鹽場二，曰博茂、電茂。信宜 難。府東北八十里。東：龍山。東北：雲開。西川水出大人山，西南過舊潭峨縣曰潭峨江，至縣治西南，東川水來會。屈南，過羅竇洞爲竇江，又南入茂名。東：雙龍水出長坑坑，西南至古丁墟，屈東入陽春，合雙滘水。又東北，雙牀水出大水嶺，南合吐珠水，屈東北流爲石印水，至羅定入瀧水。

又懷鄉水出東北黃陂嶺，會扶龍水、石人水，西北與響水合，爲黃華江，入廣西岑溪。又金洞水出縣北雷公嶺，水西北至廣西容縣爲渭龍江也。有懷鄉巡司。化州 簡。府西南九十里。北：浮梁山。東北：龍王，一名來安山。茂名水在東北，卽竇江，又東北有陵水，源出廣西北流，入，屈西南至合江墟，羅水亦自陸水入，其合流曰羅江，又謂之陵羅水也。屈東南，逕州治北合竇江，又東南流爲平源江，入吳川。有梁家沙巡司。吳川 簡。府西南百二十里。北：麗山。西北：特思山。東南濱海。南爲利劍門，至硇州，又西南至於通明港，謂之廣州灣。光緒二十五年租於法。吳川水在東北，一名吳江，自化州入，東南過三江嶺，浮山水西流合焉。屈西南爲木棉江，與平城江合，分流至限門港入海。石門港源出石城東橋水，東南流，山角水自東北來注之，又東南至麻斜入海。有塘綴巡司。鹽場一，曰茂暉。石城 簡。府西南百九十里。北：謝建山。西南：敷復山，濱海。西有南廉江，卽烏江，自廣西陸川入，西南流，至石角墟曰石角水，又西南與武陵江合，爲合江，青楮水西流合焉。又西南爲九洲江，賀江水自西北來注之，至鯉魚潭入海。又西：洗米河，出廣西博白，迤南流，爲英羅港，入海。又東，東橋水，出雞頭嶺，東南過兩家灘，入吳川，是爲石門港也。有淩綠巡司。息安廢驛。

雷州府：簡。隸高雷陽道。東南距省治千五百一十里。廣九十五里，袤二百二十九里。北極高二十度四十九分。京師偏西六度二十八分。領縣三。府境突出海中作半島形。東爲廣州灣，西爲東京灣，其南則瓊州海峽也。同知一，治海安所城，後廢。海康 疲。倚。西：博袍山。南：擎雷山。東、西濱海。有北莉埠、新芓埠諸島，在東海中。西北：南渡水，出博政村，東南流，屈北，西別出爲東亭水，瀦爲湖。屈東，過縣治南，又別出爲大肚河，北至遂溪入海。又東南流爲雙溪港，擎雷水自西南來注之，又東北入海。有清道巡司。雷陽廢驛。武郎廢鹽場。遂溪簡。府東北百八十里。東：石門嶺，其下曰石門港，東、西濱海。海中有東山島，一名湛川島，島北爲分流港，其西則通明港也。西北有西溪水，出分界村，東南流，與東溪水合，屈東過縣治南，東北合石門港入海。又城月水，出西南螺岡嶺，南屈而東爲庫竹港，入海。又牛鼻水亦出螺岡嶺，迤西流爲樂民港，入海。縣丞治楊柑墟。有湛川廢司。城月廢驛。調樓、蠶村二廢鹽場。徐聞簡。府西南百六十里。西：冠頭嶺。東、西、南三面濱海。北：遇賢水出石灣嶺，會靑桐港水，又西合漉濱水，爲流沙港，入海。又東，大水溪，出東北龍牀嶺，西南與葫蘆溪合，西南流爲海安港，入海。有寧海、東場二巡司。又有新興鹽場，後廢。

陽江直隸州：繁，難。隸高雷陽道。舊陽江縣，隸肇慶府。同治五年，升爲直隸廳。光緒三十二年，改爲直隸州。東北距省治七百三十里。廣一百三十里，袤一百一十五里。北極高二十一度五十二分。京師偏西四度三十分。領縣二。北：北甘山。東南：北津山。又海朗，一名鎭海山。南濱海。海陵山在海中。西：漠陽江自陽春入，左合輪水河，東南至河口市，左合第八河，右歧爲西河，又東南至州治南爲鼉江，亦謂之恩江也。左納那龍河，爲北津港，西河水自西南來注之，東南過虎頭山入海。紫蘿水源出紫蘿山，下流爲三鴉港，入海。坡尾河出羅王嶂，與織簣河合。又東南爲豐頭港，亦入海。又西南有雙魚港。又有北額港，上源卽望夫水也。有太平巡司、那龍巡司，後廢。有太平驛、蓮塘驛，亦廢。鹽場一，曰雙恩。陽春衝，難。州西北百七十里。舊隸肇慶府。光緒三十二年來屬。東南：射木。東北：銅石。西：漠陽江，源出縣北雲浮山，曰雲浮水，東南流，合雲霖水，屈西南，左納羅鳳水，右納博學水，至縣治西北，北瀧水西流合焉，東南入陽江。又西，雙滘水，出東安，南合雙龍水，又南屈而東，廉陳水自西南來注之，又東過古良鎮，屈東北，合於漠陽江。有古良、黃泥灣二巡司。樂安廢驛。恩平簡。州東北百五十一里。舊隸肇慶府。光緒三十二年來屬。石神山在北，一名鼇山。龍鼉山在西南。南有恩平江，亦曰錦水，上源爲岑洞水，出西北雙穴，逕東南至平城山，君子河東流合焉。又東與橫槎水合，屈東北，左納牛岡水，右納金雞水，又東入開平。又東南，長塘水，亦至開平合於恩平江。又西南：那吉水，南至陽江，其下流爲那龍水也。

廉州府：繁，難。隸廉欽道。初沿明制。領州一，縣二。光緒十四年，欽州直隸。東北距省治千八百里。廣一百六十里，袤二百二十六里。北極高二十一度二十四分。京師偏西七度十九分。領縣二。合浦 疲。倚。東北：大廉山，州以是名。又北：五黃山。南：冠頭嶺。東南濱海。海中有珠池，曰珠海。又有潿洲、蛇洋洲，在海中。廉江在北，一名西門江，自廣西博白入，迤西流，右納小江水，又西合張黃江，屈西南爲羅成江。武利江自東北來注之，至府治西北合洪潮江，又西南分流入海。又東北，漆桐江自廣西興業入，左合六硍江，又西北入廣西貴縣，是爲武思江也。縣丞駐永安所城。珠場、高仰、潿洲、永平四巡司。北海市稅關。商埠，光緒二年英煙臺會議條約訂開。有還珠廢驛。靈山 簡。府西北百八十里。北：洪崖山。西：六峯山。西南：林冶山。南：陸屋江，一名南岸大江，源出縣東羅陽山，西南至欽州爲欽江。西北：那良江，出那良山，南流過太平墟曰太平江，又東北入廣西橫州爲平塘江也。又黃橄江出西北英雄山，亦東北入廣西永淳爲秋風江。有西鄉巡司。太平廢驛。

欽州直隸州：衝，繁，難。廉欽道治所。初沿明制，屬廉州府。光緒十四年，升爲直隸州，析靈山縣林墟司隸之，又析州屬防城、如昔二司置防城縣來屬。東北距省治千九百里。廣二百二十四里，袤一百九十五里。北極高二十一度五十五分。京師偏西七度五十分。領縣一。北：銅魚山。東南：烏雷嶺，其下曰烏雷港。南濱海。海中有牙山、龍門諸島。東：欽江，自靈山入，迤西南至州治南，歧爲二，又西南匯爲貓尾海，屈東南，過龍門入海。北：那蒙江，源出靈山高塘嶺，西南流，右合長潭水，至三門灘，大寺江自西來注之，又南爲漁洪江，又東南合於欽江。又篆嶺江亦出靈山，西南至平銀渡曰平銀江，屈東南與丹竹江合，南流爲大觀港，入海。又那陳江出西北心嶺，東北至那陳墟爲那陳江，又東北復入宣化爲八尺江也。有沿海、林墟、長墩三巡司。那陳司廢。防城衝，繁，難。州西南百里。十萬大山在西北。白龍山在西南。山麓斗入海，向隸越南，光緒十三年來屬。又西南，分茅嶺，與越南界。南濱海。防城江出西北稔賓山，東南流，右納滑石江，逕縣治南，過石龜頭汛入海。北：大直江，出虎豹隘，南與賣竹江合。又東南過獅子嶺，那良江東北流合焉。又東爲鳳凰江，又東南合於漁洪江，至欽州入海。又西潭洪江，出大勉山，東南過銅皮山爲潭洪港，入海。北崙河，其上源曰文義河，出拷邦嶺，東北至北崙汛，屈而南，嘉隆江自西南來注之。其南岸則越南界也。又東與那良江合，逕越南海寧府北境入海。東興，縣丞駐。有如昔、永坪二巡司。

瓊州府：繁，疲，難。瓊崖道治所。東北距省治千八百一十里。廣一百五十二里，袤二百一十里。北極高二十度一分。京師偏西六度五分。領州一，縣七。府及崖州在南海中，曰海南島，中有五指山，綿亙數邑。山南隸崖州，山北隸府。環山中生黎，其外熟黎，又外各州縣。山嶺深阻，黎、岐出沒爲患。光緒十五年，總督張之洞始開五指山道爲大路十二：東路三，西路三，南路、北路、東南路、東北路、西南路、西北路各一。輿區荒徼，闢爲坦途，人以爲便。瓊州，商埠，咸豐八年英天津條約訂開。有瓊海關。瓊山 繁。倚。南：瓊山，縣以是名。北濱海。海西南白石河即建江，自澄邁入，北屈而東，入定安。又北入縣東南，爲南渡江，又北爲北沙河，屈西北至白沙門入海。縣丞駐海口所城。有水尾巡司。感恩鹽場。澄邁 簡。府西六十里。邁山在南。北濱海。西南：建江，一名新安江，自臨高入，東南過黎母嶺，右納新田溪，入於瓊山。又澄江出東南獨珠嶺，西北流，至縣治西，合九曲水，又西爲東水港，入海。稍陽水上源爲南滾泉，北合沙地水，過石礐嶺爲石礐港，入海。有澄邁巡司。定安 簡。府南八十里。西南有五指山，一名黎母山，綿亘而東，爲光螺嶺。又東爲南閭嶺，南遠溪出焉。北：建江自瓊山入，東合南遠溪，過縣治東北，潭覽溪、仙客溪北流入焉，東北入於瓊山爲南渡江。西南有萬全河，出喃嘮崗，東南流，入樂會。有太平巡司。文昌 難。府東南百六十里。北：玉陽。南：紫貝山。東北濱海。海中有浮山，其下曰分洲洋。南：文昌溪，出縣西白玉嶺，東南流，右納白石溪、白芒溪，屈東，平昌溪自西北來注之。又南爲清瀾港，入海。又南，白延溪，出八角山，東南爲長岐港，入海。又北，三江水，即羅漢溪，出抱虎嶺，西北流，爲鋪前港，入海。有鋪前、青藍二巡司。有樂會鹽場。會同 簡。府東南二百九十里。東：多異嶺，濱海。西：龍角溪，源出西崖嶺，東南至嘉積市爲嘉積溪，黎盆溪西流合焉。又東南爲五灣溪水，入樂會。樂會 簡。府東南三百三十里。西：白石嶺。西南：縱橫嶺。東濱海。西：萬全河自定安入，迤東流，屈而北，會太平水。又東南，會五灣水，逕龍磨山，分流環縣治，復合，又東過蓮花峰，屈東南爲博鼇港，入海。又流馬河，源出西南龍巖嶺，東南入萬縣，與龍滾河合。又東北復入縣境，爲嘉濂河。又東北爲九曲河，納蓮塘溪。又東北會萬全河入海。臨高 疲。府西南百八十里。南：那盆嶺。西：毘耶山。北濱海。南：大江即建江，自儋州入，北至腰背嶺，西別出爲縣前江，屈東北流，至文瀾村，爲文瀾水。透灘水北流合焉，亦謂之迎恩水也。又北爲博鋪港，入海。其正渠，東北過白石嶺入澄邁，有和舍巡司。馬裊鹽場。儋州要。府西南三百里。儋耳山在北，一名松林山，又名藤山。西北濱海。獅子山在海中。東南建江，亦曰黎母江，西北過龍頭嶺，歧爲二：東出曰大江，東北入臨高；西出曰北門江，一名倫江，西北流，至州治東北，屈而西，爲新英港，新昌江自東南來注之，又西南入海。東北有榕橋江，西南有沙溝江，皆西北流入海。有薄沙巡司。鎮南司，廢。鹽場曰蘭馨。

崖州直隸州：衝，繁。隸瓊崖道。崖州舊隸瓊州府。光緒三十一年，升爲直隸州。東北距省治二千六百八十里。廣二百四十二里，袤一百七十五里。北極高十八度二十七分。京師偏西七度三十六分。領縣四。東：迴風嶺。西南：澄島山，一名澄崖山。東南濱海。東北：安遠水自陵水入，西南流，至郎勇嶺，歧爲二：一西南至大疍村入海；一西北流爲抱漾水，過州治北，屈南爲保平港，入海。北：樂安河，西南過多港嶺，屈西北入感恩。東：多銀水，一名臨川水，出黎峝，東南與三亞水合，又東南爲榆林港，入海。有樂安、永寧二巡司。鹽場曰臨川。感恩難。州西北百九十五里。舊隸瓊州府。光緒三十一年來屬。東：大雅山。東北：九龍山。西濱海。東南：龍江，出小黎母山，西南流，別出爲感恩水，迤西至縣治北爲縣門港，入海。其正渠西北過北黎市爲北黎港，又西南入海。樂安河出州，西北流，入昌化。昌化簡。州西北三百六十里。舊隸瓊州府。光緒三十一年來屬。東北：峻靈山。東南：九峯山。西北濱海。南：昌江即樂安河，自感恩入，至縣治東南，歧爲二，西南出曰南崖江，北出曰北江，皆入海。又安海江出東北歌謗嶺，西北至儋州入海。陵水難。州東北二百一十里。舊隸瓊州府。光緒三十一年來屬。西：獨秀山。南：多雲嶺。東南濱海。有加攝嶼、雙女嶼，在海中。西北：大河水，出七指嶺，東南過博吉嶺，屈南爲桐棲港，又東入海。又南，青水塘水出西北狠牙村，東南流，至縣治西，别出爲筆架山水，與大河水合，瀦爲竈仔港。屈西南，至新村港口入海。有寶停巡司。萬衝，繁。州東北三百七十里。萬州舊隸瓊州府，光緒三十一年降爲縣，來屬。東：東山。北：六連嶺。東南濱海。海中有獨洲山，其下曰獨洲洋。西北：龍滾河，出縱横崗，南屈而東，與流馬河合，又東北入樂會，屈東南復入縣北。東别出爲蓮塘溪，屈北至樂會，合萬全河。其正渠，東南過連岐嶺入海。又都封水亦出縱横崗，東南流，歧爲四派：曰和樂港，曰港北港，曰石狗澗，曰金仙河，至縣治東北入海。又南，踢容河，出西北鷓鴣山，東南至瘦田村分流，與石龜河合，又東南流入海。有龍滾巡司。鹽場一，曰新安。

清史稿卷七十三

志四十八

地理二十

廣西

廣西：禹貢荊州南徼之域。元置廣西等處行中書省，明改承宣布政使司。清初建省，置巡撫、布政共治焉。置兩廣總督。康熙二年，廣東西分設總督，四年復故。雍正元年，復分設，明年復合。六年，以雲貴總督兼轄廣西。十二年，仍復故，駐廣東肇慶府，後移治廣州府。初領府九。桂林、柳州、慶遠、思恩、平樂、梧州、潯州、南寧、太平。順治十五年，升泗城土州爲府，尋改爲軍民府。雍正三年，升鬱林、賓州爲直隸州。五年，泗城復爲府。七年，置鎮安府。十二年，降賓州隸思恩府，升西隆州爲直隸州。乾隆七年，降西隆州隸泗城府。光緒元年，升百色廳爲直隸廳。十二年，升歸順州爲直隸州。十八年，升上思州爲直隸廳。東北距京師七千四百六十里。東至湖南道州；三百七十里。西至貴州普安；二千五百五十里。南至廣東信宜；九百四十里。北至湖南城步縣；三百二十里。廣二千八百十里，袤二千九百六十里。宣統三年，編戶百二十七萬四千五百四十四，口八百七十四萬六千七百四十七。領府十一，直隸廳二，直隸州二，廳八，州十五，縣四十九，土州二十四，土縣四，土司十三。在慶遠者曰長官司。其名山：越城、臨賀、句漏、陽海、大容。其巨川：灕江、黔江、鬱江、湘江。驛道：東北踰越城嶠達湖南永州；西南踰崑崙關達龍州；東南達廣東封川。電線：東北達長沙，東南達廣州，西通慶遠。鐵路：自龍州出鎮南關達安南諒山。

桂林府：衝，繁，難。隸桂平梧鬱道。巡撫，布政，提學，提法，勸業，巡警道駐。光緒三十二年，桂平梧鬱兼管鹽法道，徙駐梧州。提督徙駐南寧。明洪武五年，改靜江府爲桂林府，領州二，縣七。順治初，因明舊爲省治。乾隆六年，析義寧縣地置龍勝廳。光緒三十二年，析永寧州永福、融、柳城、雒容四縣地置中渡廳。廣二百五十里，袤三百里。北極高二十五度十三分。京師偏西六度十四分。領廳一，州二，縣七。臨桂　衝，繁，難。倚。明府治因之。內：桂山、獨秀。城東：七星。南：南溪。西：隱山。東北：駮鹿。灕水一曰桂江，省境西江北岸第二大受渠也。自靈川入，西南流，經府治，合陽江。屈而東南，右受靈建水，又東與秋陂江合。屈東南流，乖水西流注之，南入陽朔。西：白石江，上源曰義江，自義寧入，經縣西南入永福。相思江出縣南臥石山，南注分水塘，歧爲二：東出者與浪石江合，入灕江；西出者與繞江合，入白石江。南，六塘堡有汛。同知駐大墟，光緒三十二年徙中渡。西南，蘇橋巡司；南，六塘巡司。驛一：東江。

興安 衝，繁。府東北百三十四里。東北：越城嶺，一曰始安嶠，五嶺在廣西北境者二，此其最西嶺也。東南：龍蟠山。西南：鬱金山。海陽江即湘、灕二水源也，出靈川，右受石梯山水，左受太平堡水，又東北，經治東分水塘，歧爲二，西南流者爲灕水，東北流者爲湘水。湘水自治東東北流，右受莫川，入全州。灕水經治北曰陡河，西流折南，至興隆市，六峒江合黃柏江、華江、川江、反壁江爲大融江，自西北來注，西南入靈川。西北：小融江，出戴雲山，東南流，亦入靈川。全州營分防汛駐城。西北有沐水汛。社水巡司。鹽砂、唐家二寨廢司。驛一：白雲。

靈川 衝，難。府東北五十里。北：北障山。東南：堯山。西：呂仙。北：鳳皇。東南：陽海山，海陽江出，繞興安城西南流爲灕水，復經縣東北曰靈江。合小融江，又西南至治東，右受潞江，左受淦水，西南合甘棠江入臨桂。甘棠江自興安入，經縣西北曰東江，東南流，合西江，又南，松木江合流風江東流注之。經龍巖，諸水匯巖下，伏流而南，左受社江，曲流入靈江。有帶融南北二堰，引潞江溉田二千餘頃。西，塘下有鎭。全州營分防汛駐。驛一：大龍。

陽朔 衝。府南少東百五十四里。北：陽朔山。西北：雲源。西：都利。南：古羅。灕水自臨桂入，東南流，與平、熙平二水西流注之。屈曲南流，至治東折東，安樂、歸義二水東北流注之。左受白鶴山水，東南入平樂。西，金寶堡，明置戍。康熙八年，遊擊駐防，後廢。桂林營分防汛駐城。東北有鉛寶塘汛，有水汛。驛一：古祚。

永寧州 簡。府西百四十里。東：百壽巖。東北：都狠。北：銀瓶山，白馬江經其下。東江一曰黃源水，出龍勝西南；經州北，東南流，至江口村，白馬江合大巖江、風門隘、茫洞江諸水，東北流，經治東注之，東南入臨桂境，折入永福，會白石江。富河江出州西南古河山；東南流，經高坡，伏流，至蒲台寨西復出，合大洋江，西南錯入中渡曰中渡江，卽雒容水也。西南桐木、富祿、南常安三鎭。永寧營駐城。西南安良、屯秋，南常安，有汛。南喇峒巡司。

永福 衝。府西南百里。明初屬府。後屬永寧州。順治初改屬府。西南：金山，與馬芒山對峙，江流經其中。又太和山濱江。西：白石江自臨桂入，北經治東曰永福江，毛江合泗定河西北流注之。東江亦自臨桂入，合西江東流注之。西南流，受雒容水，入雒容爲洛清江。石流江，上源曰四牌溪，自修仁流經縣東南，折而西，亦入雒容。西南：蘭麻山，俗呼攔馬山，攔馬水所出，東入永福江。山路險絕。有蘭麻鎭。桂林營左哨駐城。南寨沙、西南理定、黃冕、鹿寨有汛。縣丞駐鹿寨。驛二：三里、橫塘。

義寧 難。府西北八十二里。明初屬府。後屬永寧州。順治初改屬。西南：華嚴山、靈鷲。西北：智慧。北：丁嶺，義江出，南流，右受觀音田山、江頭嶺北諸山溪水，又南，智慧江合高家山水東南流注之。經治西，左受石豪江，南入臨桂爲白石江。西北舊有桑江口廢司。乾隆六年，以所屬置龍勝通判。東：楊梅關。義寧協左營分防汛駐城。南有大嶺汛。

全州 衝，繁，難。府東北二百五十四里。東：黃華山。西：覆釜、湘山、禮山。西北有七十二峰，州西諸水多濫觴山麓。湘水自興安入，右受建安鄉水，又東北，四溪源、大朝源水合爲長亭江，北流注之。經治南，灌江自灌陽北流注之。羅水承萬鄉、寨墟、大會三水，東南流注之。又東北，宜湘河合橫溪、梓溪、鍋頭、玉陛諸源水，西北入湖南零陵。西延水出州西，東北合衆小水，入湖南新寧。西延鎭，州同駐。有山角、山棗二巡司。康熙二十五年，改置全州營，駐城。黃沙、西延並有汛。驛一：零陵。

灌陽 難。府東北三百六十四里。明屬全州。順治初改屬。東北：麒麟山。東南：三峰山。西南：賚子山。灌江，古觀水，出縣西南仙人掌諸山，合牛江，至黃牛市，鹽川承賚子諸山水，東南流注之。又東北，右受澥江水，經治東，左受龍川水，馬渡江承烏石江、黑巖水，東南流注之，北入全州，合於湘水。東北石櫃、永安，北昭義有關。全州營分防汛駐城。北：巨巖堡汛。西南：崇順里巡司。龍勝廳 要。府西北二百十七里。明，義寧縣地。乾隆六年，析義寧西北地置，改龍勝理苗通判。東南：龍脊山。西南：大羅山。貝子溪自湖南城步入，西南流，右合芙蓉溪，經治北，左受牛脛溪、平水江，又西北，南平江合西南諸水北流注之。太平溪亦自城步入，合獨車溪，西南流注之，西入懷遠，是爲潯江。有義寧協左營駐防副將駐，右營分防。西北廣南、城北小江、獨車，東北龍甸、芙蓉、貝子，西瓢里，西北石村有汛。西：廣南巡司。又有龍勝巡司，本桑江，改駐城。中渡廳 要。府西南百二十里。光緒三十年，勦平四十八峒匪，以桂林同知帶兵移駐峒內。三十二年，析永寧、永福、融、柳城、雒容地置，四十八峒俱入轄境。改桂林同知爲中渡撫民同知，仍屬府。中渡江上源即富河江，自永寧入，東北受北來一水，折東南，經治東，受西來一水，東至永福曰雒容水，入永福江。有保安營駐防。西：平山巡司，光緒三十二年，以原駐中渡平樂司改置，移駐峒內平山墟。

柳州府：衝，難。右江道駐，府隸焉。明洪武元年爲府，領州二，領縣十。順治初，因明舊爲府。雍正三年，升賓州爲直隸州，以府屬之來賓、武宣、遷江、上林四縣隸之。十二年，降賓州隸思恩府，來賓還屬。有柳慶鎮標左右營、柳州城守營駐防。提督舊駐府，光緒十二年移駐龍州，置柳慶鎮總兵官駐。光緒末年廢。東北距省治三百六十里。廣百五十里，袤五百里。北極高二十四度二十一分。京師偏西六度五十七分。領州一，縣七。馬平 衝，繁，難。倚。明府治，因之。城東北隅：鵲山。南：仙奕、石魚。東南：甑山。東北：龍壁山。柳江即黔江，省境西江北岸第一大受渠也。自柳城入，南與五都水合。屈東南，繞府治西、南、東三面，東北經橫瀨山麓，左界雒容。復西南，三江出縣西，伏流，至雞公山北復出，東北流注之。東流，左受洛清江，折南入象州爲象江，穿山水從之。東新興、西樟木有鎭。東振柳、東南白沙、西北洛滿塘、南穿山、西南三都墟、雞公山有汛。穿山、三都二巡司。驛二：雷塘、穿山。**雒容** 衝，難。府東北六十里。光緒三十二年，劃長盛坳以北地屬中渡廳。西：橫瀨山。西北：八角嶺。西南：獨靜山。南有柳江，緣界東流入象州。洛清江自永福流入縣東北，西南流，左受山道江，經治南，屈曲東南流，注柳江。柳慶鎭左營分防汛駐城。西洛垢墟、西南高嶺、南豐軏鄉有汛。東南有江口鎭巡司，因明舊置。**羅城** 難。府西北百四十里。東北：覆鐘。北：青陵、磨盤山。東：大小蒙山。西：九萬山。武陽江舊名歸順水，有二源，一出西北平西里，一出東北高懸里，合於寺門墟，東南入融江。大仁江一曰通道江，源出西北大仁崗，東流，經三防司北，東入融縣曰背江。融懷營分防汛駐城。北：通道汛。通道舊有鎭，當萬山中，多瘴癘。明置巡司，乾隆五十一年改爲三防塘主簿。又武陽鎭巡司，因明舊置。**柳城** 簡。府北七十里。南：烏鸞。西南：青鳳。東：伏虎山。北：融江自融縣流入縣北曰柳江，東南流，沙鋪水出融縣思管鎭，西南流注之。洛淦河出中渡黃泥村，西流注之。經治西，會龍江，南入馬平。柳慶鎭右營分防汛駐城。東北山嘴汛、西北古砦鎭二巡司，因明舊置。驛三：馬頭、東江、羅江。**懷遠** 衝，難。府北三百十里。北：白雲、龍頂、九曲。東北：林溪。西北：朝萬山。西：溶江，上源曰黔江，自貴州永從入縣西北曰福祿江。東流，合蔡江、大年河、南江，又東，左受腮江、孟團江，折南受潯江。經治北，歧爲二，繞至治南復合，入融縣。潯江，即貝子溪下流也，自龍勝入，西南流，左受斗江，右受石眼江，西南注福祿江。融懷營駐城。西北石牌塘、沈口有汛。東北潯江、西北萬石有鎭。梅寨巡司。古宜甲主簿。驛一：在城。**來賓** 衝，難。府南百八十五里。明屬府。雍正三年改屬直隸賓州，十二年還屬。北：龍鎭山、瑞象。東北：鵝頭。東南：金峰山。城南大江卽紅水江，一曰都泥江，西江幹流也，自遷江入，東北流，左受北三江，至城南，白馬溪出白牛峒，北流注之。又東北，右受觀音山水，左受定淸水，復折東南，與象江會，曰潭江，入武宣。東：蓬萊鎭。賓州營分防汛駐城。東南：平安汛。有界牌巡司，因明舊置。驛一：在城。

融 衝，難。府西北二百五十里。西南：眞仙巖，一曰老君洞。西北：攬口山。東北：老鴉山。福祿江自懷遠入，左受寶江，曰融江，西南流，浪溪江自永寧來，合南江，西流注之。又西南，背江上承三源，其一卽羅城通道江也，合於三江門，東南流注之。經治東，西南流，左受淸流江，右受高橋江，合羅城之武陽江，南入柳城。南：淸流鎭。融懷營分防汛駐城。東南思管鎭、東北長安鎭二巡司，因明舊置。

象州 衝。府東南百五十里。西：象山。又西：西山。南：獨傲。東：雷山。東北：聖塘山。北：象江卽柳江，自馬平入州。北，運江，上承仁義、下里二江，西流注之。折西而南，經治西，又南，古城江自武宣來，西流注之，南入武宣。甕嶺，城東南，熱水江所出，一曰十里江，溉田甚廣，西北入象江。柳慶鎭左營分防汛駐城。東北：大樂汛。龍門寨巡司，因明舊置。驛一：象臺。

慶遠府：繁，難。隸右江道。慶遠協左營駐防副將駐。明洪武三年復爲府，領州四，縣五，長官司三。順治初，因明舊。雍正七年，劃分東蘭土州，同升東蘭土州爲州，設流官。十年，改河池州屬之荔波縣隸貴州都勻府。光緒三十一年，置安化廳。東北距省治五百八十里。廣四百七十里，袤二百九十里。北極高二十四度三十分。京師偏西七度四十二分。領廳一，州二，縣三，土州二，土縣一，長官司三。

宜山 繁，難。倚。北：北山，一曰宜山，下臨龍江。南：大號、南山。西：羊角。東：小曹、大曹。西北：龍江上源曰勞村江，柳江西系也，自河池入，合東江，東南流，折北，右受馬鬃河，左受中洲小河。又東南，經府治北，合洛蒙江、思吾溪，經永順副土司南，受永順水，東至柳城合於融江。東大曹、西懷遠、東江有鎮。有白土、德勝、龍門三巡司。縣丞駐楞村。水驛二：大曹、宜陽。馬驛：德勝。天河 難。府北八十五里。東：東山。北：獨俊山。西北：高寨山。東小江源出羅城，流入縣東北，合數小水，西南流，經治北，思吾溪合西北小水，東南流注之，又東南入宜山，注龍江。西南：福祿鎮。慶遠協左營分防汛駐城。河池州 難。府西二百五里。北：鳳儀山，州城半枕山麓。東：都銘。南：天馬。西：吳山。東北：屏風。金城江，龍江上流也，自南丹土州入，右合秀水，經治南，伏而復出，東入宜山。洪龍江出南丹北，爲中平溪，流入州西，右受坡旺水，東南入永順土司，下流爲刁江。慶遠協右營駐城。州同駐三旺里。思恩 難。府北百二十里。明，舊屬府。正德元年，屬河池州。順治初，改屬府。明建治歐家山。順治中，遷治清潭村，十五年仍徙歐家山。北：馬蔭、紺山。南：寒山。東：三峰。東南：米嶺。環江，東江上流也，自安化入縣北，屈曲南流，經治西至宜山，注龍江。中洲小河亦自安化入，南流至宜山注龍江。慶遠協右營分防汛駐城。安化廳 要。府北二百里。光緒三十一年，析思恩北境置，以宜山德勝理苗同知移駐五十二峒，改爲撫民理苗同知。東北：中洲上里，接貴州古州八萬瑤山界。中洲小河自古州流入廳東北，中有沙洲，四面水繞，分上、中、下三里，悉爲瑤居。環江自貴州荔波來，南流合帶溪，南入思恩。有慶遠防營駐防。東蘭州 難。府西南四百四十里。雍正七年以東院內六哨改流建治。東：都夷。東南：霸陵。南：雙鳳。北：福山。西北：紅水江自那地土州入，爲隘洞江，右納九曲水，又東南逕那州墟，左合平紬江，逕板馬墟入興隆。南丹土州 府西北三百四十里。北：蓮花山、青雲峰。西北：孟英。東：金雞山。東南：三寶、羅侯。東北：

勞村江自貴州荔波入，東南流，右受金城江，左界思恩，南流入河池。中平溪出州北十里許，經治東，東南流，入河池，曰洪龍江。**那地土州** 府西北三百四里。北：黄花嶺。西北：翠靈山。又三碧、虎山。紅水江自淩雲流入州西北，左受一水，東南入東蘭。有龍泉溝，出州北黄花嶺，一州水利賴之。**東蘭土州** 府西五百二十里。明，東蘭州地。雍正七年降土知州爲州同，分轄鳳山外六哨地。北：交椅。東：十八鶴。東北：九曲。喬英墟水出州西北銀鷹隘，東南流，入水雲洞，至州治北復出，經治西，至坡龍村，伏流數里，又南出，復伏流入百色。三里墟水出東北巴華村，東流，右納一水，折入東蘭。**忻城土縣** 府南少東九十里。北：馬鞍山。西北：疊石山。紅水江自安定土司緣南界東流，右爲上林界。龍塘江出永定土司，南流注之。又東南，右界遷江，左受古萬墟水，入遷江。**永定長官司** 府南六十里。南：頭盔山。東：羅漢山。司東：鳳凰嶺。西北：龍橋江出司西北，東南流，合北來一水，南入忻城，曰龍塘江。**永順正長官司** 府西南三百里。南：高椅山。北：西龍山。司北：多靈山。東北有泉溉田。刁江，洪龍江下流也，自河池流入司西北，東南流，經司治北，入安定土司。**永順副長官司** 府東北四十里。永順水有二源，一自羅城入，一自柳城入，至司南合流入龍江。

思恩府：繁，難。隸右江道。明正統四年升府，六年改軍民府，領州二，縣二，土巡檢司九。順治初，改明軍民府復爲府。康熙二年，鎮安土府改流官來屬。三年，降直隸土田州來屬。五年，升安隆長官司爲西隆州，上林長官司爲西林縣，並來屬。雍正七年，升鎮安土府爲府，以向武、都康、上映三土州隸之，析土田州置百色廳。八年，改西隆州西林縣隸泗城府。十年，改奉議州判隸鎮安府。十二年，降直隸賓州，並所領遷江、上林二縣來屬。乾隆七年，析土田州置陽萬土州判。同治九年，廢那馬土司，改置那馬廳。光緒元年，升百色廳爲直隸廳，廢土田州，置恩隆縣及上林土縣、下旺土司，往屬之。五年，改陽萬土州判爲恩陽州判，並屬百色直隸廳。東北距省治千百五十里。廣三百三十五里，袤二百四十里。北極高二十三度二十七分。京師偏西八度五分。領廳一，州一，縣三，土司七。土司疆域，華離甌脫。無附郭縣。

東北：三臺山，東溪出。西北：筆架山，西溪出。夾城而南，合爲府江，入武緣。武緣 繁，難。府南七十五里。明正統七年，府遷治喬利，在今治北四十里白山土司境。嘉靖七年，徙縣北止戈里之荒田驛，卽今治安山。府治北：蜿蜒山。東北：大名。東：思隣山。縣東：黃道山。北：高峰嶺。府江二源，至府城南合流，左受大攬江，右受仙湖江，經治西，與南流江會。南流江自上林經縣東北，受名山、黃塘各墟水，折西南，馱淺江出縣東南，西流注之，會府江。又西南，左受那楞江，又西，右受三朝水，西南流，入隆安。思恩營駐城。府城有分防汛。西有高井寨巡司，舊駐上林土縣，乾隆十九年移駐羅墟。賓州 繁，難。府東二百里。明屬柳州府。順治初因之。雍正三年升直隸州，領遷江、上林、來賓、武宣四縣。十二年降州來屬。南：仙影山。西：古漏山，古漏水所出。鎭龍山，東南七十五里。思覽江，上源曰北江，自上林流經州東北，武陵江出州南，合龍龔江曰李依江，又合丁橋江，北流注之，東入遷江，下流爲清水江。丁橋江出州西南，二源合東北流，歧爲二，至州治東北復合，入李依江。賓州營駐城。東：安城汛。有安城鎭巡司。驛二：在城，清水。遷江 衝，難。府東少北三百二十里。明屬賓州。順治初，隸柳州府。雍正三年改屬直隸賓州，十二年來屬。北：泊鑑山。西北：雲屏。東北：蓮花。東南：牛眠、紗帽。紅水江自上林入，東南流，左受儉排水，經治北，會清水江，東入來賓。思覽江自賓州入縣南，屈曲北流，左受賀水曰清水江，北注紅水江。北三江出忻城土縣，經縣東，北流入來賓，注紅水江。東南有清水鎮。賓州營分防汛駐城北。北四墟、西洛峒有汛。西：平陽墟巡司。上林 繁，難。府東百八十里。明屬賓州。順治初，隸柳州府。雍正三年改屬直隸賓州，十二年來屬。北：八角山。東北：雲凌山。東南：張光嶺。南北兩江合流，其下紅水江，經縣北，緣忻城南界，東南流入遷江。北江出縣西北清水隘，東南流，經治北，右受南江，曰鼓江。又東，匯水自縣東北二源合南流注之。又東，右受獅螺江，東南入賓州。縣丞駐三里城。乾隆三年改州同，置三里營駐焉。東鄒墟，北六便，東北喬賢墟、思吉鎮有汛。又東北周安鎮、東南思隴墟二巡司。驛一：思隴。那馬廳 府西北八十五里。明，那馬土巡司。順治初因之。同治九年廢那馬土司，改置通判，仍屬府。東：岜鹿山。東南：岜顏山。西南：蘇埠山，蘇埠水出焉，北流，右受岜馬山水，北入興隆土司。西南：穠企水，出穠企山，北入舊城土司。白山土司 府北八十里。舊治西南喬利墟。明末移治隴兔村。吳三桂亂，徙博結村，即今治。南：獨秀山。西南：九兒山。紅水江在北，左界安定土司，東北流，入忻城，合姑娘江，屈東南入上林。興隆土司 府北七十里。西南：七首山。西北：天堂嶺。紅水江自都陽土司境南流入司西北，右界恩隆。折東南，經都陽土司南、舊城土司東北，復入司境。又東北，右受那馬水，羅墟、喬利墟水合西流注之，北入白山、安定二土司界。定羅土司 府西九十里。北：羅漢山。東北：五更。架溪出舊城土司，東南流，至五更山，右受一水，伏流，經那馬合穠企水，至舊城貢村墟入紅水江。舊城土司 府西北百五十里。北：八峰山。東北：崠嶁山。紅水江界司東北境，穠企水流合焉。那感水出治前，南流入武緣。都陽土司 府西北二百八十五里。北：岜阜山。南：强山。西：寶珠巖。紅水江界恩隆境入司西南，屈東北，右受北來一水，東南入興隆土司。古零土司 府東北八十里。南：

紗帽、象山。東北：獅子山。古旺墟水出司東局董村，東南流入龍洞，復出，經古旺墟，至上林注匯水。安定土司府北百六十里。北：大寮山。東南：八仙山。紅水江自興隆土司北流，經司東南，合九鄧墟水，逕滅蠻關入，左納刁江，折東南入上林。西夫關。

百色直隸廳：要。隸左江道。右江鎮標中左營駐防總兵官，雍正七年由泗城府皈樂墟移駐。明爲州，直隸布政司。順治初，因明舊爲土田州。康熙三年，改屬思恩府，隸右江道。雍正七年，遷思恩府理苗同知原駐武緣。駐百色，曰百色廳。光緒元年，田州改土歸流，升百色爲直隸廳，隸左江道，廢土田州，置恩隆縣及思恩府屬之上林土縣、下旺土司並屬焉。五年，又改陽萬土州判爲恩陽州判來屬。東北距省治千七百八十五里。廣二百七十五里，袤百五十里。北極高二十三度五十五分。京師偏西九度四十六分。領縣一，州判一，土縣一，土司一。北：探鵝嶺。東：獻寶山。東北：仙橋山。西洋江一曰右江，亦曰鵝江，鬱江北系也，自恩陽來，右岸爲恩陽界。東流，經治南，澄碧水自淩雲南流注之。屈南而東，入奉議。磺桑河亦自淩雲南流，經廳東，入奉議。隆溪亦自淩雲南流，經廳東北，入恩陽，至奉議，並注右江。篆溪源出廳東北坡耶墟，東南流，緣界入東蘭，注紅水江。廳城雍正八年建，亦曰鵝城。恩隆衝，繁。廳東南百八十里。光緒元年，廢土田州，改流來隸。五年，自來安徙平馬墟，爲今治。東：天馬山。北：蓮花山。南：右江自奉議緣界東南流，左受砦桑水，經治南，又東南入上林土縣。東北：紅水江，經縣東北，自東蘭南流，左界興隆土司，右受篆溪，又南，衆水匯合，東流注之。折東北，入都陽土司。恩隆營駐城。東：平馬汛。燕峒在北，縣丞治。東榜墟巡司。恩陽州判廳西南水程七十里。乾隆七年，析土田州置陽萬土州判，屬思恩府。光緒五年改流，置恩陽州判來隸。西：馬武山。其南：大王山、八角山。西八十里，右江，即西洋江，古牂牁水也，自雲南土富經剝隘入州西北，者郎河北流注之。又東，左右受數水，左界百色境，折南，紫歐溪東北流注之。又東經治北，屈南入奉議。西巴平墟、西北暹村、滌豐墟有汛。西南：東淩寨巡司。上林土縣廳東南二百五十里。舊屬思恩府。光緒元年來隸。南：那造山。舊治在東邑耀。西北，右江界恩隆、奉議入縣西北，又東南經治北，右納枯榕江，即大舍溪，左納小溪，又東南入果化土州。下旺土司廳東南二百六十里。有甌脫。舊屬思恩府。光緒元年來隸。東：獨秀山。北：魁山。東南：波岌山，波岌水所出，繞司治東北流，入舊城土司。小溪水出舊城南流，經新墟，至上林土縣，入右江。

泗城府：難。隸左江道。右江鎮標右營駐防。雍正五年置右江鎮，駐皈樂墟。七年移駐百色。明爲泗城州，與利州直隸布政司。嘉靖二年廢利州。順治初，爲泗城土府。十五年爲府。尋改爲軍民府，屬思恩府。雍正五年復爲府，改流官，隸右江道。乾隆五年，置淩雲縣爲府治。七年，降直隸西隆州並所屬西林縣來屬。九年，改隸左江道。東北距省治千七百八十里。廣四百二十里，袤二百五十里。北極高二十四度二十五分。京師偏西九度五十分。領州一，縣二。淩雲難。倚。乾隆五年，以泗城府本治置。北：淩雲山、蓮花峰。西：餞陽。東：三台坡。西北：青龍山。紅水江爲縣北界，自西隆入，東北流，左界貴州貞豐、羅斛境，右受白朗塘、羅西塘水。東南布柳水，上承鞋里、甘田、傘里、巴更各墟水，東北流注之，東南入那地。澄碧水出縣北靈洞，繞治西南流，入百色。東暹樓、農登，東北平蜡，東南龍川，南皈樂，西暹里，西北長隆、百樂，西南汪甸各墟有汛。天峨甲，縣丞治。東有平樂一甲巡司。縣城，嘉慶二年建。西林 難。府西南五百十里。明，上林長官司。萬曆中，省入泗城州。康熙五年，改流官升縣，隸思恩府。雍正十二年改屬直隸西隆州。乾隆七年來屬。北：交椅山。東：端峰山。西北：界亭山。右江有二源，南源曰西洋江，北源曰清水河。西洋江自雲南寶寧流入縣南，東北流，與北源會。馱娘江上流卽清水河，自西隆來，東南流，右受馱門江，經治東南，者文、那陽、界廷各墟水自縣北合流注之。又東折南，會西洋江，入雲南土富。上林營駐城。東北潞城、東南周馬、南八盤、西八柴有汛。有潞城巡司。縣城，康熙六年建。西隆州 衝，難。府西北九百六十里。明，安隆長官司。康熙五年改流官升州，隸思恩府。雍正十二年升直隸州，領西林縣。乾隆七年復爲州，來屬。南：三台山。西：營盤山。西南：金鐘山。南盤江卽八達河，西江初源也，下流爲紅水江，自雲南寶寧緣界北流，受者扛、羊街二墟水，經州北，東南至北樓墟，冷水河合治西小水，東北流注之。又東北，會北盤江，東南流，入淩雲。清水河卽同舍河，自雲南寶寧北流入州西南，折東北入西林。八達城，州同駐。舊州，州判駐。州城有里仁汛。東舊州、東北三隘、東南隆或、西南永靜、古障有汛。州城，雍正七年建。

平樂府：衝，難。隸桂平梧鬱道。平樂協左右營駐防副將駐。明爲府，領州一，縣一。順治初，因明舊。宣統三年，析賀縣、懷集暨廣東開建地置信都廳。西北距省治二百十六里。廣三百八十里，袤二百五十里。北極高二十四度三十五分。京師偏西五度四十七分。領廳一，州一，縣七。

平樂 衝，繁。倚。明府治，因之。東：團山、瓜嶺。東南：蓮花。北：目巖。東北：魯溪。桂江一曰府江，自陽朔緣界南流，會修江。屈東，經府治西南，平樂江自北來會，又東南流入昭平。平樂江亦曰樂川，上源曰東江，自恭城入縣。東北納島坪江，又東南，勢江自恭城東南境西北流注之。折西，誕山江合南平江西北流注之，折西南，合於府江。沙子街，縣丞駐。水驛三：昭潭、昭平、龍門。恭城 簡。府東北九十里。北：仙姑。西：石盆。東南：五馬山。東北：印山、銀殿。西北：金龍山。東江自湖南永明入，西南流，平川江合平源瑤小河南流注之。折南，右受南江，南錯入平樂。旋復入縣境，經治東，左受下山源、北洞源水，入平樂爲樂川。平樂營分防汛駐城。東北：龍虎關汛。有鎭峽寨巡司，因明舊置。富川 繁，難。府東北二百六十里。東北：獨秀巖。西南：白雲山。東南：東山。富江出縣西北石鼓山，東南流，左受麥嶺水，經治東南，龍窩水合白源水西南流注之。又南至鍾山渡，折東南，左受白沙水，入賀縣曰臨水。麥嶺，縣北，麥嶺營駐防。雍正八年移同知駐。光緒三十三年徙信都。舊治東南鍾山下，縣徙置鎭，通判駐焉，宣統元年廢。富賀營分防汛駐城。東白沙、東北牛巖、東南鍾山、西北小水峽有汛。西南有白霞寨巡司，因明舊置。賀 繁，難。府東南百九十五里。東北：臨賀嶺，卽桂嶺，五嶺之第四嶺也，與湖南江華、廣東連山接界。西：瑞雲山。西南：大桂山。臨水自富川經縣西北，東南流，右受馬窩山水，左受里松墟水，經治北。又東南，右受大桂山水，賀江合桂嶺諸山水西南流來會，東南入信都。富賀營駐城。東龍水、東北大發、大凝墟有汛。縣丞駐桂嶺大會墟。西北：里松鄉巡司。信都廳 簡。府東南五百七十里。光緒三十四年，析賀縣、懷集暨廣東開建地置，改平樂府分防麥嶺同知爲撫民同知，移駐信都。鋪門墟舊隸三縣，撫民耕兵劃歸廳轄。宣統元年，遷治官潭墟。北：湖頭山。西北：大龕。西南：雲臺。臨水自賀南流，經治東，又南，右受臨田水，至鋪門墟，深沖源水西南流注之，右受雲臺山水，南入開建。東石牛坡、南鋪門墟有汛。舊信都巡司，光緒三十四年廢，改信都廳照磨兼司獄。荔浦 簡。府西七十五里。東北：三奇、火餤。西北：鏌鋣山。東南：鵝翎。修江一曰荔江，自修仁入，左受荔江尾水，東北經治東，左受夾板隘水，右受丹竹江水，又東北，綠水河上承栗江、普陀河、龍坪河東流注之，東北入平樂注桂江。平樂協右營分防汛駐城。北兩江墟、東北馬嶺、西北王瑤隘、西南蓮塘有汛。修仁 難。府西南百二十里。東北：羅仁山。西南：凌雲山。南：崇仁大峒。修江出西南瑤山界分水坳，東北流，經治東，至羅仁山東南麓，入荔浦曰荔江。四牌溪出西南文筆山，西北流，經四牌墟，入永福。平樂協右營分防汛駐城。西：石牆堡汛。昭平 衝。府南二百里。東：木皮山，其北接米嶺，山高路險。雍正三年，開鑿嶺道，上下四十里。東南：天朝嶺、羊角嶺。桂江自平樂流入縣北，右受歸化江，左受思懃江，經治東，又東南至馬江塘，富郡江出縣東，合招賢水西南流注之，東南入蒼梧。平樂協左營分防汛駐城。東南欖水、東北蓮花、燕塘、山口有汛。東樟木墟巡司，東南馬江塘巡司。永安州 簡。府西南百六十五里。東北：石鼓山。東南：石印、古眉、摩天嶺。西南：力山。西北：天堂、馬鬃嶺。眉江，古蒙水，一曰激江，出州西北，東南流，右受濁川水、西江水，經治南，左合銀江，又東南，六樟水東流注之，又東南，榕木嶺水西南流注之，南入藤縣曰濛江。平樂協右營分防汛駐城。

梧州府：衝，繁。桂平梧鬱道治所。梧州協左右營駐防副將駐。明洪武元年爲府，領州一，縣九。順治初，因明舊。雍正三年，升鬱林州爲直隸州，割博白、北流、陸川、興業四縣往屬焉。西北距省治九百三十五里。廣二百七十里，袤四百六十里。北極高二十三度三十分。京師偏西五度二分。領縣五。光緒二十三年設關通商，以桂平梧鹽法道兼梧州關監督。三十年，由桂林移駐。蒼梧 衝，繁。倚。明府治因之。東北：芋莢、古欖嶺。西北：文殊山。南：銅鑊、沖霄。龔江上流即藤江，自藤縣流入，左受安平江，分流夾思化洲、長洲，右受須羅江、長行江，至石磯塘復合，又東會桂江，東入廣州封川曰西江。桂江自昭平入，左受龍江，右受石澗河，東南流，思良江、峽山水出治北南流注之，折西南，至治西注龔江。沿江有水汛。東分界塘，南三角嘴、廣平墟，東南大燕，東北三番，西北簕竹、古欖，西南戎墟有汛。同知駐戎墟。有東安鄉、安平鄉、長行鄉三巡司，因明舊置。水驛二：府門、龍江。梧州關。商埠，光緒二十二年中緬條約開。

藤 繁，難。府西百六十里。南：靈山。西南：勾刀。西北：谷。藤江上流即潯江，自平南入，流經縣西北，右受都榜江，濛江合牛皮江南流注之，曰龔江。又東南，右受慕寮江，折東，經治北，繡江合思羅江、黃華江、義昌江，自西南經治東來會，曰劍江。又東北，左受四培江，右受黃桶江、白石江，東入蒼梧。梧州協左營分防汛駐城。沿江有水汛。東南糯峒、西白馬有汛。有白石寨、竇家寨二巡司，因明舊置。明故五屯千戶所，稱藤峽左臂，今白石司治。驛四：雙兢、黃甲、金雞、藤江。

容 簡。府西南四百八十里。東北：朝陽嶺。東南：人文嶺。西北：大容山，亙數百里，潯、鬱分據其麓。容江上承北流之圭江，經縣西南，渭龍江自廣東宜信入，北經治南，左受思登江，曰容江。又東北，右受波羅江，北入藤縣曰繡江。梧州協左營分防汛駐城。有自良墟、粉壁寨二巡司。驛二：自良、繡江。

岑溪 難。府西南百八十里。東：白石山。西：鄧公山。東南：通天嶺。東北：周公。黃華江自廣東信宜入，流經縣南，西北流，折入藤縣。腰峨嶺，東北義昌江出，西南流，鐵根隘水合黃陵隘水西北流注之。又西，洋羅隘水東北流注之，西北經治南入藤縣。梧州協左營分防汛駐城。東：大湴汛。南：大峒鎮。有平河巡司，因明舊置。

懷集 繁，難。府東三百里。西：忠讜山。南：天馬。西北：齊嶽、牛欄山。西南：白鶴山。懷溪一曰南溪，出縣西北大石屋村，東南流，合古城水、赤水，又東南，右受宿泊水，左受冷坑水、白沙水，經治南，右受甘峒水。又東南，桃花水合東北諸山溪水西南流注之，東南入廣東廣寧，下流曰綏江。永固水出西南南洲山，北流，經永固墟，入廣寧。懷集營駐城。東龍門、東北洽水、西南朋岡有汛。有武城鄉、慈樂塞二巡司，因明舊置。

鬱林直隸州：衝，繁，難。隸左江道。潯州協鬱林營駐防。明爲州，屬梧州府，領縣四。順治初，因明舊。雍正三年，升爲直隸州。舊隸桂平梧鬱道。光緒十三年，改隸左江道。東北距省治千五百二十五里。廣二百七十里，袤二百九十里。北極高二十二度四十七分。京師偏西六度十分。領縣四。北：寒山。東：信石、峽山。東南：天馬。東北：大容山。西：石人嶺。定川江自興業入，東南流，左受鴉橋江，右受都黃江。又東南，綠藍江自北來，西南流，經治南，合羅望江注之，曰南流江。又南，橋麗江卽回龍江，自陸川西南流注之，入博白。東夾山，西平山、石井，北北底，西北蒲塘、楓木有汛。有撫康巡司。西甌廢驛。博白 難。州西南九十里。雍正三年，自梧州來隸。南：大荒。東南：蟠龍。西南：九岐、飛雲。西北：綠蘿山。南流江自鬱林入，流經治西，右受綠珠江，左受小白江、大白江。屈西，右合浪馬江，至宴石山西麓，陀角江西北流注之。又西南，左受旺勝江，入廣東合浦。鬱林營分防汛駐城。西南：龍潭汛。有周羅寨、沙河寨二巡司。因明舊置。北流 繁，難。州東六十里。雍正三年自梧州來隸。東北：句漏山，山脈自越南來，東入廣東境，鬱江南岸一大系也，東會靈山。西北：大容山。南：綠藍山，綠藍水所出，南入鬱林注南流江。圭江出縣東南，有二源，一石梯水，出大雲嶺，一雙威水，出雙威山，至三口鋪合流曰圭江，西北流，思賀江自陸川東北流注之。右受蝓蜍河，經治東入容縣，曰容江。鬱林營分防汛駐城。東南陸靖、善逕有汛。有雙威寨巡司，因明舊置。驛一：寶圭。陸川 難。東南九十里。雍正三年自梧州來隸。東：文龍山。西：鳴石。

西北：石湖。東南：大逭。北：分水山，二水源出焉：一南流，經治東，饅頭嶺水自西北繞城南合流曰烏江，又南，左受水車江、龍化江，曰平南江，入廣東石城；一西北流，曰回龍江，屈西南，合略峒江，入鬱林，曰橋麗江。鬱林營分防汛駐城。北馬坡、南花槎有汛。有溫水寨巡司，因明舊置。有永寧廢驛。興業簡。州西北七十三里。雍正三年自梧州來隸。北：北斗山，與東斗山對峙。西：萬石、白馬巖。西南：夔龍巖。定川江三源，北源曰龍穿江，出縣西北，東南流，通濟江自東北繞城來會，岑江自西來會，三江合曰定川江，東南入鬱林。鬱林營分防汛駐城。北番車、南六寨、西南雷塱、城隍墟有汛。

潯州府：衝，繁。隸右江道。潯州協左右營駐防副將駐。明洪武元年爲府。領縣三。順治初，因明舊。雍正八年，武宣來屬，舊隸左江道。乾隆九年，改隸右江道。東北距省治八百七里。廣四百里，袤五百二十里。北極高二十三度二十九分。京師偏西六度十六分。領縣四。桂平衝。倚。明府治，因之。西：西山、石梯。西南：羅叢。東南：白石、大容、紫荊關。西北：大藤峽數百里，跨西江西岸，明韓雍破瑤賊地，咸豐金田之役實肇亂於此。黔江上流即柳江，一曰右江，自武宣入縣西北，左出支津曰南渼江，東南經治北，與鬱江會。鬱江一曰左江，自貴縣經縣西南，右受繡江，左受蓬闐江，屈曲東北流，至治東會黔江，曰潯江。又東北，大江嶺水合東南諸水西北流注之。南渼江，合相思江東流注之，東入平南。有南北河水汛。北靜安、東北武靖有鎮。有大黃江、穆樂墟二巡司。平南衝。府東九十里。東北：勾崖嶺。東南：黃花山。西北：闐石山。潯江自桂平入，左受思旺江，東南流，烏江合數小水南流注之。經治南，又東南，左受秦川河、白沙江自桂平東北流注之，東入藤縣。大同江出西北龍軍瑤地，東南流，亦入藤縣。潯州協左營分防汛駐城。東南樟木墟、丹竹墟有汛。有大同鄉、秦川鄉二巡司，因明舊置。水驛：烏江。貴繁，難。府西南百七十里。北：大北山。東：小北山。龍山，北五十里，藤峽右臂也。西：金雞峽。鬱江自横州入縣西南，武思江自廣東合浦來，北流注之。東北流，左受思轍江，寶江自賓州來，東流注之。經治南而東，左受沙江、東津江，右受橫眉江，入桂平。潯州協右營分防汛駐城。東南三塘、西覃塘、西北五山有汛。有五山鎮巡司。通判駐木梓墟，宣統二年廢。水驛二：東津、香江。武宣衝。府西北百九十里。明宣德六年更名，屬象州。順治初，隸柳州府。雍正三年改屬直隸賓州，八年來屬。南：大藤峽。東北：金龍山。西南：仙巖山。柳江緣象州、來賓界，流經縣西北，受古城水，屈曲南流，經治南，勾樓山水西南流注之。又東南，右受古豪江、武賴水，左受陰江、新江水，入桂平。潯州協左營分防汛駐城。南寺村、西南大樟有汛。有縣廓鎮巡司。驛一：仙山。

南寧府：衝，繁，難。左江道治所。左江鎮中左右營、南寧城守營駐防總兵官駐。光緒三十二年，提督由龍州移駐。明洪武元年爲府，領州七，縣三。順治初，因明舊。雍正十年，下雷土州改隸鎮安府。光緒十三年，上思州改隸太平府。東北距省治千十里。廣三百里，袤百五十里。北極高二十二度五十四分。京師偏西七度五十六分。領州二，縣三，土州三。宣化衝，繁，疲，難。倚。明府治，因之。北：高峰山。西北：聖嶺。東北：崑崙山。鬱江即左江，省境西江南岸一大受渠也，上承左、右二江。左江自新寧入，東北流，右江自隆安入，東南流，至合江鎮合流曰鬱江。屈折東流，左受星盈江，經府治南，右受烏水江、八尺江。又東，左受大沖江、伶俐江，入永淳。東八尺江、西三江口、南那曉墟、北宣賓陸路有汛。有八尺寨、三官堡、金城寨、遷隆寨、墰落墟五巡司。驛四：建武、黃花、陵山、大淮。南寧關。商埠，光緒三十二年自開。新寧州 簡。府西百十里。北：青雲山。南：獨秀山。東北：六合山。麗江一曰左江，亦曰定淥江，鬱江南系也，自土江州入，受響水，東北流，右受旺莊河，經治北，左受淥甕水，曰左江，入宣化。左江鎮右營分防汛駐城。隆安 簡。府西北二百八十五里。東：馬王山。東南：金榜、梅龜山。右江自果化北，歸德南東南入，左納塘河水，南，右受佛子溪、曲霞溪，經治北，東南流，綠絳水自萬承來，合羅興江，東北流注之。又東南，南流江亦自武緣來會，折南入宣化。左江鎮左營分防汛駐城。西北有果化卡汛。橫州 衝，繁。府東南二百四十里。東：橫嶺。北：震龍山。東北：定祥山。西北：平天嶺。鬱江自永淳入，東流，右受橫槎江、平南江、鹿江，經治南，東北流，左受清江，右受武流江，折北，古江自永淳東南流注之，東北入貴縣。南寧營分防汛駐城。有大灘巡司。水驛二：烏蠻、川門。永淳 簡。府東二百五里。明屬橫州。順治初，改屬府。東：雷峰嶺。東南：火烟。東北：鎮龍山。鬱江自宣化入，東南流，經治北，東班江自賓州來注之。繞城東南，秋風江自廣東靈山來注之。又東南入橫州。左江鎮中營分防汛駐城。西南：那懷汛。北有武羅、南里鄉二巡司。水驛二：永淳、火烟。土忠州 府西南二百二十里。北：芭仙山。旺莊河出州南，東北流，經治南，折北入新寧，注定淥江。歸德土州 府西北三百二十五里。北：九兒山。右江自上林流經白山南、果化北入，緣界東南流，至馱灣村，入隆安。果化土州 府西北三百六十里。南：青秀山。東南：獨石山。右江為州北界，東南流，經旺墟，右界歸德，入隆安。

太平府：衝，難。太平思順道治所。新太協左營駐防副將駐。明洪武二年為府，領州十七，縣三。順治初，因明舊。雍正三年，置上龍、下龍二土司。七年，廢下龍司，置龍州廳。十年，改思明土府爲土思州，並所屬下石西土州來屬。十一年，改思明州爲寧明州，置明江廳，兼管上石土州事，降直隸江州爲土州，及所屬羅白縣爲土縣，又降思陵、憑祥二直隸爲土州，並來屬，省思城土州入崇善縣。光緒十三年，上思州來屬。十八年，升上思州爲直隸廳。宣統二年，憑祥土司改流官，置憑祥廳。舊隸左江道。光緒十三年，改隸太平思順道。提督駐龍州，督辦邊防。光緒十二年由柳州移駐。二十九年，改置督辦邊防大臣。三十一年廢。以太平思順道辦理邊防事務。自光緒十一年越南淪陷，法人逼處西南一隅，與越南諒山、高平、宣光等省接壤；邊防處處險要。分三路：自鎭南關口及關以內憑祥廳所轄各關前隘爲中路；關以東，自明江廳寧明州暨下石西、思陵土州，至土思州屬派遷山止，所轄各隘爲東路；關以西，自龍州、歸順州卽下凍、下雷土州，至鎭邊縣屬各達村巖峒橋頭止，所轄各隘爲西路。沿邊千八百九十四里，隘卡百五十有六，有防兵二十五營，分紮沿邊對汛及各礮臺。東北距省治千二百八十里。廣五百七十里，袤六百六里。北極高二十二度二十五分。京師偏西八度五十分。領廳二，州四，縣一，土州十六，土縣二，土司一。

崇善 衝，難。倚。明府治，又思城州地。順治初因之。雍正十一年省思城土州入，以縣丞分駐。北：青連。東：將軍。東南：銀山。西北：翠微、馬鞍山。西南：麗江自上龍流經縣西南，左受邏水，東北流，繞治西、南、東三面，納邏水，舊名歸順河，一曰舊縣江，自安平東南流，通利江自養利來注之，又經太平流入縣西北，右受多烈水，注麗江。東北有崩坎汛。有馱盧巡司。

左州 衝。府東北九十五里。南：天燈。東：雲巖。西北：金山。西南：華父山。麗江自崇善緣界，經崇善馱盧司，左受橋龍江，東北入新寧。新大協左營分防汛駐城。驛一：馱林。養利州　難。府西北百四十里。東：武陽山。南：無懷。西：印山。西北：通利江自龍英緣界，東南流入州，西經響水橋，大嶺墟水東北來，至迎恩橋注之，南入崇善。新太協左營分防汛駐城。永康州　難。府東北百八十里。明萬曆二十八年升州，省思同州入，與陀陵縣並屬府。順治初因之。康熙三十八年，陀陵縣倂入州。南：鳳凰山。西南：天馬山。西：呑臼、星遊、月獅、連吸諸嶺。西北：渌俓山，渌俓江所出，一曰綠甕江，屈曲東南流，經治西南，渌零水東流注之，東南入羅陽。新太協左營分防汛駐城。寧明州　衝，難。府西南百二十里。明，思明州。順治初爲土州。康熙五十八年改流官。雍正五年罷知州，以思明府同知兼管州事。十一年，以思明四寨、六團改置寧明州。乾隆元年移治思明土府舊城。東北：風門嶺。西北：龍勝山。西南：伏波山。明江自土思州入，西流，經明江廳西南，交趾河自越南來，左合下石州水注之，西北經治北，曲流三十餘里，入上龍土司會龍江。馗纛營駐防風門嶺。西南羅隘有汛。明江廳　衝，難。府西南百十里。明，思明府又上石西州地。順治初爲思明土府同知。雍正十一年改爲明江理土督捕同知、兼管上石西州事，駐思明土府舊城。北：珠峽。西南：伏波。東北：風門嶺。東南：白馬山。明江自土思州入，屈西，逕明江廳至城東，又西北逕那關山，入上龍。馗纛營分防汛駐城。龍州廳　衝，難。府西百八十里。明，龍州，直隸布政司。順治初來屬。雍正三年罷州，析其地爲上龍司、下龍司，置土巡檢。七年廢下龍司，移太平府通判駐劄。乾隆五十六年改同知。東：獨山。北：軍山。西南：秀嶺。龍江有南北二源：北源曰平定溪，自越南流入廳西北水口關，東南流，經上下凍土州，至治西南，會南源；南源曰豈宜溪，自越南流經廳西南平南關，界憑祥北境，屈東北至治西南，與北源合，東流曰龍江，入上龍。光緒十三年，提督來駐。二十九年，督辦邊防大臣駐。尋廢，提督移駐南寧。有提標中營、龍州城守營駐防。西北：水口關、斗奧隘有汛。龍州關。商埠，光緒十三年法越商務條約開。有東西關礮臺。有鐵路。

憑祥廳 府西南二百三十里。明成化十八年升州，直隸布政司。順治初，爲土州來屬。宣統二年改流官，置撫民同知，併明江同知兼攝之。舊上石土州入焉，並兼轄承審下石土州，仍舊治。東：白石山。南：叫谷山、馬鞍山。龍江南源界廳北境，憑祥水自治南合澗水北流注之，東南入龍州。西南：鎮南關，一曰界首關，越南入境第一門戶也。有左右輔山礮臺。東受降城、北平南關、南由隘南關、西南㕭沙卡有汛。

太平土州 府西北百十里。東：九峰山。東南：龍蟠山。西北：邏水自安平入，右受五橋水，東南入崇善。多烈水亦自安平入，東南流入上龍。

安平土州 府西北百三十七里。南：會仙巖。西南：星山。邏水自下雷入，東南經州署北，左界崇善、思城境，入太平。多烈水自越南流入，經巖崑山南麓，又東南亦入太平。五橋水出州西北要村隘，東南流，經五橋，至太平土州，注邏水。

萬承土州 府東北二百五十里。東北：金童山。西北：蓮花山。西南：雲門、紫洞。綠降水一曰玉帶水，出州西南玉屛山，經州署南，東北入隆安，注右江。

茗盈土州 府西北百七十里。南：岜懷山。東北：觀音巖，澗水出焉，西來一澗水，至州署南合流，曰茗盈水，西南經養利入龍英，注通利江。

全茗土州 府西北百六十里。北：州望山。西北：猛山。通利江自龍英東南流，至仙橋入境，又東南經州署西，合布顯水，屈西南，復入龍英。

龍英土州 府西北二百里。北：筆架山。西南：通山。通利江自都康東流入州，西北，左受寧墟水，東南流，屈西南，經全茗境，復折入州，州署前諸水合穠茗水東流注之，又東南，納茗盈水，入養利。

結倫土州 府西北二百三十里。東：高峙山。東北：陽果嶺。西北：斗牟山。㕭客水出山澗中，流繞州前，南有㕭畢水自都結來，堰水上流也。

結安土州 府西北二百二十里。東：馬鞍山。南：窟井山。北：飛鼠山。西南有堰水，即澗水也，出都結山澗中，流入境，伏而復出，土人堰水灌田，曰堰水。鎮遠土州　府西北三百十里。南：筆架山。西：天馬山。北：揚山。西北：佈腰巖。磨水出東南，入結安。都結土州　府東北三百六十里。北：青雲山。南：觀音山。西：陽果嶺，沛水出焉，曲折東北流，受二小水，東南經州署北曰綠水江，東入隆安。咘畢水一曰澗水，西南流，經結倫，至結安南爲堰水。思陵土州　府西南二百四十里。明，思陵州，直隸布政司。順治初，爲土州來屬。東：天馬山。東北：東陵山。南：角硬山，角硬水所出，東流，右受板邦隘、叫荒隘二水，又東北，折西，經東陵山南麓，又西南，經州署南，入越南。土江州　府南二十五里。明，江州，直隸布政司。順治初，爲土州來屬。南：波巖山。州東：挂榜山。東南：榕樹嶺。麗江自上龍流經州西北，左界崇善境，東北流，屈東南，入左州、新寧界。土思州　府南百二里。明，思明府，直隸布政司。順治初，爲土府來屬。雍正十年改土州，更名，移治伯江哨。西：飛仙巖。西南：摩天嶺。東南：派遷山。明江自遷隆峒入，經州署北，又西入寧明。東有海淵墟汛。驛一：明江。下石西土州　府西南百六十里，明屬思明府。順治初來屬，歸寧明州兼轄。宣統二年，改歸憑祥廳。西北：白樂山。西：獨山。東有一水流合交趾河，東北注明江。上下凍土州　府西二百二十里。南：湖山。北：岜梱山。西南：八峰山。龍江北源自越南入龍州西北轄境，東南流，經州署北，咘局隘水合崀花隘水，東流至州南注之，東入龍州。有龍州營分防汛。羅白土縣　府東南五十里。明屬江州。順治初來屬。東南：龍洞山。西南：羅高山。北：獨龍山。隴水出，西北入江州。羅陽土縣　府東北二百里。東：青龍山。西北：白虎山，一曰白面山。綠甕水自永康流經縣署西南，又東南，沙房墟水合一水東流注之，入新寧。上龍土司　府西百八十里。明，龍州地。雍正三年析置。西北：武德山。北：古甑山，古甑泉出焉，南流經司署，西入龍州。龍江自龍州入司南，東北至三江口會明江。

屈東南流，合邏水，入崇善。多烈水自太平入司東北，亦東南入崇善，注邏水。

上思直隸廳　要。隸左江道。提標上思營駐防。明，上思州，屬南寧府。順治初，因明舊。光緒十三年，改屬太平府。十八年，升爲直隸廳，以南寧府屬之遷隆土司隸之。東北距省治千二百八十里。廣百二十五里，袤七十三里。北極高二十二度十一分。京師偏西八度十三分。領土司一。廳北：望州山。西南：營盤山。十萬大山環列廳東、南、西三面，延袤百餘里，接廣東欽州訖越南祿州界，游匪出沒所也。沿山有八隘。明江出廳西南十萬山中，東北流六十餘里，屈西北，經治南，又西南，平弄隘、平寨隘二水合會遷隆峒、板蒙隘水北流注之，西北入遷隆。遷隆峒土司　廳西七十里。明土巡檢司，屬上思州。順治初因之，與上思並屬南寧府。光緒十八年來屬。北：分界嶺。東南：那馬。明江自廳入，西北逕城東，屈西南入土思州。

鎮安府　難。隸左江道。明洪武二年爲府。順治初，爲土府，隸思恩府。康熙二年，改設流官通判。雍正七年，升爲府，隸右江道，以向武、都康、上映三土州隸之，歸順州改流來屬。十年，思恩府屬之奉議土州，改設流官州判，又南寧府屬之下雷土州並來屬。改隸左江道。乾隆三年，置天保縣爲府治。三十一年，置小鎮安廳。光緒元年，升奉議爲州。十二年，升歸順州爲直隸州，改小鎮安廳爲鎮邊縣，並下雷土州往屬之。東北距省治千六百八十五里。廣百三十里，袤百六十里。北極高二十三度十九分。京師偏西九度四十三分。領州一，縣一，土州三。天保　難。倚。明，鎮安府地。乾隆三年置。北：天保山。東北：扶蘇山。西：鑒山。歸順江一曰湠滽江，自歸順入縣西，伏流，至鑒山前復出，東流經治南，右受馱命江，天保泉自北來注，又東，左受咘來河，右受歸順之武平河，東北入奉議。鎮安協右營分防汛駐城。

奉議州 衝。府東北二百十里。明洪武二十八年改衞，尋復爲州，直隸布政司。嘉靖中，改屬思恩府。順治初爲土州。雍正十年改掌印州判來屬。光緒元年升爲州。東北：獅子山。東南：三齊山。西：大小蓮花山，有蓮花關。右江自百色南流入州，西北折東，經治北。又東北，磺桑河自百色來，隆溪自恩隆來，南流注之。東南流，右受歸順江，左界恩隆入上林。鎮安協左營分防汛駐城。西南：古眉墟汛。東南：作登墟巡司。

向武土州 府東南百六十里。明初屬田州府，尋廢。建文中復置，直隸布政司。順治初，隸思恩府。雍正七年來屬。東南：天台。東北：向陽山，山上有關。西北：上旱山，下有上旱溪，出天保山中，東北流，入奉議。枯榕江一曰大乃溪，出上映州山中，東北曲流合勞溪，經州署西北，又東北入上林。有鎮安協右營分防汛。

都康土州 府東南百九十里。明初沒於夷僚，建文初復置，直隸布政司。康熙三年，改隸思恩府。雍正七年來屬。東：崇山。北：映秀。南：翠屏山。通利江自上映州入，東流，經州署南，左受邕營水，入龍英。

上映土州 府東南百八十五里。明初廢爲峒。萬曆中復置，隸思恩府。順治初因之。雍正七年來屬。南：錦屏山。西：嶔岫山。西南：八字崀。通利江上源爲秀泉，出州西北山中，東南流，經州署南，至仙橋入都康。

歸順直隸州 繁，難。隸太平思順道。鎮安協左營駐防副將駐。明，歸順州，直隸布政司。順治初，爲土州，隸思恩府。雍正七年，改流官，隸鎮安府。乾隆十二年，省湖潤寨土巡檢司入焉。光緒十二年，升爲直隸州，隸太平思順道，改鎮安府屬之小鎮安廳爲鎮邊縣，及下雷土州來屬。東北距省治千八百六十里。廣二百二十里，袤百六十里。北極高二十三度六分。京師偏西九度五十四分。領縣一，土州一。南：獅子。西：嶺衞。西南：叫鵝山。西北：三臺、照陽山。龍潭水出城東北里許，南流經治東，穠黎水出州西北，東南流注之，入越南。穠那水出州西，亦東南入越南。歸順江出西北戍雷墟，武平河出東北小龍潭，並東流入天保。邏水出州東，東南流，左受立崀水，入下雷。西：棨勞墟。南：隴邦、壬莊、頻峒各隘有汛。東南：湖潤寨巡司。鎭邊繁，難。州西北二百三十里。明永樂中分置鎭安土州，屬思恩府，尋廢。乾隆八年設土巡檢。三十一年改流官。通判駐轄曰小鎭安廳，光緒十二年改置縣，更名來屬。北：感馱巖。又北：末山，有水西北流，入雲南土富。勞山，勞水所出，西北流，經治西，合大魁水、弄內水，折東北，伏流復出，亦入土富。德窩水出縣南，東南流，經百合墟。折西南，苟華水、坡芽水、百都水並出縣西南，合流注之，入越南。那摩水自越南入州西南邊境，合坡酬水，復西入越南。鎭安協右營駐防。下雷土州府東南二百二十里。本下雷峒。明萬曆十八年，升爲州，屬南寧府。順治初，因之爲土州。雍正十年，屬鎭安府。光緒十二年來屬。北：天關山。南：地軸山。又南：神農山。邏水一曰西北河，自歸順入州西北，北河自向武來，伏流復出，西南流注之，經署東，又東南，西南河自越南緣界東流注之，入安平。有鎭安營分防汛。

清史稿卷七十四

志四十九

地理二十一

雲南

雲南：禹貢梁州徼外地。清初沿明制，置承宣布政使司，爲雲南省，設巡撫，治雲南府，並設雲貴總督，兩省互駐。康熙元年，改雲南總督，駐曲靖。三年，裁貴州總督併雲南，駐貴陽。二十二年，移駐雲南。雍正五年，定雲貴總督兼轄廣西。十二年，停兼轄廣西。乾隆元年，設雲南總督。十二年，改雲貴總督。光緒中，裁巡撫。領府二十，直隸州一。康熙五年，降北勝直隸州爲州，隸大理。八年，降尋甸府爲州，隸曲靖。三十七年，升北勝州爲永北府，省永寧。雍正三年，改威遠土州爲直隸廳。四年，割四川之東川府來隸。五年，以四川烏蒙、鎮雄二府來隸。六年，降鎮雄爲州，屬烏蒙。東川、鎮雄，元屬雲南，明屬四川。烏蒙，元屬四川，明初屬雲南，後改屬四川。七年置普洱、八年置開化二府。九年，改烏蒙爲昭通府。乾隆三十一年，永北降直隸廳。三十五年，廣西、武定、元江、鎮沅四府降直隸州，景東、蒙化二府皆降直隸廳，省姚安屬楚雄，改鶴慶府爲州，屬麗江。嘉慶二十四年，升騰越州爲直隸廳。道光二年，改分防同知，又改鎮沅直隸州爲直隸廳。光緒十三年，置鎮邊撫夷直隸廳。二十四年，升鎮雄州爲直隸廳。東至廣西泗城；七百五十里。南至交阯界；七百五十里。北至四川會理；四百里。西至天馬關，接緬甸界。二千三百一十里。西南：英領緬甸。光緒中，曾紀澤謀與英勘界，索八募，復我太平江以南漢龍、天馬、虎踞、鐵壁四關侵地，議未決。薛福成繼之，力持前畫。騰越西以伊洛瓦諦江源流爲界，江東野人山地概歸中國，尚可由大盈江之新街入伊洛瓦諦，經阿瓦至仰光海口行輪，又索還故壤二千餘里。及中東事起，俄、法、德居間，後贈法以紅江甌脫及孟俄地，英藉口改薛約，割科干，復許以滇緬鐵路，而邊事日棘，片馬不守矣。廣二千五百一十里，袤一千一百五十里。北極高二十九度三十分至二十一度四十分。京師偏西十度二十九分至十九度十分。宣統三年，編戶一百五十四萬八千一十四，口六百四十萬三千九百三。共領府十四，直隸廳六，直隸州三，廳十二，州二十六，縣四十一；又土府一，土州三，土司十八。驛路：東達貴州普安，東南達廣西百色，西達緬甸八募，西南達緬甸景東。鐵路：滇越。電綫：東北通重慶，西通八募，東南通南寧。

雲南府：衝，繁，疲，難。雲武分巡、糧儲道治所。總督、巡撫，布政、提學、提法三使，鹽法、巡警、勸業各道駐。東北距京師八千二百里。廣三百七十里，袤二百九十八里。北極高二十五度六分。京師偏西十三度三十七分。領州四，縣七。昆明衝，繁，疲，難。倚。城內：五華山、螺山。山有潮音洞，山側有翠湖。東：鸚鵡山。西：太華、聚仙。南：萬德。北：商山。東北：龍泉山。西南：碧雞山。盤龍江自嵩明入，西南流，逕城東，合銀稜河，至縣南，匯爲滇池。滇池一名昆明池，長百二十餘里，縣東諸水入焉，下流折入昆陽州曰海口，卽螳螂川上游。金稜河自城東北松華壩分盤龍口水入滇池。寶象河自嵩明入，西南流，逕城南，亦入滇池。西：碧雞關、高嶢關。東：金馬關。同知一，駐南關。驛二：板橋、滇陽。汛二：昆明、板橋。富民簡。府西北七十里。東：天馬山。西：臥雲、玉屏。南：靈芝。北：法華山。螳螂川自安寧入，納城西北農納水，入武定州祿勸，爲普渡河。大營河出昆明西北山，西流入境，洞溪水來會，西至城北入螳螂川，淸水河從之。宜良衝，繁。府東百二十里。北：萬壽。南：雉山。東：客爭容山，縣鎭山也。西：石燕。東南：駱駝山。西南：鳳凰山。西：大城江，自河陽之楊宗海流入，逕城西北，折東南，分二支，同入大池江。大池江卽八達河，爲南盤江上流。西北有湯池。嵩明州衝，難。府東北百三十里。城內：黃龍山。東：馬頭。西：靈雲、登花。西北：東葛勒山，元梁王結寨地。南：鳳谿、石華山。龍巨河一曰龍濟溪，自尋甸入，南流匯爲嘉利澤，一名楊林海，逕城東南，納楊梅河，對龍河諸水，匯爲澤，周百餘里。東南出河口，折北流入尋甸，爲車洪河、寬郎河、邵甸河，合九十九泉，西南流，會牧養河。又西南，入昆明，爲盤龍江，卽滇池上源也。西南：兔兒關。驛一：楊林。晉寧州繁，難。府南九十里。城內：螺髻山。東：梅溪、五龍。西：石美山，與百花山相望。南：石壁。東南：玉案。西南：石魚山。西有天女城。滇池在州西北，大堡河自新興來會，又西北逕城西，分數道流入滇池。盤龍河源出五龍山，分二派，一西北流入大壩河，一東北流分爲二，一入澂江撫仙湖，一入昆池。呈貢衝，繁。府南四十里。明與歸化同隸晉寧。康熙八年省歸化入焉。北：三台山。東：軍營。南：龍翔。東南：象兔、羅藏山。滇池在縣西南，東撈魚河、南淤泥河、東南梁王河皆匯焉。洛龍河源出城東白龍潭，西流，會黑龍潭，貫城注滇池，南衝河偕清水河從之。南：太平關，臨、澂孔道。安寧州衝，繁。府西七十里。康熙六年省三泊入昆陽。雍正三年又改其地來隸。城內：太極、白華。西北：葱山。東：印山、龍馬。西：羅青。南：天馬山。螳螂川一名安寧河，自昆陽入，北流入富民。鳴蟻河源出龍洞，北流，望洋河，又北資利河，同來會。折東北，至州東南，入螳螂川。有煎鹽水，出岈峻山。有大井、石井、河中、大界、連然等鹽井。驛二：祿表、安寧。羅次簡。府西北百三十里。西：金鳳。北：百花。南：崛峻山、九戊山，易江出焉。東北有苴麼崀裒山，緜亙縣西，兩峰相望。易江北流入祿豐。金水河東北流，納青龍山南北二溪水，又折西北，匯碧城河水、東渠河水，折西亦入祿豐，名星宿江。北：煉象關。祿豐簡。府西北二百十里。西：三次和山，舊名蒙苔縛山。北：象頭、馬頭山。東：姚陵山。星宿江自羅次入，納南河、九渡河諸水，南入易門。易江亦自羅次入縣東境，繞安寧，復折入境，東南入易門。東：老鴉關。驛一：祿豐。昆陽州疲，難。府南百二十里。東：龍泉山。西：月山、珊蒙果山。南：金龜山。北：望州。東南：御屏。西北：葱蒙山。滇池在城東北隅。螳螂川自滇池分三支，西北入安寧。渠濫川逕城東南入滇池。南：鐵鑪關。易門簡。府西南二百五十里。城內：龜山。東：屏山、左右旗山、鼓山。西：象山。東南：虎頭山。星宿江自祿豐入，南流，納太和川水，又南匯大小綠汁河，入丁癸江。南流，易江亦自祿豐入，南流匯上下渠江水，廟兒山水自東來合焉。折西，納獅山水、速末水，合星宿江爲丁癸江，南流入嶍峨。

武定直隸州：隸雲武分巡、糧儲道。明，武定府。領州二，縣一。乾隆三十五年，降爲直隸州，裁府治和曲，降祿勸州爲縣。東南距省治二百四十里。廣三百六十里，袤三百三十九里。北極高二十五度三十二分三十秒。京師偏西十三度五十七分，領縣二。北：甲甸背。西北：猗朵。西：獅子山。北：金沙江自元謀入，左有會川，衞水自四川會理合東安河南流來注。又東流，合大環川，入祿勸。盤龍河源出羅次白花山，爲鳩水河，東北流，至城東，左會鷂鷹河，爲盤龍河，東入祿勸。南：小營關。東南：小甸關。西北：油榨關、龍街關。明只舊、草起二鹽井，今廢。巡司一，駐金沙江岸。元謀 難。州西北九十里。東：定見山。西：翠峯。南：馬頭。北：溫泉、蓮花山。北：金沙江自大姚入，合西溪河，即龍川江下流，自廣通北流入境。又北會南號河、黑占乾河、元馬河、羅又乾河、午茂乾河、鑪頭河，自大姚東流，合爲苴寧河，又北入金沙江。元馬冢，州北二十里。華陽國志謂縣有元馬，日行千里，元馬河以此得名。土人呼馬爲「謀」，縣以此氏焉。東：望城關。祿勸 難。州東北二十里。明，州，乾隆二十五年降。東北：烏蒙山，一名雪山。北：法塊、幸丘。東南：普照山。北：金沙江自州入，東流，勒洟溪、東洟溪自幸丘山合北流入焉。又東納普渡河水，烏龍河自烏蒙山北流注之，又東入東川巧家。普渡河即螳螂川下流，自富民北流入境，納掌鳩河水，北逕雪山入金沙江。西南：雄關。

大理府：衝，繁。迤西道治所。提督駐。順治初，因明制。康熙五年，降北勝直隸州爲州來屬。三十一年，仍直隸。東南距省治八百九十里。廣九百六十里，袤二百二十里。北極高二十五度四十四分。京師偏西十六度十一分。領州四，縣三，長官司一。太和衝，繁。倚。西：點蒼山，高六十里，山椒懸瀑，注爲十八溪，綿亙百餘里，府之鎭山也，西拱縣城如抱弓然。西洱河，亦名洱海，形如月抱珥，亦曰珥河。縣東五里，卽古葉榆澤，源出浪穹北，境內諸水入焉。長百三十里，闊三十九里，下流會樣備江，逕趙州入蒙化。北：上關，亦曰龍首關，又曰石門關。南：下關，亦曰龍尾關。諺曰：「蒼山雪，洱海月，上關花，下關風。」下關貿易極盛，南陬名鎭。趙州衝，繁。府南六十里。東：九龍山，與州西鳳儀山對峙。西：三台山。南：昆彌。東南：龍母。西南：華藏山。大江一名波羅江，有二源，合流而北，逕城南，折東會玉閬泉、烏龍、雙塔諸水，北入洱海。白崖江卽禮社江，上流自雲南縣入，流經白崖，有鼻嵸廠水及赤水江來會，入蒙化。東南：蒿菁關、松花關。南：彌渡市鎭，通判駐。驛二：西嶺、德勝。雲南衝，難。府東南百三十里。明屬趙州。順治初，改隸府。東：飛鳳。西：金龍。南：青華山。北：梁王山，禮社江與一泡江同源于此。一支南流至團山壩，分爲三。其一南流爲溪溝，逕青華山南，入趙州，爲禮社江東源。其二東流，一逕縣南，匯爲青龍海，一逕縣北，匯爲品甸王海，仍歸青龍海，海周四十餘里，灌田利溥。一支北出爲周官步海，合流而南，至雲南縣，折而東北，納你甸河諸水，爲一泡江，入姚州。東北：楚場關。東南：安南關。土主簿駐白岩川。鄧川州疲。府北九十里。東：玉案、雞足。西：象山、彌勒山。東南：鼎勝。南：伏虎。北：天馬山。西北：覆鐘山。羅時江源出鐘山下綠玉池，亦曰西湖，南流逕象山下，又東南至上關。閟地江源出州東北焦石洞，亦曰東湖，南流逕城東，又南至上關，彌苴佉江自浪穹來注之，入洱海。高潤河源出雞足山，北流，羅陋河自鶴慶來會，合爲枯木河，入賓川。東：大把關。驛一：鄧川。浪穹簡。府北百十里。明屬鄧川州。順治初，改屬府。西：鐵甲場山，閟江所出。西南：鳳羽山。黑惠江自劍川入，亦曰白石江，南流逕城西，納諸山溪水，入太和爲樣備江。大營河源出劍川，南流，鳳羽河源出清源洞，北流，並會寧河。寧河源出罷谷山，匯爲茈碧湖，南流，逕城東北，南會大營河，折西，納悶江、鳳羽河二水，曰三江口。又南，逕城東蒲陀崆，爲彌苴佉江，歷鄧川入太和，卽洱海上源也。西：羅坪關。西北：大樹關。東北：一女關。有蒲陀崆、鳳羽鄉、上江嘴、下江嘴巡司四。賓川州難。府東百二十里。西：雞足山。東：鍾英山。北：華蓋、摩尼。東北：赤石岩山。西北：翠屏山。東北：金沙江自鶴慶入，東流，納答旦河、一泡江諸水，入姚州。答旦河一曰六溪河，其源有六，曰鍾良溪、銀溪、石寶溪、寒玉溪、通洱溪、赤龍溪，並自城西東流，又北逕城西北，豐樂溪自盒子孔山來會，亦曰七溪，北流入金沙江。西南：畢羅關。雲龍州繁，難。府西五百里。東：大羅山，明設大羅衞，今廢。西：三崇山。北：清水朗。東北：大雒馬山，與西小雒馬夾河相望。西：瀾滄江自麗江入，納泚江、表村河、松牧溪諸水，南入永昌。怒江、俅江自俅夷境入，逕三崇山，南入永昌。北：太平關。東：新關。有大井鹽課大使。鹽井六：順盪、諾鄧、石門、天耳、山井、師井。十二關長官司府東三百里。本雲南縣楚場地。元置十二關防送千戶所。明置長官司，隸大理，徙一泡江之西。清因之。土官李姓，世襲。東：白沙坡。西：觀音箐。

麗江府：要。隸迤西道。明爲軍民府，領州四，縣一。順治十六年，改土府，省所屬州縣併入。雍正元年設流官。乾隆二十一年，置中甸廳。三十五年，置麗江縣爲府治，改鶴慶府爲州，併所屬劍川州、維西廳來隸。東南距省治一千二百四十里。廣六百七十里，袤九百五十九里。北極高二十六度五十二分。京師偏西十六度二分。領廳二，州二，縣一。麗江疲，難。

倚。明，通安州。乾隆三十六年改今名。西南：老君山，南幹諸山之祖。西北：雪山，一名玉龍。西：花馬；漢藪山，高百仞，上有三湖。西：怒江卽潞江，源出西藏布喀池，自夷境入，南流入雲龍。瀾滄江自維西入，分二，正支西納白水，南流入雲龍，分支爲漾備江，東流納老君山下分江諸水，入劍川。金沙江卽麗水，亦自維西入；納漢藪山橋頭、巨甸諸水，入鶴慶。東：雪山門關。西：石門關。有麗江井鹽課大使。鶴慶州 繁，難。府東南三百五十五里。明，軍民府，領劍川、順州。康熙中，順州省入。乾隆三十六年降州來隸。西南：方丈山，爲南詔十七名山之一。南：半子。北：湯乾。東北：三台山。東：金沙江自麗江入，東南流，合漾共江，一名鶴川，亦自麗江入，納境內諸水，豬爲湖，伏流石穴中三里，南出爲腰江，折東流注金沙江。西南：觀音山河，南流入大理浪穹。南：宣化關。北：印塘關。西南：觀音山關，鶴麗鎭總兵駐。劍川州 衝。府南九十里。明屬鶴慶，今改隸。東：青崖山。南：夜合。西：石鍾山。西北：老君山，與麗江分界。白石江自麗江合分江水緣界入，合磨刀去石河。又東南，大橋頭河亦曰黑惠江，出西北老君山，東南會千木河、螳螂河，至城南爲劍湖，廣六十里，合桃羌河諸水，西南出爲劍川，曲流三折入浪穹。南：大理國望德故城。鹽井二：彌沙、橋後。中甸廳要。府北二百三十里。明，麗江府地。康熙時，吳三桂以其地界達賴喇嘛。雍正五年，來隸鶴慶府，移劍川州州判駐之。乾隆十一年設廳治，隸府。東南：雪山，與麗江雪山接，兩崖壁立，金沙江貫其中，流遶城東南，與維西以江爲界，左合碩多岡河，入麗江。多克楚河、里楚河，並自四川裏塘入，爲無量河，入永北。維西廳 簡。府西北七十里。明末拓元臨西西北吐蕃地爲土府。雍正五年設廳治，隸鶴慶府，通判駐之。乾隆十一年隨鶴慶來隸。雪山東金沙江自四川巴塘入，總文河自巴塘東來注之，折東南，納所楚河水入麗江。瀾滄江亦自巴塘納徐那山水，又南流，永青河水自城東北來注之，入麗江。

楚雄府：衝。隸迤西道。明領州二，縣五。康熙八年，省碍嘉入南安。雍正七年，省定邊改隸蒙化府。乾隆三十五年，裁姚安府，以所轄姚州及大姚縣來隸。東距省治四百二十里。廣三百七十五里，袤五百八十里。北極高二十五度四分。京師偏西十四度四十五分。領州三，縣四。楚雄 衝，繁。倚。城內：雁塔山，卽古金礦山。西：峨峰山。西南：九臺、碧藏山。龍川江自鎮南入，納大石河、青龍河諸水，折東北，合方家河，緣定遠界入廣通。東：平山關。南：雪裏關。呂合一驛。土縣丞駐縣西南。廣通 衝。府東七十里。東：高登山。西：鳳山。南：臥象山，與伏獅山對峙。東北：阿陋雄山，有阿陋井、猴井，俱產鹽。龍川江自定遠入，東北流，納立龍、清風、羅申諸水，北流入元謀，注金沙江。立龍河自北，清風河自東，並入龍川江。有阿陋井鹽課大使。回磴關土巡司。驛二：路田、偛資。定遠 簡。府北百二十里。東：寶華。西：烏龍、雲龍山。東北：諸葛龕峯、寶應山，俱在舊琅鹽井司境。絕頂峰在黑鹽井司境。龍川江自楚雄入，納琅溪、零川、龍溝河、紫甸河諸水，入廣通。縣境產鹽，舊設琅鹽井提舉司，後裁。黑鹽井提舉司駐寶泉鄉。土主簿駐縣西。驛一：新田。南安州 難。府東南五十里。康熙八年省碍嘉縣入。雍正九年設州判駐焉。西南：表羅山。東：健林蒼山。南：茶山。青龍河源出州北，入楚雄。馬龍河源出鎮南，南流，大廠河東南流，二水相合爲禮社江。妥稍關、鵝毛關、會稽關，俱在州南。鎮南州 衝，疲。府西北七十里。東：石鼓、五樓。南：石吠。西：苴力鋪山，白龍河出其下，納清水河、平夷川諸水，與龍川江合流入楚雄。西：白崖江，自姚州緣界入，入南安。北：十八盤山，連廠河出，入姚州。其東紫甸河，入定遠。東南：阿雄關，土巡司駐。

西：鎭南關、鸚鵡關，土州同駐。永寧鄉，土州判駐。驛一：沙橋。姚州繁。府西北二百一十里。明，姚安府。乾隆三十五年裁府，以附郭之姚州改隸。東：白馬山、燕子山。西：赤石、龜祥。東北：妙峰。西北：迴龍、象嶺山。一字水源出黎武山，北流，逕白鹽境，又西北入一泡江。香水河出黎武南麓，西南流，入大姚。蜻蛉河出三窩山，西北流，瀦爲大石硼，北流，納迴龍廠河，折東入大姚。陽派河源出金秀山，北流匯爲陽片湖，又北流，會連場河，同入蜻蛉河。北：白鹽井有提舉司。驛一：普淜，州判駐。土州同駐州西南六十里。大姚簡。府西北三百二里。南：几山。北：方山、龍山。西北：玉屏山。羊蹏江源出城北麼些村，東北流入金沙江。香水河自姚州入，南流入大姚河。大姚河源出鎭南北十八盤山，納蛟龍江、苴郤河、紫丘、濫泥箐諸水，入金沙江。白馬河、臥馬刺河、矣貪河從之。東：黎石關。西：龍門關。有苴郤巡司。

永昌府：要。隸迤西道。明爲軍民府。領州一，縣二，土府一，土州二。順治十六年，鳳溪、施甸二長司省入。乾隆三十年，削「軍民」字。三十五年，置龍陵。嘉慶中，騰越升直隸廳。道光二年降。東距省治一千三百四十五里。廣六百九十里，袤一千一百二十里。北極高二十五度六分。京師偏西十七度四分。領廳二，縣二，土府一，土州二，宣撫司五，安撫司三，長官司二。保山繁，難。倚。城內：太保山，縣以此名。東：哀牢山。西：九隆。南：法寶。西北：怒江，自雲龍入，納西溪、雪山、蒲縹、坪市、八灣諸水，東南入潞江。東北：瀾滄江，自雲龍來，與永平分水，納羅岷北山水、沙木河水，東南入順寧。南甸河，上流爲清水河，有二源，合流而南，郎義河自城北來會，至城東，匯爲青華海。折東南，穿峽口洞出，爲枯柯河，南入灣甸土州。南：蒲關、水眼關。北：甸頭關。東南：老姚關。東北：山塔關。西北：馬面關。施甸、沙木和巡司二。永平簡。府東北百七十里。東：天馬、羅武。西：和丘。北：羅木。西南：博南山、花橋山。銀龍江出東北阿荒山，南流至城東南，納羅木場、曲洞河、花橋河諸水，入順寧，入瀾滄江。東：勝備江，源出羅武山，東南納九渡、雙橋諸水，至蒙化入碧溪江。西南：花橋關。東北：上甸關。龍陵廳 要。府西南二百九十里。明，猛弄司。乾隆三十五年置同知，徙駐。東：怒江，自潞江土司東南流入境，納野豬河、施甸河、邦買、廻環諸水，南流折西，歷孟定土府入緬甸。龍川江緣廳西界，納香柏河、芒市河，西南流，合南歌郎水，逕遮放南入瑞麗江。東：象達關。南：遮放副宣撫司，本隴川宣撫司地，明萬曆十二年以多恭爲副宣撫使，管遮放。今因之。騰越廳 要。迤西道駐。府西三百六十里。騰越鎭總兵駐。明屬永昌府。嘉慶二十五年升直隸廳。道光二年降廳。光緒間，開埠通商。東：高黎貢山，一名崑崙崗，山頂有泉，東入保山，西入騰越，又名分水嶺。北：明光。西：雅烏猛弄。西北：姊妹山。龍川江源出西藏桑楚河，亦曰麓川江，至城東，納曲石江水，折而西，至天馬關入緬甸。大盈江亦曰大車江，源出赤土山，曰馬邑河，西流至城東北，納馬場河、黃坡、緬箐、橋頭、曩拱諸水，南與檳榔江會，有盞達河北流來注，西南逕銅壁關東、鐵壁關北，入蠻募土司，入大金沙江。西：檳榔江，東南流，入干崖土司，會大盈江。東：龍川江關。南：鎭夷關。西：滇灘關。西北：神護關。孟定土府 府東南八百七十里。明，土府。順治初因之。土官罕氏世襲，隸府。北：無量山，跨鎭康、耿馬兩土司界。南丁河，自緬寧入，納無量山水，西南流，納南卡、南路、南們、南底、南滾諸水，西逕府北，折南入阿瓦。怒江自龍陵入，俗名喳哩江，逕府北入緬甸。爲府境之險要。灣甸土州 府東南二百二十里。土官景姓世襲，隸府。西北：高黎貢山。東：孟通山。枯柯河自保山入，南流，姚關水來會，又南至城西北，會鎭康河。鎭康河自鎭康入，左納響水河，右納杜偉山水，北與枯柯河會，合爲南甸河。折西，流入龍陵，注怒江。有黑泉，毒不可涉。北：姚關。鎮康土州府南三百八十里。古石睒黑㹢所。土官刁姓世襲，隸府。東南：烏木龍山。西：無量山，卽蒙樂山。鎮康河有二源，一出烏木龍山北麓，西北流，一出無量山北麓，東北流，合爲烏木龍河，逕城西南，怕紅河來會，爲鎮康河，折北逕城西，入灣甸。南：昔剌寨。西南：控尾寨。潞江安撫司隸府。府西南百三十五里。明，柔遠府，旋改潞江長官司。永樂九年升安撫司。順治初因之。土官線氏世襲。東：雷弄山。南：掌元山、高崙山。潞江自保山入，南流入龍陵。南：何坡寨。西南：景罕寨。東南：細甸。皆蠻酋結寨處。南：全勝關。孟連長官司隸府。在廳南。古名哈瓦。明永樂四年置長官司，直隸雲南都司。嘉靖中裁。萬曆十三年復置。順治初因之，屬永昌。乾隆二十九年改屬順寧。光緒二十年還屬。東北：孟連河，東南流入阿瓦。南甸宣撫司隸騰越廳。廳南七十里。明置南甸府，屬騰衝，旋改州。正統八年升宣撫司，直隸布政司。順治初因之，改隸騰越。土司刁氏世襲。東：丙弄蠻干山，土酋世居其上。南：沙木籠山。西南：牙山，延袤百餘里，山泉流入南牙江。南牙江一名小梁河，卽大盈江上流，納猛送水，西入干崖。干崖宣撫司隸騰越廳。廳西南百二十里。明置府，屬麓川平緬司。永樂元年析置長官司。正統九年升宣撫司，直隸布政司。順治初因之，改隸騰越。土官刁氏世襲。東：雲籠山，雲籠河出焉。南：雲晃山。西：剌朋山布嶺。北：白蓮山，土官居之。大盈江自南甸入，名安樂河，西逕司北，與檳榔江會，又西南入盞達。盞達副宣撫司隸騰越廳。廳西南百四十里。本干崖地。明正統中置。萬曆中爲緬據。順治中復置。嘉慶二十四年隸騰越。土官刁氏世襲。北：盞達山，盞達河出焉，西南會曩送河入檳榔江。檳榔江自干崖入，逕司東南境，西南流入隴撒。隴川宣撫司隸騰越廳。廳西南百四十里。明置麓川平緬軍民宣撫司。正統十一年改置，治隴把，與干崖、南甸稱爲三宣撫，後入于緬。順治初復置，隸騰越。土官多氏世襲。有摩犁、孔明、寄箭、羅木諸山。東：龍川江，亦曰麓川江，自芒市入，西南流入遮放。西北爲大金沙江。

芒市安撫司 隸騰越廳。廳東南四十里。古爲怒謀、大枯睒、小枯睒之地。明，芒市府。正統九年改置長官司，直隸布政司，後升安撫。順治初因之，改隸騰越。土司放氏。西南：青石山，峭拔萬仞，夷砦居之。芒市河源出司西北境，西南流入遮放。

猛卯安撫司 隸騰越廳。廳西南百四十里。本木邦地。明析置蠻莫宣撫司。萬曆三十年，改土酋長。順治初復置。十六年改今名。土司思姓。司治後蠻哈山，山如象鼻。北：等練山，山有等練城，又有雷哈、打線諸地，皆司境險要。東：龍川江自遮放入，納硔頂河、蠻膾河諸水，又西南出漢龍、天馬關間，又西入緬甸。又西南，那莫江，下流入大金沙江。

戶撒長官司 隸騰越廳。廳西南百九十里。本莪昌夷地。明置土司。雍正二年裁。乾隆三十一年復置。

臘撒長官司 隸騰越廳。廳西南二百二十里。與戶撒同時置。西北：檳榔江自盞達入，西南流入緬甸。

順寧府：繁，難。隸迤西道。明，順寧府，領州一。順治初，沿明制。乾隆十二年，升猛緬長官司爲緬寧廳。三十五年，置順寧縣爲府治。東距省治一千二百里。廣三百四十里，袤六百九十里。北極高二十四度三十六分。京師偏西十六度二十二分。領廳一，州一，縣一，宣撫司一。

順寧 要。倚。東：東山、九龍。西：旗山。南：曇花、把邊、瓊岳。北：皷山、傒山、墨玉、阿魯司泥、赤龜。東南：猛蝶者石山。西南：西粵山，山下有瓊英洞。北：黑惠江，一名碧雞江，即樣濞江，自蒙化入，南流，繞津山東麓，合瀾滄江。瀾滄江自保山入，東南流，合高梘槽河、三苔箐水，會黑惠江，入雲州。順甸河、順寧河合流從之。阿鐸河源出阿鐸山，南流入緬寧，注猛緬河。南：把邊關。西南：等賸關。縣西北：望城關、金馬關。府經歷駐縣西北右甸。**緬寧廳** 要。府南三百里。明，猛緬長官司，隸雲州。乾隆十二年，置廳隸府，兼大猛撒之地，亦稱三猛。西南：梳頭山。東：銀錠、翠屏、天喜、接天。西：高嵐。南：鳳凰山、烏龍山，北對松猢猻山。瀾滄江自景東入，逕廳東南入鎮邊。猛緬河，即南丁河上游，源出廳南猛準之分水嶺，折東北，納雲州小河水及四十八道水，又西至猛賴南，爲猛賴河，入孟定。南：分水嶺關。西：箐口關。北：錫蒲關。南：猛猛土巡司。**雲州** 要。府東三十里。東北：無量山，卽蒙樂山，東：阿輪山，層峯叠巘，四時蒼翠。西：蠻賴山，多竹。北：八剌、天馬。南：猛卯、蠻彌山。瀾滄江自順寧入，合順寧河，東逕州南，猛郎河、猛痳河注焉。又東入景東。南有永鎮關。小河水細流支分，凡四十八道，西南猛賴、西溪水，俱流入緬寧，注猛緬河。南：永鎮關，大猛痳土巡司駐。**耿馬宣撫司** 府西南二百五十三里。古蠻地。本屬孟定土府。明萬曆十三年，析孟定地置安撫司，旋升宣撫司，以喳哩江爲界，北距孟定百里。順治中，罕悶括投誠，仍授宣撫司，世襲，隸永昌。乾隆二十九年改隸順寧。西：三尖山、養馬山。西南：們河源山。西北：南路河源山。北：耿馬河源山。南：們河西流，南路河北流，並入孟定。耿馬河南流，合南別河入鎮邊，卽辣蒜江上源也。

永北直隸廳：繁，疲，難。隸迤西道。明，北勝州，隸鶴慶府，與瀾滄衞同治。康熙五年，降爲屬州，隸大理。二十六年，省衞入州。三十一年，復爲直隸州。三十七年，升永北府，以永寧土府隸之。三十八年，又以鶴慶府屬故順州地入焉。乾隆三十五年，改直隸廳。光緒三十四年，以廳屬之華榮莊經歷改設知縣，仍隸廳。東南距省治一千四百里。廣四百七十五里，袤八百二十里。北極高二十六度四十三分。京師偏西十五度三十一分。領縣一，土府一，土州一。東：壺山、阿剌山。東南：大坡難嶺，高二萬餘丈，巔有龍湫。西：三刀山、伏虎山。西南：瀾滄山，衞、驛皆以此得名。西北：太保山，一曰近屯東山，下有九龍潭。其西爲近屯西山，下有草海。西：金沙江自鶴慶入，緣廳西南入大姚。無量河自中甸入，納走馬河、觀音河、他留河、洮那河、三渡河諸水，南入金沙江。經歷司二，一駐舊衙坪，一駐華榮莊。今改縣知事一，駐金沙。順州土州同在廳西百二十里。西：西山關。南：南山關。北：北山關。華坪縣 廳□□里，本名華榮莊，舊設經歷於此。光緒三十四年，雲貴總督錫良奏改縣，即以莊爲縣治。永寧土府 廳北四百五十里。明屬鶴慶，尋升爲府。土官阿姓。領長官司四，今屬廳。北：卜兀山、剌不。東南：甲母。東北：六捏山。打沖河源出府南；北流爲三岔河，又北至府東南，爲勒基河，又北至府東南，納瀘沽湖水，東入四川，注鴉礱江。瀘沽湖在府東三十里，中有三島，周二十五里，東北流，入打沖河。蒗蕖土州 廳北百八十里。明屬鶴慶，尋廢。順治初，土官阿化投誠，未授職。康熙三十一年改土官爲土舍。道光十九年復設土州，仍以阿氏襲。西南：綿綿山，麥架河出，亦曰蒗蕖水，折東北爲空開河，納別別河、鹽井河入鴉礱江。走馬河源出東南倮儸關，西南流，入永北廳。羅易江自州北流，入永寧瀘沽湖。

蒙化直隸廳：要。隸迤西道。明，蒙化府。康熙四年，置流官，設掌印同知。雍正七年，省楚雄府之定邊入之。乾隆三十五年，改直隸廳。東距省治八百二十里。廣二百里，袤二百九十五里。北極高二十五度十九分。京師偏西十五度五十七分。明，蒙化故衞。康熙六年裁。西：文華、屯庫、交椅、金牛。南：甸尾。北：蒙舍山、天耳山一名甸頭山、石母山。東南：玉屏山、螺盤山、月牙山。西南：五印山。西北：巄岈圖山。西南：瀾滄江自永昌入，南入順寧。西北：漾濞江自太和入，緣廳西流入順寧。禮社江有二源：東源曰白崖瞼江，東自趙州入，納毘雄江水，東南流；西源曰陽江，西北自花判山南流，納盟石河、教場河、錦溪、五道河、定邊河、窩接河諸水，東南與白崖瞼江會，曰禮社江，東南流，入南安。阿集左河，即把邊江上流，東南流，納虎街、牛街、安定河諸水，南入景東。諸始河納七溪諸水，西南流，入順寧。東：隆慶關。東南：白普關。巡司三：一駐南澗，即廢定邊城；一駐瀾滄江；一駐漾濞江。鎭一：迷渡。

景東直隸廳：繁，疲，難。隸迤西道。明，景東府。康熙四年，置流官，設掌印同知。乾隆三十五年，改直隸廳。東北距省治一千一百七十五里。廣三百四十里，袤四百二十里。北極高二十四度二十九分三十秒。京師偏西十五度三十一分。治後玉屏山。東：鳳山，舊土官陶姓世居。西：無量山，即蒙樂山，連亙三百餘里，與蒙化、雲州、緬寧、鎭邊接界，即禹貢梁州蒙山也。南：錦屏、孔雀、南鯨。北：鶴籠山。東南：瑞霞。西北：景董山，明建景東衞城于上。西南：瀾滄江，自蒙化入，緣廳西界入鎭邊。江上漢永平中建蘭津橋，兩岸峭壁，鎔鐵繫南北，古稱巨險。把邊江一名中川河，東南流入鎭沅。又猛統河、者干河，均南流入鎭沅。景谷河南流入威遠。鹽井四：在廳南者曰磨臘、磨外，在廳西者曰大井、小井。南：景蘭關、母瓜關。北：安定關。西北：保甸土司，明宣德中建，土官陶姓，世襲巡司。北：三岔河土司，明弘治中建，土官楊姓，世襲巡司。東北：板橋驛，土官阿姓，世襲驛丞。有猛統巡司一。

曲靖府：衝，繁，疲，難。迤東道治所。明，曲靖府，領州四，縣二。康熙八年，省亦佐入羅平，又降尋甸府爲州來隸。三十四年，改舊平彝衞爲平彝縣來隸。雍正五年，析霑益州地置宣威州。西南距省治三百里。廣三百九十里，袤六百二十里。北極高二十五度三十三分。京師偏西十二度三十九分。領州六，縣二。

南寧 衝，繁。倚。東：青龍、白水、關山。西：勝峰。南：石寶、觀音。北：龍華山。東南：湯池、蓮花、楊梅、瀟湘。交河自霑益入，納南、北河水，逕縣北，合白石江，折南，瀟湘江自馬龍入，西南入陸涼。東：東海子、黑龍潭，均資灌溉。白水關驛丞兼巡司，裁，移白崖巡司駐。南寧一驛。

霑益州 衝，難。府北三十里。康熙二十六年裁平彝衞，分境屯賦併州。三十五年仍改歸平彝。雍正五年分置宣威州。北：花山洞，交河出，卽冰經溫水，南盤江上源也，東南流，逕州東北，納玉光溪、沙河、阿幢河諸水，入南寧。別有盤江，自貴州畢節入，繞州北境，仍入貴州南安。南：松韶關、阿幢橋關。有炎松巡司一。驛二：松林、炎方。

陸涼州 疲，難。府南百二十里。明置陸涼衞。康熙六年裁衞入州。東：丘雄山、平山。西：老鴉、月研、鐵山、桃花山。南：終南山、天馬山。交河卽南盤上流，自南寧入，納板橋河、關上河、乾沖河，匯爲中埏澤，折西流，納大龍潭水，又西合西山大河、鋪上河，入宜良，爲大池江。東北：陸涼湖，與中埏澤相連，周百餘里。南：大生關。西：木容關。北：石嘴頭關。驛一：普陀。

羅平州 難。府東南二百七十里。東：金鷄、雲峰、淑龍。西：天目、月濤。南：五台、碧泉。北：安樂山、祿南山。黃泥河自貴州普安入，緣平彝界注塊澤河。復入，右合恩勤河，逕州東南。西：樓革江自師寶入，右會魯沂河，逕城北注之，至江底。八達河會西源交河入貴州興義，九龍河從之。板橋、偏山、大水井、恩勤諸汛。

馬龍州 衝，難。府西南五十里。西：楊唐山，一名關索嶺，上有夷關。又木容、華蓋、龍鼎、羅仵侯、中和諸山。瀟湘江源出木容山，東北合流爲龍潭河，又西南爲白蟒河，折西入尋甸。

嚮水河出州東北，東流會札海子水，東入南寧爲白石江。東：三叉口關。西南：分水嶺關。驛一。尋甸州衝，繁。府西百三十里。明，尋甸府。康熙八年降州來隸。東：哇山、中和山、小關索嶺。西：三稜山，山有九十九泉。南：石龍、梁王。北：珀璠山。車湖源出花箐哨山，會北山諸水瀦爲湖，一名清水海，周數十里，北入會澤界爲小江。龍洞，州北，三龍泉，州西，咸利灌溉。車洪河自嵩明入，亦曰尋川河，納歸龍河、玉帶河、螳螂河諸水，爲阿交合溪，又東北入會澤。果馬溪源出果馬山，南流合花箐哨水，入嵩明爲龍巨河。東南：木密關。北：八叉關。有易古巡司。驛一：易龍。平彝衝，繁，難。府東北九十里。明，平夷衞。康熙二十六年省衞入霑益州。三十四年改平彝。東：鑾崗山、旱威山。南：宗孟山。北：蒙洞山。塊澤河自霑益入，東流爲嚮水河，又東至城西爲十里河，又南納貴州普安明月所水，南入羅平。東：豫順關、宣威關。北：分山關。驛一：多羅。宣威州疲，難。府北二百三十里。明，霑益州。順治十六年移州治于交水。雍正五年析霑益州新化里至高坡頂置。東：宣威嶺。北：獅山、斗山、光山、馬鞍、鷓鴣。東南：木宗山。車洪江自尋甸入，納赤水河、西澤河水，北入會澤。可渡河自貴州威寧入，有二源，合爲瓦岔河，會得吉河、阜衞河諸水，東北流入貴州，即北盤江上流。宛溫水源出州南東屯，北流，納州西境諸水，入可渡河。可渡關在焉，巡司駐此。驛一：儻塘。

東川府要。隸迤東道。明，東川府，尋改隸四川。康熙三十八年，設流官。雍正四年，改隸雲南。五年，置會澤縣，治巧家汛。六年，移縣附郭。嘉慶十九年，設分防巧家同知。南距省治五百九十五里。廣五百里，袤四百二十里。北極高二十六度二十一分四十一秒。京師偏西十三度一分。領廳一，縣一。會澤要。倚。西：天馬、雲弄、納雄。北：青龍山，山有青龍洞。西南：絳雲露山，盤亙七十餘里，接祿勸界。車洪江一名牛欄江，自宣威緣界入，納沙河、小河，流逕貴州威寧，折西北入巧家。小江自尋甸入，爲阿汪河，納花溝、普翅諸水，逕碧谷壩爲碧谷江，北流入巧家。以禮河源出縣南野馬川，東北納麥則、夷溪諸水，環府治，歧數支，仍同流入巧家。頭道河源出縣東犀牛塘，西北流入巧家。西南：者海一巡司。巧家廳 要。府北二百四十里。雍正四年置會澤縣，治此。六年移縣附郭。嘉慶十九年析會澤縣地置。東：堂琅山，水經注所謂「羊腸繩屈，八十餘里」，即此。西：凹拙。北：大樂。東北：大涼山。西北：歸化山。西：金沙江自祿勸入，納四川會通河水，又東流，納會澤以禮河、牛欄江及境內木期古水、木期古北水，東北入魯甸。牛欄江西流，與魯甸分水，納頭道河水，並入金沙江。木期古土千戶，乾隆三十一年設，祿氏世襲。

昭通府：最要。明，烏蒙府。尋改隸四川。雍正五年，改隸雲南。六年，設流官，置恩安、永善兩縣，降鎮雄府爲州，並屬府。九年，改今名。光緒三十四年，析永善之副官村置靖江縣，仍升鎮雄爲直隸州。東南距省治九百二十里。廣五百五十里，袤六百三十里。北極高二十七度二十分。京師偏西十二度三十六分三十秒。領廳二，縣二。恩安 繁，難。倚。明屬烏蒙府。雍正六年置。東：寶山、我未山。東南：朴窩。西南：博特。東北：撒途。西北：九龍山。金沙江自魯甸入，北流入永善。擦拉河自魯甸入，東北流，會普五寨水、淄泥河、八仙海水，瀦爲湖。又東流入大關。大關廳 最要。府北百八十里。雍正六年設大關通判。九年設府同知，駐此，移通判駐魯甸。西：犄角山。北：雞爪山、梨山。東南：雪山。西南：龍聚山。灑魚河自恩安入，會大關河，北流，逕鹽井渡，會永善河，又北流爲大紋溪，入四川慶符。東北：角魁河自鎮雄入，西北流，入大紋溪。西南：豆沙關。北：鹽井渡巡司。魯甸廳　簡。府西南四十里。雍正九年置，移大關通判駐此。北：魯甸山，廳以此名。南：樂馬廠山、大黑山。北：大小涼山，山峰危聳。金沙江自巧家入，北流，逕廳西南入恩安。牛欄江自貴州威寧入，西北流，至廳南入金沙江。擦拉河源出大黑山，東北流，會馬鹿溝水，入恩安。灑魚河源出大涼山，東流，納居樂河水，入恩安。靖江　舊爲永善縣境副官村，縣丞駐此。光緒三十四年改縣隸府。北：巴布梁山，蠻酋居之，廣千里，袤二百餘里。東北：龍頭山，森林繁茂，鑛產極盛。

鎭雄直隸州：最要。隸迤東道。明，鎭雄府，隸四川。雍正五年，改隸雲南。六年，降爲州，屬昭通府。光緒三十四年，升直隸州。廣、袤、北極偏度，闕。東：鳳翅、黃甲。西：九龍、沙吶。南：竹雞山、硌砌雄山。北：烏通山。白水江自貴州威寧入，名八匡河，會九股水、黃水河、小溪河，逕牛街西北，入四川筠連，爲定川溪。角魁河亦自威寧入，爲洛澤河，又西北，納龍塘、威洛河諸水，西北入大關。黑墩河西北流入四川筠連。洛甸河東流入四川永寧。苴蚪河，東南流入貴州威寧。彝良，州同；威信，州判、知事駐。西北：牛街。母亨巡司一。鹽井二。

澂江府：繁，難。隸迤東道。明，澂江府，領州二，縣三。康熙八年，省陽宗入河陽。西北距省治百二十里。廣二百三十六里，袤百七十五里。北極高二十四度四十二分。京師偏西十三度二十七分。領州二，縣二。河陽　衝，繁。倚。康熙八年，省陽宗縣入焉。東：雲龍山。西：虎山。北：羅藏。東南：赦人、天馬。東北：碌碌山。明湖一名陽宗湖，周七十餘里，合錦溪、日角溪、七古泉諸水瀦爲湖，北入宜良，爲大成江。南：撫仙湖，一名羅伽湖，周三百餘里，東入鐵池河，東流入路南。東北：玗扎溪，一名東大河，合鏡莊、北坡二泉，西南入撫仙湖。羅藏溪、立馬溪、石澗溪、西浦泉諸水並從之。東北有東關、中關、西關。江川衝，繁。府東南九十里。東：海瀛山，一名孤山，特立撫仙湖中。北：屈顙顚山，上有泉，三派分流，西入滇池，東入撫仙湖，南入星雲湖。星雲湖納上河、中河、下河諸水，周八十餘里，東由海門入河陽，匯爲撫仙湖。兩湖相通，中有界魚石。北：關索嶺關。驛一：江川。新興州繁。府南百二十里。東：連珠。西：馬拖羅山。南：玉乞山、研和東山。北：金蓮、落伽、臥牛。大溪自江川入，會香柏河、撒喇河，又西納羅壢溪、羅木箐二水，至州西北爲玉溪。玉溪河自江川入，納西河、窰溝水、牟溪、黑龍潭，又西會甸苴河、良江河、淸水河諸水，南入嶍峨，卽曲江上流也。北：剌桐關。路南州衝，繁。城內：鹿阜山。東南：遮口山。南：紫玉、香花。西南：竹子山，峯高千仞。大池江，卽鐵池河上流，自陸涼西流入，逕州北境，納小河水入宜良，復自河陽流入州西南境，繞竹子山三面，納巴盤江水爲鐵池河，又南納撫仙湖諸水入寧州。東南：革泥關。驛一：和摩。

廣西直隸州：衝，繁，難。隸迤東道。明，廣西府，領州三。康熙八年，省維摩州，改置三鄉縣。九年，省入師宗。雍正九年，設師宗州，州同駐舊維摩州之丘北。乾隆三十五年，降府爲直隸州，降師宗、彌勒爲縣，降丘北同知爲縣丞。道光二十年，升丘北縣丞爲縣。西北距省治四百里。廣六百三十里，袤三百一十里。北極高二十四度三十九分。京師偏西十二度三十八分。領縣三。東：靈龜山，下有矣邦池。南：文筆。北：騎鶴。西：阿盧山，山洞深邃，洞泉流入西溪，逕城西與東溪合，入矣邦池。池一名龍甸海，中有島，周三十餘里，又東南匯爲支酺，又南，伏流入盤江。盤江一名南盤江，自彌勒入，東北流，逕五嶆，入丘北。巴甸河，一名巴盤江，一名潘江，南流入彌勒。五嶆，州判駐白馬嶆。師宗難。州北八十里。明，師宗州。乾隆三十五年改縣。東：恩容山。西：通元洞。南：塊卯。北：鎖北門山。盤江自丘北入，流逕縣西，與廣西西林縣分水，五羅河水南來注之，東北流入羅平。師宗水北流至縣東南，有水自落龍洞北流來會，又北至大河口，通元洞水南流折東來會，又北入羅平，注蛇場河。彌勒衝，繁。州西九十里。明，彌勒州。乾隆三十五年改縣。東：盤江山。西：阿欲部山。南：部籠山。北：陀峨。西南：十八寨山，山箐連屬。盤江自阿迷入，逕盤江山南，納石穴中濁水，名混水江，又東北入州界。巴甸河自州南入，爲瀑布河，納赤甸泉、白馬河、山金河、阿欲泉、竹園村、龍潭諸水，西南入盤江。北：革泥關。西南：湼沼關。有竹園村一巡司。丘北要。州東南二百九十里。明，維摩州地。康熙八年改置三鄉縣。九年省，設州同駐此。乾隆三十五年改州同爲縣丞。道光二十年改縣。北：革龍山。西：盤籠。南：石龍。盤江自州境入，納清水河，東北流入師宗。驛一：任城。

臨安府：繁，疲，難。隸臨安開廣道。明，臨安府，領州五，縣五。康熙五年，省新化入新平。雍正十年，改新平屬元江。乾隆三十五年，降建水爲縣。北距省治四百三十里。廣五百七十里，袤四百八十里。北極高二十三度四十分。京師偏西十三度二十三分。領州三，縣五。建水疲，難。倚。明，建水州。乾隆三十五年改縣。東：石巖山，一名蒙山，山有水雲、南明、萬象三洞。西：馬鞍山。南：煥文山、五老峰。北：迴龍山、晴山。東南：矣和波山。西南有猛屏、曲通山。瀘江自石屏入，納黃龍潭、白沙江、象沖河、塌沖河水，伏流閣洞中，東出爲樂蒙河，入阿迷。禮社江自石屏入，逕虧容土司境，東南入蒙自。曲江自通海入，納狗街汛、羚羊河水，西入蒙自。黑江自思茅緣界納茨通壩、猛蚌諸水，南流入交趾。臨元鎮總兵駐此。猛丁縣，西南百六十里。光緒十六年，改土歸流，設府經歷。北：曲江巡司一。南：納更土巡司一。西南：納樓有中場、鵝黃、摩訶三鑛。長官司一，光緒九年裁。西南：虧容長官司一，阿氏世襲。西北：大關。東北：箐口關。驛一：曲江。石屏州 難。府西八十里。南：石屏山，州以此得名。又南：鍾秀。東：迴龍山。北：集英、乾陽。西南：左能、思陀。東南：五爪山。瀘江源出州西寶秀湖，周三十里，夾城東流，匯爲異龍湖，周百五十里，中有三島。東流入建水爲瀘江，即盤江最遠之一源也。北河納白花竜、昌明諸水，西流過龜樞，奔洪爲龜樞河，折南流，爲三百八渡河，有州南南河納五塘、彌勒溝諸水，西流來會，又南入禮社江。禮社江自元江流入西南土司境。清水河、南鼎河諸水東南流入建水。西：寶秀關，巡司一，乾隆二十年裁。西南：落恐長官司一，土官陳姓世襲。西南：左能長官司一，土官吳氏世襲。思陀長官司一，土司李氏世襲。南：瓦渣、溪處土官各一，康熙四年省，尋復置。驛一：寶秀。阿迷州 衝，繁。府東南百二十里。東：東山、水城山，周圍渚澤。西：日沖、漾田。南：南洞山。東南：雷公。西南：萬象洞山。北：火山，東北有火井。樂榮河卽瀘江，自萬象洞伏流，東出，繞漾田山麓，至燕子洞又伏流，東出，納東山水，折東北入盤江。盤江自寧州入，南流，至州東北會瀘江水，入彌勒。清水河自蒙自入，至氷泉山入樂榮河。白期河出祿豐鄉，東南流，入文山。東：東山關。西：阿寶關。寧州 衝，繁。府東北二百五十里。東：陽暮山。西：丹鳳山。南：雙獅山。北：華蓋山。東南：登樓山，山頂有池，方百步。婆兮江，卽鐵池河，自建水入，會于婆兮甸，又東南會曲江。曲江自通海入，納瓜水，東流入阿迷，爲盤江。撫仙湖、星雲湖俱北與河陽分界。杞麓湖西南與通海分界。西北：甸苴關。通海 難。府東北百五十里。東：東華。西：西華。南：秀山，一名螺峰。北：梅山。西南：黃龍。東北：靈寶。曲江自河西入，納東山、龍泉、六村河諸水，東入寧州。杞麓湖一名通海，周百五十里，白馬溝、秀山溝、黃龍山諸水皆入焉，與河西湖中分界，與寧州湖邊分界。東：寧海關。南：建通關。驛一：通海。河西 簡。府西北百八十里。東：碌溪山。西：普應、佛光、仙人洞山。南：茶山、九街子。北：琉璃山、夾雄山、碧山、黃草壩山。曲江上流為合流江，自嶍峨入，亦曰碌碌河，逕縣西，納舍郎河水，東入通海，為曲江。杞麓湖源出碌溪山，凡跨三邑，周百五十里，北：曲陀關。嶍峨 難。府西北二百六十里。東：登雲山。西：老魯關、五鳳。西北：勝郎。東北：嶍山，其後峨山，縣以此得名。曲江自新興入，亦曰猊江，逕縣北會練江。練江源出勝郎山，流逕石屏，名龍車河，東北會於猊江，為合流江，入河西。丁癸江自易門入，西南至新平入禮社江，即元江上流也。西北：伽羅關。西：老魯關、興衣關。蒙自 繁，難。府東南百五十里。東：大小雲龍山。西：目則山，即蒙自山，縣以是名。南：天馬山。東南：屏風。西南：麒麟。禮社江自建水入，為梨花江，納蠻迷渡、蠻提渡、個舊廠諸水，又東至蠻板渡，納稿吾卡水，又東南至蠻耗汛，入文山。東北：長橋海，源出縣西大屯壩，曰矣波海，南流逕新安所，有法果泉、學海逕縣南來會，下流合白期河，為三岔河，又南流，與紅河會於河口，為中、法通商要口。新安所在城西南十五里。南：蓮花灘，入越南大道。光緒間開埠通商，設臨安開廣道，有稅關，移臨元鎮總兵同駐此。東南：石馬腳關。西：箐江關。西南：楊柳口關、大窩關。南有打巫白箐，又南至江滸，地名矣客母，渡江為勒古箐地，路通交趾。光緒間設府同知，駐個舊。

廣南府：要。隸臨安開廣道。明，廣南府。順治十八年，改流官。康熙八年，省廣西府之維摩州，以其地來隸。乾隆元年，設寶寧縣為府治。西北距省治八百五十里。廣七百二十里，袤四百三十里。北極高二十四度十四分。京師偏西十一度二十二分。領縣一，州一。寶

寧　要。倚。乾隆元年置。東：零雨山。南：麻卯、僻令。東南：寶月關山。西北：速部、板郎、木主三山，山各一泉，爲西洋江源，東南流入富州。馬別河自文山入，納者種河諸水，北入師宗。普梅河自文山入，爲籐條江，東南入交趾。西北有寶寧溪，縣以此得名。東：寶月關。南：普廳塘，府經歷駐。土富州　府東南二百六十里。土同知儂氏世襲。光緒間設通判。城內：翠嶺。西：祛丕山。西北：花架、玉泉。西北：西安山，山洞深邃。西洋江自寶寧入，折東北，錯入廣西西林界，右合剝江，左郎河水，仍入廣西百色廳。西南：普梅河，自文山入，爲木奔江，入越南，左賴河從之。東：剝隘鎮。

開化府：最要。隸臨安開廣道。總兵駐。明，教化、王弄、安南三長官司，屬臨安府。康熙六年，改流設府。八年，省廣西府維摩州，分其地來隸。雍正六年，命侍郎杭奕祿、學士任蘭枝賜交阯鉛廠河內地四十里，以馬白賭呪河下流爲界。八年，置文山縣爲府治。嘉慶二十五年，改馬白關同知爲安平廳，仍屬府。西北距省治七百五十里。廣一千一百四十五里，袤四百二十五里。北極高二十三度二十一分。京師偏西十二度九分。領廳一，縣一。文山　要。倚。雍正八年省通判經歷置。東：東文山，縣以此得名。西：秀石、蓑衣。北：鳳虎山。西南：西華山，層巒叠嶂，連絡如屏，橫列三十六峰。教化廢長官司治在焉。西南：紅河，即禮社江下流，自蒙自入，左新現河、右龍膊河注之，東南流入安平。白期河，一名三岔河，自蒙自流入，有那木果河注之，南流入安平界。開化大河源出縣西白龍潭，北流，匯六十五潭水，至烏期石洞出，爲烏期河，折東南流，爲盤龍河，伏流，至府東北復出，經府東，折而南，至天生橋汛，伏流出安平。北馬別河，東普梅河，並入寶寧。南：洪衣關、大窩關。縣丞駐江那。安平廳　要。府南百三十里。明，安南長官司地，屬臨安府。康熙四年，長官司王朔作亂，討平之。六年，改屬府。嘉慶二十五年改廳，並析文山縣之東安、逢春、永平三里地屬之，仍附郭。道光三年移今治。西：天洞山，頂有石洞，瀑布飛流。西南：阿得山，綿亙無際。紅河自文山入，西南至河口汛，與白期水會。白期河自文山入，納吉林箐諸水，與紅河會，入交阯。盤龍河自文山入，南流至交阯城汛，有牛羊河來會，又東南，納左右數小水，入交阯。普梅河自寶寧入，一名那樓江，仍南流入寶寧。攀枝花河，廳西，下流爲壩不河。南：馬白河、歸仁里二小水，均西南流入盤龍河。南：馬白關。

鎭沅直隸廳：最要。隸迤南道。明，鎭沅府。雍正五年，設流官，並改者樂甸長官司爲恩樂縣來隸。乾隆三十五年，降直隸州。道光二十年升廳，省恩樂入焉。東北距省治九百一十里。廣三百四十里，袤二百九十里。北極高二十三度四十九分。京師偏西十五度二十一分。東：雲龍、石花。西：案板。南：馬容。東南：波弄。東北：哀牢山。東：魯馬河，自景東入，逕新平，復流入境，又南流入他郎，爲阿墨江。東北：景來河自景東入，納鑾崗、阿薩、大弄、凹必諸水，東南入他郎，爲把邊江。樹根河，亦名鑾況河，南流折西，猛統河自景東來會，爲杉木江，又西南入威遠。東南：猛賴河，合欄馬河，南流入威遠。東北：恩樂故城，府經歷駐。新撫巡司，雍正十三年設，駐新撫。鹽井二：東南曰波弄，東北曰案板。雍正三年設鹽大使駐此。東北：舊祿谷寨長官司。

鎭邊直隸廳：最要。隸迤南道。明始置猛甸長官司。乾隆十二年，設緬寧廳，今廳境隸之。光緒十三年，析倮黑土司地上改心爲猛猛土巡檢轄境，下改心爲孟連宣撫司轄境。以小黑江爲界。置廳，以猛朗壩爲廳治。西南距省治一千八百二十里。廣四百九十里，袤一千零四十里。北極偏度闕。南：東崗。北：仙人、習遠。東南：儒岡。西南：西監、佧佤。西北：多衣嶺、老炭山。西北：小黑江，即辣蒜江，源出耿馬、孟定兩土司境。納仙人山水、南猛河水，東流入瀾滄江。瀾滄江自緬寧入，合蠻怕河、南底河，東南流入思茅。黑河，一名札糯江，自廳北流，經大雅口東入瀾滄江。乾河自廳西磨刀廠東流，經小寨，納南木河水，入思茅。南：西河，一名金河。廳西南有南康河，合落水洞、合英河、龍塘諸水，南流來會，入蟒冷。上改心廳東，下改心廳北，光緒十三年設二巡司分駐之。廳西境有佧佤、蟒冷諸夷。

元江直隸州：最要。隸迤南道。明，元江府。領州二。順治六年，設流官。十八年，省恭順、奉化二州入之。雍正十年，以臨安府新平縣來隸。乾隆三十五年，降直隸州。東北距省治五百二十里。廣三百里，袤二千一百里。北極高二十三度三十六分。京師偏西十四度十九分。領縣一。轄土職五。儒林里轄門，復設轄門千總三。永豐里、茄革把總二。東：玉臺山，一名羅槃山，凡二十五峰。西：瓦納。西北：九龍。西南：寶山，一名銀鑛山。元江即禮社江，自新平入，納漫綫河、甘莊河、南淇河諸水，逕城東，南流，會淸水河、南俒河、矣落河諸水，入石屛。李仙江自他郎入，納布固江、薩普江，名三江口，入建水，爲籐條江。龜樞河自新平入，納廠溝、大小哨諸水，東南入石屛，名三百八渡，入禮社江。南：猛甸關。北：靑龍關。西南：界牌關。西北：瓦阨關、定南關，杉木關。巡司一，駐因遠。新平　難。州北二百里。明屬臨安府。雍正十年來隸。東：馬鹿塘山。西：哀牢山；高百數十里，廣八百里，滇南最高山也。北：磋磋山。磋磋山北有諸龍山與馬籠，皆蠻酋結寨處。南：南峒山，山七十二峒，巡司駐。西北：元江，有二源，一曰禮社江，一曰麻哈江，自嶍峨入，其上流爲星宿江，名三岔河。逕哀牢山麓，納化龍河、賓橘河、了味河、馬龍河諸水，南入州界爲元江。龜樞河卽嶍峨，流入之。臘猛，納縣東北境羊毛沖、牛毛沖諸水，南逕魯魁山北，納亞泥河、清水河、三他拉河、窖房、得勒諸箐水，南流經大開門，爲大開河，又東南流，納石屏之北河水，折西，經魯魁山南，納藤子箐諸水，入州東界。巡司一，駐楊武壩。

普洱府：最要。迤南道治所。普洱總兵駐。明，車里宣慰司，屬元江府。土官那氏世襲。雍正七年，置普洱府。東北距省治一千二百三十里。廣一千七百九十里，袤一千二百四十里。北極高二十三度一分。京師偏西十五度十二分。領廳三，縣一，宣慰司一。寧洱　要。倚。明，車里宣慰司地。順治十六年編隸元江府。康熙三年調元江府通判分防普洱。其車里十二版仍屬司。雍正七年裁通判，以所屬普洱等處六大茶山及橄欖壩江內六版地置府。乾隆元年裁攸樂通判，置縣附郭。東：錦袍山，一名光山。西：太乙。南：雙星。北：觀音、玉屏。東南：班鳩坡，高出羣峰，行途艱危。把邊江自他郎入，納磨黑、慢岡二河水，東南仍入他郎。猛賴河自威遠入，西南流入思茅。普洱河一名三岔河，合金龍河水，南流至縣南，合東河水，又南會南蘊河，入思茅。補遠江，源出縣東南，納整董河水，會大開河，東南入思茅。府經歷駐通關哨。東：磨黑井，設鹽大使。猛烏、整董井二鹽大使，今裁。同治十三年設石膏井提舉。光緒間，割猛烏、烏得與法。威遠廳　最要。府西三百四十里。明，威遠直隸州。雍正三年改廳，屬鎮沅。又設猛班巡司。乾隆三十五年改隸府，並以猛戛、扛哄、猛班三土弁隸焉。東南：集翠山、鐵廠山。西南：仙人脚山。西：波廠。北：雷貫。瀾滄江自鎮邊入，杉木江納景谷江、寶谷江水來會，入思茅。猛撒江一名猛賴河，自鎮沅入，納暖裏河、鐵廠河水，入寧洱。經歷駐猛戛。西南有戛關。西香、抱母二鹽井，雍正三年設鹽大使，駐抱母。八年移駐香鹽井，名抱香井，今改隸石膏井。思茅廳最要。府南百二十里。明，車里地，名思茅寨。雍正十三年設廳治，分車里九土司及攸樂土目地隸焉。東：倚象、鐵山。西：玉屏、六困。東南：六茶山：曰攸樂、曰蟒支、曰革登、曰蠻磚、曰倚邦、曰漫撒。易武山亦產茶。瀾滄江自威遠入，納猛撒江水，又東南，納南鐘、南匀諸水，繞九龍山麓，名九龍江，至車里北。南哈河自遮放入，又東會羅梭江，東南入交阯。羅梭江上源爲淸水河，南流逕寧洱爲大開河，仍流入境，納龍谷、猛臘諸水，又西南入九龍江。南：永靖關。東南：倚象關。他郎廳要。府東北百六十里。明，恭順土州。順治十八年省入元江府。雍正十年設廳。乾隆三十五年改屬府。東：球香、水癸。西：紅岩、猛連、遮蔽、靈山。東南：太極山。西南：班了、法山。把邊江自鎮沅入，逕寧洱，仍南流，至廳南入元江。阿墨江自鎮沅入，納慢會河水、他郎河水，爲布固江。寧洱南平湖，匯流灌田。車里宣慰司轄江外六版地。乾隆三十八年宣慰司刁維屏潛逃，裁革。四十二年，以刁士宛復襲。

清史稿卷七十五

志五十

地理二十二

貴州

貴州：禹貢荆、梁二州徼外之域。清初沿明制，設貴州布政使司，爲貴州省。順治十六年，設巡撫，治貴陽，並設雲貴總督，分駐兩省。康熙元年，改貴州總督。四年，仍爲雲貴總督，駐貴州。二十一年，移駐雲南。舊領府十。康熙三年，增置黔西、平遠、大定、威寧四府。二十二年，大定、平遠、黔西降州，隸威寧府。雍正五年，增置南籠府。六年，割四川遵義來屬。七年，復升大定，降威寧。乾隆四十一年，升仁懷，嘉慶二年，升松桃，均爲直隸廳，改南籠爲興義府。三年，降平越府爲直隸州。十四年，升普安爲直隸州。十六年，改廳。東至湖南晃州；五百四十里。西至雲南霑益；五百五十里。南至廣西南丹；二百二十里。北至四川綦江。五百五十里。東北距京師七千六百四十里。廣一千九十里，袤七百七十里。北極高二十五度四分至二十八度三十三分。京師偏西七度三十三分至十度五十五分。宣統三年，編戶一百七十七萬一千五百三十三，口八百五十萬三千九百五十四。共領府十二，直隸廳三，直隸州一，廳十一，州十三，縣三十四，土司五十三。驛道：一東出鎮雄關達湖南晃州；一西逾關索嶺達雲南平彝；一西北渡六廣河達四川永寧。電線：北通重慶、畢節，又分達威寧至雲南。

貴陽府：衝，繁，難。巡撫、布政使、提學使、按察使、糧儲道同駐。光緒三十四年裁糧儲道，設巡警道、勸業道。宣統元年改按察使為提法使。順治初，因明為軍民府，領州三，縣一。康熙十一年，增置龍里縣。二十六年，裁「軍民」字，增置貴筑、修文二縣，又改平越府之貴定來隸。三十四年，省新貴入貴筑。雍正四年，置長寨廳。光緒七年，以羅斛州判地置廳，移長寨同知駐，降長寨為鎮，併入定番。廣一百五十里，袤三百七十里。北極高九度五十二分。京師偏西九度五十二分。領廳一，州三，縣四。南：青巖土千總一。東：虎墜司長官一，雍正八年裁。貴筑 衝，繁，難。倚。明，貴州、貴前二衛。康熙二十六年改置，與新貴同城。三十四年省新貴入之。城內：翠屏山。東：銅鼓、棲霞、石門。北：貴山，府以此名。南：斗巖，板橋最高。西北：黔靈山，又木閣山，延袤百里，亙修文境內，通黔西。南明河自廣順入，合濟番河、四方河、阿江河，折東，龍洞河北流注之，又北入開州。雞公河自清鎮北流入境，又北仍入清鎮。貫城河出崠巃山，合城北擇溪水入城中，南流注南明河。東南：圖安關。東北：鴉關。驛一：皇華。南：白納司正副長官一，中曹司土千總一。西北：養龍司長官一。順治初，承明屬府，康熙間改屬縣。順治十五年，設中曹司正副長官一，雍正七年裁。又喇平司，康熙二十三年裁。**貴定**衝，繁。府東百十里。順治初，因明隸平越。康熙二十六年改隸。南：文筆、天馬、松牌、連珠山。西：金星、銀盤。北：陽寶、西華。東北：蔡苗山。甕首河出縣西平伐土司，東北錯入都勻，復逕縣南，加牙河自龍里來注之。又北，八字河注之，北流，與博奇河會，折西北流，至巴香汛，合南明河。十萬溪，在縣北，苗衆每恃險爲亂。東：玉杵關、谷滿關。西：馬桑關、甕城關。驛一：新添。有汛。南：新添司長官一。又平伐、大平伐、小平伐司長官一。西牌土舍一。東丹平、北把平二司，均裁。**龍里**衝，繁。府東五十里。明，龍里衞。康熙十一年改置。南：龍駕。西：長衝。北：雲臺。西南：迴龍山。東門水出縣東南，老羅水、新安水西南分流，逕城北，合爲博奇河。東龍洞河西北來注之，入貴定。加牙河出谷者巖，東流入甕首河。東：隴聳關。西：黎兒關。驛一：龍里。北：大谷龍土千總一。小谷龍土把總一。南：羊腸土千總一。又西北：龍里司，裁。**修文**衝。府北五十里。明，敷勇衞。康熙二十六年改置。城內：屛山。西：寶峯。北：鳳凰、將軍。東：西望山，綿亙百餘里。東南：龍岡。烏江自黔西入，卽黔江，逕城西北，合雞公河，北流爲六廣河，入開州。雞公河自清鎭入，石洞水合孟沖水西注之，又北注烏江。東北：底寨司正副長官一。**開州**難。府東百二十里。東：魯郎。西南：南望山、陰陽山。南明河自貴筑入，逕城東，洗泥河東北注之，又北流，落旺河東北注之，又東爲清水江，合烏江。烏江自修文入，爲六廣河，逕城西北，納沙溪水、養龍水，逕城北，洋水河、橫水河合流注之，東南會清水江，緣遵義境入甕安。可渡河出城東南，伏流復出，爲落旺河，東注清水江。東北：西司正副長官一，裁。**定番州**難。府南百里。定廣協副將駐。東：琴山。南：三寶、筆架。西：旗山。東南：松岐。西北：屛風山，濛江出，卽連江，一曰牂牁江，一曰都泥江，出城西北山中，逕廣順再入境，崇水、潮井水注之，又西南入羅斛。豐寧河自都勻入，注巴盤江，錯入羅斛，合北盤江，東流，入廣西那地土州。上馬橋河出西北廢上馬橋司東，東北流，入貴筑，注南明河。南：石門關、克度關。東北：程番關。大塘、長寨州判二。附郭程番司長官一。東南：大龍番、小龍番司長官一。南：韋番、羅番司長官一。西南：木瓜司正副長官一，麻響司長官一。東北：盧番司長官一。西：牛路、木官土舍一。又東：金石番司。南方番、盧山、洪番、臥龍番，西大華，西北上馬橋、小程番七司，裁。廣順州 難。府西南百十里。西：眞武。東：螺擁、白雲。南：天台山。南明河出城東北，折東入貴筑。雞公河自普定入，麻綫河注之，折北入安平。尤愛河在城東從仁里，東流注濟番河。東：白崖關、翁桂關。西：文馬關。北：燕溪關。長寨州判一。有宗角、長寨、同筍三汛。有金筑司，裁。羅斛廳 府西南四百二十里。順治初，因明隸廣西泗城土州，尋改隸泗城府。雍正三年割置永豐州，設州判，隸南籠府。乾隆十四年改隸定番。光緒七年置廳。東南：老人峯。西南：六合山。濛江自定番入，刦孟河自普定、猛渡河自歸化合流注之，又南流，注北盤江。北盤江合南盤江自貞豐東流入，受濛江水，入那地土州。又巴盤江在城東北，上流曰豐寧河，自都勻入，合篠茶河，東南入廣西泗城。扎佐司巡司一。有羅斛汛。羅斛打拱土千戶一。何往土外委一。

安順府：衝，繁，難。舊隸貴西道。提督駐。順治初，沿明制，爲軍民府。康熙二十六年，裁「軍民」字。東北距省治百八十里。廣三百十里，袤百六十里。北極高三十六度十二分。京師偏西二十度二十四分。領廳二，州二，縣三。西北：西堡司副長官一。西南：安谷、西堡二司，裁。普定衞，繁，難。倚。明，普定衞。康熙十一年改置，省定南所入之。城內：塔山。東：飛虹、巖孔。南：屏風。東南：旗山。西北：舊坡、新坡山。寧谷河出東山，合數水，西南流入鎭寧。簸渡河自鎭寧入，東北流入安平。刓孟河出縣東南，南流入羅斛。猛渡河出縣西南，南流入歸化。雞公河上源爲大水河，出縣東北，東南流入廣順。東：羅仙關、楊家關。南：半天關。西：牛踶關、大屯關、老虎關、打鐵關。驛一：普利。有寧谷廢司。上五苑枝土千總，裁。鎭寧州衞，繁。府西五十里。康熙二十六年，省安莊衞入之。南：玉京、青龍。東：東坡山。西：白巖、慈母山。北：九十九隴，周百餘里。南：烏泥江，源出山箐中，匯諸溪澗水，東北定番寧谷河自普定入，合州西諸水，南流入貞豐，注北盤江。簸渡河自郎岱入，墮極河南流，谷龍河合三岔河北流，並注之。東北流，緣普定界入平遠。東：猴兒關。西南：土地關、鳳凰關、石龍關。驛二：安莊、坡貢。有坡貢汛。東康佐、北十二營二司，裁。永寧州衞，繁。府西百四十里。城內：頂箐山。東：二龍。南：箭眉。西：普肇、安籠箐山。西北：紅崖山。北盤江自郎岱入，拖長江自普安合庚、戊二河，東北流注之，逕城西，納西坡河、馬涼河，又屈西南，馬畢河自安南東北流注之，折東入貞豐。西：梅子關。慕役巡檢一。有關嶺、慕役、上卦三汛。西：沙營頂營長官一。盤江土巡檢一。清鎭衞，繁。府東北百二十里。明，威清衞。康熙二十六年改置，省鎭西衞，赫聲、威武二所入之。東：獅子山。南：馬鞍。西：銅鼓。北：羊耳山。雞公河自安平入，北流，逕城西，曲循城北，錯入貴筑，又北入修文。三岔河自安平入，折西北流，牛場河西南來注之，亦入修文。西有滴澄關。安平衞，繁。府東六十里。明，平壩衞。康熙二十六年改置，省柔遠所入之。東：金龍、高峯。南：圓帽、天台。東南：馬頭山。簸渡河自普定入，逕天馬山，北流入平遠。雞公河自廣順入，羊腸河東流注之。羊腸河雙源夾城流，至縣南十里而合，又屈東北，與麻線河會，折北入清鎭。東：銅鼓關。南：沙子關、楊家關。東南：平壩關。郎岱廳簡。府西百八十五里。明，土司隴氏地。康熙五年平之。雍正九年置。永安協副將駐。北盤江自普安入，逕廳西，又東南流，入永寧。鍛渡河自水城入，合廳北諸水，折東流，入鎭寧。東：石龍關。西：打鐵關。驛一：毛口。有羊腸巡司一。歸化廳要。府南百六十里。明，康佐長官司及鎭寧、定番、廣順三州交錯之地。雍正八年置。巖下河出廳西，南流，錯入貞豐，復入境。烏泥河西南流來會，復入貞豐。猛渡河自普定入，復東南入羅斛。東：擺浪關。北：銀子關。南：紅沙關。有大營、壩陽、白巖、猴場、鼠場、牛場六汛。

都匀府：要。隸貴東道。副將駐。順治初，因明制。領州二，縣一。康熙中，置都匀。雍正中，闢八寨、都江、丹江，置同知一，通判二。十一年，廣西荔波割隸。西北距省治二百四十里。廣三百二十里，袤四百五十里。北極高二十六度十三分。京師偏西九度三分。領廳三，州二，縣三。西南：六硐司長官一。南：王司、吳司長官司一。又東天壩、西南平州、西丹行三司，裁。都匀繁。倚。明，都匀衞。康熙十一年置。城內：東山。西：龍山。北：夢遇。西南：凱陽山。馬尾河爲清水江南源，出縣西南，合一小水，又北納邦水河、龍潭河，東流入麻哈。麥沖河出縣南，合四小水，西南流爲豐安河，入獨山。西：石屛關、威鎭關。北：平定關。南：都匀司，西：邦水司長官一，明屬府。順治初改隸。平浪司長官一，明屬衞。順治初改隸。雍正五年裁。麻哈州繁，難。府北六十里。東：皮隴、天臺。南：天馬。西：玉屛、銅鼓山。南：麻哈河，有二源，經城西合爲一水，又名兩岔江，北流入平越。馬尾河自府東流入境，逕吳家司，北流入清平。谷硐、卡烏二汛。南：樂平司長官一。落戶土舍一。東：平定司長官一。宣威土舍一。北：養鵝土千總一。西：舊司土舍一。獨山州要。府西南百二十里。南有獨山，州以此名。東：文漢山。南：鎭靈。西：行郎山。南：獨山江，卽都江上源，古牂牁江也，出水巖梅花峒，東北流，經爛土司，馬場河分流注之，折東入都江。西：鳳飲河，出飛鳳井，環城流，入獨山江。豐安河自都勻入，逕城北，深河、平舟河來注之，再西入長寨。南：雞公關。北：阿坑關。三角壆州同一。巴開、打略二汛。附郭獨山司長官一。南：豐寧上長官司一。東南：豐寧下長官司一。三捧土舍一。東：爛土司長官一。東北：普安土舍一。淸平衞，難。府東北百二十里。明，縣。康熙七年省入麻哈州，十一年復置，裁淸平衞入之。南：水簹。東：棋盤。北：侍講山。東南：香鑪。東北：天榜山。豬梁江爲淸水江北源，自平越入，會麻哈河，東流入黃平。東南：馬尾河，卽劍江，自都勻入，北流入淸水。南：雞場關。凱里縣丞一。排養、鑪山二汛。東：凱里司安撫使，裁。荔波要。府東南二百里。順治初，承明隸廣西慶遠府。雍正十年改隸。東：水排山。北：分水嶺。茘泉在城北，縣以此名。勞村江出縣東北，西南流，與峨江會。峨江河，南北二源，合於水董，再西南，永長溪自古州逕都江南，合數小水注之，入廣西南丹土州。南：黎明關。西：馬甲關。方村縣丞一。有三洞、方村二汛。八寨廳要。府東九十里。明，天壩土司地。雍正六年，平苗疆置。西：得鹿山、大登高山，均險要。西：馬尾河，自都勻入，東北流，入麻哈。龍泉自龍井、南泉自丹江，均入馬尾河。都江自獨山逕都江南，一水出廳北坡腳寨，南流入都江境來會。南：羊勇關。北：五里關。有九門汛。東南：揚武排調司長官一。東：永安司長官一。丹江廳要。府東北百四十里。明，生苗地。雍正六年，平苗疆置。西南：九門山。東南：牛皮箐，迤邐數百里，亙八寨、都江、古州界。大丹江源出廳西南，小丹江自廳東南來會，曰九股河，東北流，入台拱。東：防里河，西流入丹江。雞講、黃茅、烏疊、頂冠、空稗、松林六汛。東北雞講、北黃茅、西南烏疊土千總一。都江廳要。府東南二百二十二里。明，來牛大寨地。雍正六年，平苗疆置。西：柳疊山。東北：大坪山。都江上流曰獨山江，自獨山東流入，羊烏河合烏溝河來會，又東入古州。北：排常關。有順德、歸仁土千總一。

鎭遠府：衝，繁，難。隸貴東道。總兵駐。順治初，因明制。西南距省治四百五十二里。廣一百七十五里，袤二百五里。北極高二十七度二分。京師偏西八度十三分。領廳二，州一，縣三。治後，石屏山。山半有穴，久雨水注則江溢。東南：思邛山，都波、都來二山。邛水司南：馬首山。偏橋司南：石柱山。偏橋司長官一。左副、右副長官一，嗣改左副、右副爲七品土官。鎭遠衝，繁。倚。康熙二十二年以湖廣鎭遠衞來屬，省入縣。東：鐵山、中河山、馬場山、觀音巖。南：五老山。北：大小石崖山。東北：打杵巖。西：鼓樓坡山。清水江自施秉入，逕鎭遠土司東入台拱。邛水有二源，合流逕邛水司南，入清江。德明河源出德明洞，東南入台拱，注清水江。潕水自施秉入，白水溪、小由溪諸水注之，逕城西南爲鎭陽江，又東納焦溪，東北流，入青溪。西北：金石關。北：文德關、鎭雄關。東：雞鳴關。邛水，縣丞一。四十八溪，主簿一。東南：邛水司正副長官一，嗣改爲七品土官。施秉衝，難。府西南七十里。康熙二十二年以湖廣偏橋衞來屬。二十六年省入縣。城內：飛鳳山。東：金鐘、玉屏。北：三台山、岑嶅山。清水江自黃平東流入，納一小水，又東流入台拱。潕水自黃平東北流入，受瓦窰河、杉木河諸水，小江南自黃平來會，謂之兩江河，東流入鎭遠。西：欄橋關。勝秉，縣丞一。偏橋廢驛。天柱繁，疲，難。府東南二百十里。順治初，因明隸湖廣靖州。雍正五年改隸黎平府，十一年來隸。東：高雲山、茨嶺山。南：春花、黃少。西：蓮花。北：柱石山，縣以此名。清水江自開泰入，逕城南，直銀水、等溪東南流注之，入湖南會同。西江一曰等溪，東南流，至城北，入鑑水江。東：老黃田關。南：王橋關。西：西安哨關。北：渡頭關。柳霽，縣丞一。遠口巡司一。岔處、革溪二汛。黃平州 衝，繁，難。府西南一百三十里。順治初，因明屬平越。康熙二十六年徙州治於舊興隆衞。嘉慶三年來隸。東：飛雲巖。南：鼓臺山。西：斗巖山。北：北辰、岑舟、石林山。清水江上源二，並自清平入，逕城南，合東流，入施秉。潕水出州南金鳳山，北流，合西來二小水，東北入施秉。東：冷水河、秀水溪、高溪，下流合秀水入重安江。東：馬鬃嶺關、大石關。舊州城巡檢一。驛一：重安江。黃平汛。東巖關司、東南重安司長官一。又有朗城司土吏目，裁。台拱廳 要。府東南一百三里。明，九股生苗地。雍正十一年，平苗疆置，移清江同知駐之。北：猫坡山。東：蓮花峯。西南：臺雄山。清水江卽施洞河，自鎭遠入，在城北，自黃平流入，折東南，逕革東汛，入丹江。九股河一名巴拉河，自丹江北流入境，至城西，斬水西北流來注之，折東北，入清水江。番招、臺雄、革東、稿貢四汛。清江廳 要。府東南一百九十里。明，清水江苗地。雍正八年，平苗疆置，設同知。十一年，移同知於台拱，改通判。清江協副將駐。南：白索。西：公鵝、三台。北：柳羅山、白濟關山。清水江自台拱東南流入，邛水自左來注之。烏蕽河、烏擁河、烏拉河自丹江入，匯爲南哨河，自右來注之。再東納德河，入開泰。東：東鎭關。北：白濟關。

思南府：繁。隸貴東道。順治初，沿明制。西南距省治六百四十五里。廣四百里，袤五百六十里。北極高二十七度五十六分。京師偏西八度五分。領縣三。城內：中和山。東：東勝、思唐。西：巖門、白鹿。北：雙峯、象山。烏江自石阡入，鸚鵡溪、板坪河會清江溪注之，折東錯入安化。北行至齊灘場，復入府境，曹溪東流注之，小郎壩水北流注之，再北復入安化。東：石峽關、武勝關、永勝關。南：芙蓉關。西北：鷃鵲關。東朗溪司、北沿河司長官一。西：西山陽洞蠻夷司，裁。安化 繁。舊附郭。光緒八年移治大堡。府北百三十里。東：鳳凰、蓮花。南：文中。北：柱巖、椅子山。西南：倉廩山，下俯煎茶溪，有泉名第一。烏江自府東北流入，思邛江自印江西北流注之。三岔小河自四川酉陽西流注之，東北流，入酉陽。洪渡河自龍泉東北流入，經箇家溝，下流曰豐樂河，一水西北來注之，錯入婺川，復東北入縣境，北流入四川酉陽。西北：覃韓偏刀水廢土巡司一。婺川 繁，難。府西北二百四十里。東：大巖。南：泥塘。西：華蓋。東北：長錢山。北：臥龍山。豐河自安化入，合龍登河，曉洋江合白皎溪東北來注之，又東北，復入安化。芙蓉江出縣西，西北流，錯入正安，復逕縣西北，北流入四川涪州。東：焦巖關、水雲關。西：石將關。北：九杵關、烏金關、石板關、青巖關。印江 簡。府南四十里。東：文筆、峨嶺、大聖、登山。西：河縫山。北：石筍山。思邛江自松桃入，折北流，合一小水入安化，注烏江。東：峨嶺關、仡楠關。南：秀寶關。

思州府：衝。隸貴東道。順治初，因明制。領長官司四，不領縣。雍正五年，割湖廣平溪、清浪二衞來屬。尋改玉屏、青溪二縣。西南距省治五百四十里。廣一百九十里，袤二百六十里。北極高二十七度十一分。京師偏西七度五十五分。領縣二。東：巖前、龍塘。南：聖德。西：盤山、岑鞏。北：紅崖、六農山。鎮陽江自青溪入，逕城東南入玉屏。潞瀨河出府西北，合洪寨河，東南流，又納施溪、灑溪、架溪諸水，東南入鎮陽江。易家河出府東北，合文水河，南流亦入鎮陽江。東：都哨關。南：清平關、黃土關。東北：鮎魚關。西：盤山關。附郭都坪司，西南都素司、東北黃道溪司正副長官一，嗣裁副長官。北：施溪司長官一。玉屏衛，繁。府東一百里。順治初，因明湖廣平溪衛。雍正五年改置來隸。北：玉屏山，縣以此名。城內：回龍山。東：三台、月屏山。南：道定山，與雙鷹峰對峙。界牌山爲諸蠻出入要路。鎮陽江自府東北入，流逕城北，名曰平江，北流入湖南晃州。西：野雞河，匯西溪、梭溪諸水，逕飛鳳山、野雞坪入平江。太平河從之。青溪 衝，繁。府南九十里。順治初，因明湖廣清浪衛。雍正五年改置來隸。縣治後北障山。東：竺雲。西：靈寶山。北：觀音山。鎮陽江卽青溪江，自鎮遠入，鐵廠河合竹坪河、描龍河注之，東北流入府。東：清浪關、雞鳴關。西：栗子關。

銅仁府：中，繁，難。隸貴東道。副將駐。順治初，因明制。康熙四十三年，平紅苗，設正大營，以同知駐其地。雍正八年，平松桃紅苗，移同知駐，以正大營地割隸銅仁縣。嘉慶三年，升松桃爲直隸廳，以烏羅、平溪二司地撥歸廳轄。光緒六年，勦平梵淨山匪，移銅仁縣治江口，卽提溪吏目駐地，分府屬五硐歸縣，分縣屬六鄉及壩盤等三鄉之半歸府親轄，移吏目大萬山。西南距省治六百六里。廣一百七十里，袤二百七十里。北極高二十七度三十八分。京師偏西七度三十分。領縣一。南：銅崖，府以此名。東：石笏、天台。南：天馬、六龍。西：諸葛山。北：獅鳳山。大江卽辰水，自縣東流入府，合甕怕洞水，又東與小江合。小江發源梵淨山，合茶山塘水，南流與辰水會，東入湖南麻陽，謂之麻陽江。東：龍勢、石榴、漾頭等關。北：倒馬、芭龍、甕梅、倒水等關。大萬山吏目一。正大、施溪二汛。東南省溪司、西提溪司正副長官一。銅仁 繁。府西北九十里。月波山在縣治右，形如半月，斜對三巖，高十餘仞。西北有梵淨山，周五六百里，跨思南、鎮遠、松桃、印江界。南：五雲山。西南：百丈山。辰水出梵淨山，有二源，右源納標桿河、羊溪數小水，東南逕提溪司，左源經哨上渡，納一小水，至提溪司與右源會，省溪、凱洪溪注之，東流入府。正大營縣丞一。滑石汛。

遵義府：中，衝，繁。舊隸貴西道。副將駐。順治初，因明制，爲軍民府，隸四川。康熙二十六年，裁「軍民」字。雍正五年改隸。西南距省治二百八十里。廣七百九十里，袤三百六十里。北極高二十七度三十七分。京師偏西九度二十九分。領廳一，州一，縣四。遵義衝，繁，難。倚。順治初，因明隸四川。雍正七年，同府改隸。東：香風、三台。西：洪關、元寶、大水田山、婁山。北：大樓、龍巖、定軍山。西北：永安山。烏江緣開州入，中渡河、樂閩河及二小水南流注之，又東南會清水江，入甕安。湘江出縣西北龍巖山，二源合南流，洪江合鳳凰溪來會，南逕湄潭，至甕安注烏江。赤水河自仁懷入，沙壩河合數小水北流注之，又納鹽井河，錯入桐梓。東：三渡關。西：烏江關、落濛關。北：太平關。驛四：烏江、播川、松坎、湘川。桐梓繁，疲，難。府北百二十里。順治初，因明隸四川。雍正七年，同府改隸。東：石女、九龍山。北：扶歡。南：金馬。西：金鵝山。赤水河自仁懷東流入遵義，復錯入縣境，齋郎河合溱溪水西流注之，復入仁懷。松坎河，即綦江上源，自正安入，出縣東北，二源合，西北流，坡頭河自正安西流注之，又北入四川綦江。石嘴河，即溫水上源，出縣西北，入仁懷界。北：張九關。東北：石壺關。綏陽簡。府東一百里。順治初，因明隸四川。雍正七年，同府改隸。東：綏陽山，縣以此名。南：鼓山、冠子。北：波利山、仙人山。西：金子山。樂安河一曰鹿塘河，二源出縣北，合南流入遵義，注湘江。湄潭河自湄潭南流，逕城東南，仍入湄潭。小烏江一曰渡頭河，出縣北，合桑木塘水、關渡河，北流入正安。東：九杍關、石卯關、苦竹關。西：郎山關。南：板閣關。東有桑木關、龍洞關。正安州 難。府東北三百四十里。順治初，因明爲眞安，隸四川。康熙中，遷治古鳳。雍正二年改正安。七年，同府改隸。南：羅蒙山、石場淸淨。西：紬子、峻嶺。北：豹子山。小烏江自綏陽入，右納牛渡河，左納清溪河，又東北流，注芙蓉江。三江河自四川綦江入，納安四溪水，又東北入婺川，亦曰芙蓉江。坡頭河自綦江西南流，逕縣境，又西入桐梓，注松坎河。北：老鷹關、靑巖關。西：白巖關。仁懷 衝。府西北百八十里。順治初，因明隸四川。雍正七年，同府改隸。八年，移治亭子壩。東：翠濤。西：夕陽。北：牛心山。西北：老色山。赤水河自四川永寧入，逕倂子關，合二小水，錯入遵義、桐梓。折西北，復入縣，右納楓香壩河，左納九溪河，古藺河北流注之。又西北，入赤水南，曲折西流，復東北，再入縣境，納高洞河，入四川合江。溫水自桐梓入，合三岔溝水，入四川綦江。溫水場府經歷一。有汛。赤水廳 要。府西北二百四十里。雍正八年，以通判分駐之，留元壩改置仁懷廳。乾隆四十一年升直隸廳。光緖三十四年改名，降廳。東：天台。南：三台、五老。西：官山，緜長三百餘里。赤水河自仁懷入，永思河亦自仁懷來注之，南納儒溪、泥溪、猿猴溪，北納葫蘆溪、堯壩溪、沙壩溪，經廳南，後溪注之。又北流，風水溪並二小水注之，東北流，仍入仁懷。南：葫蘆關。西：中箐關。猿猴汛。

石阡府：簡。舊隸糧儲道。順治初，沿明制。康熙中，省葛彰、苗民。雍正中，省石阡副司。西南距省治五百七十四里。廣六十五里，袤四百四十里。北極高二十七度二十九分。京師偏西八度十九分。領縣一。阡山，自平越入境，蜿蜒數百里，府以此名。東：九龍、鎭東。南：松明、十萬山。西：萬壽山。北：香罏山。烏江自餘慶入，落花屯水東南流注之。龍底河有二源，經府治西，合一小水，東北流注之，入思南。龍底河一曰白巖河，上源爲包溪，北流逕黃茅囤，納大溪、凱科溪，再北入烏江。南樂回溪，西北深溪、北洋溪，皆入龍底河。東：松明關。東南：大定關。西南：鎮安關、錫樂平關。北：鎮夷關。龍泉繁，難。府西北二百四十里。城內：鳳凰山。南：將軍山。西：綏陽。北：雞翁山。龍泉出鳳凰山麓，縣以此名。羊子河、貫石河並出縣西，合東流，逕義陽山南，爲義陽江。右合一水，東流爲清江溪，入思南。洪渡河出縣西北山，東北流，入安化。大水河亦出縣西北，合小水河東流從之。東：張教壩關。西：平水口關、虎踞關。偏刀水汛。土縣丞、土主簿一，均裁。

黎平府：繁，疲，難。隸貴東道。順治初，因明制，領縣一：永從。雍正三年，以湖南五開、銅鼓二衞來屬。五年，改二衞爲開泰、錦屏二縣，又以湖南靖州之天柱縣來屬。七年，增設古州廳。十二年，改天柱屬鎮遠府。乾隆三十五年，增設下江廳。道光十二年，降錦屏爲鄉，以其地屬開泰。西北距省治八百八十里。廣四百七十里，袤四百三十里。北極高二十六度九分。京師偏西七度三十一分。領廳二，縣二。城內：五龍山，中黃龍。東：太平。南：丑家。西北：寶唐，山勢重疊。自北而南，亙百餘里。洪州吏目一。有黎平汛。東南洪州、北潭溪、歐陽、湖耳司正副長官一。東北新化，西古州，北龍里、中林、八舟、亮寨司長官一。又三郎司、赤溪湳洞司，裁。同知及理苗照磨駐古州。通判駐下江。吏目駐洪州。泊里長官司。開泰繁，難。倚。東：龍見、大巖。東北：挂榜。北：龍標、楚營、八舟山、茶山。西南：銅關鐵寨山。清水江自清江入，烏下江合二水東北流注之。新化江出天甫山，亦東北流注之，入天柱。永從溪自永從入，東北流曰潘老河，東入湖南靖州。東：寧溪關、黃泥關。東南：燕窩關。錦屏縣丞一。有汛。朗洞縣丞一。永從簡。府南六十里。縣治後：飛鳳山。南：上下皮林山。東南：鹿背山。西南：標瑞、龍圖山。福祿江上流卽古州江，自下江東南流入境，經丙妹南，錯入廣西懷遠。曹平江亦自下江東南流入境，經丙妹北，東入懷遠。永從溪二源出縣南，合流，北入開泰。丙妹，縣丞一。有永從、丙妹二汛。古州廳 要。府西一百八十里。古州總兵、貴東道駐。東：雙鳳。西：俾飛、擺喇山。西南：獅子山。都江自都江入，名古州江，左納彩江，入下江。榕江、車江並出廳北，合流注之，折東南入下江。朗洞江出廳北，東北流入開泰，注烏下江。東：永鎮關。西：歸化關。有王嶺、寨蒿、小都江三汛。下江廳 要。府西南一百八十里。南：朋論山。西南：崖雞、烏地、霧倮、九千里山，亙數百里。都江自古州東南流入，逕廳南入永從。東江、溶江自古州合流入境，下游曰曹平江，東南流入永從。弱女江源出廳南，東北流至雙江口，小溪東北流來會，再東北入古州江。

大定府：要。舊隸貴西道。明，貴州宣慰司及烏撒軍民府地。副將駐。康熙三年，平水西、烏撒，以大方城置。二十六年，降州，隸威寧府。雍正七年，復升府。東南距省治三百三十里。廣五百八十五里，袤六百六十里。北極高二十七度四分。京師偏西十度五十五分。領廳一，州三，縣一。東：萬松、火燄、鳳山、凰山。西：五老山。北：大雞。東北：九龍。西北：雙山。烏江自畢節入，暑仲河、通德河皆北流注之，又東，落折河合打雞關諸水，折南來注之。烏西河合石溪河自北來，倮龍河自南來，皆注之，又東分入平遠。赤水河自畢節入，經府北，納永岸小河，臥牛河合油杉河諸水，東北入黔西。東：老蒙關。南：那集關。西：奢東關、樂聚關。北：大弄關、柯家關。倉上、烏西二汛。平遠州 繁，難。府東南八十里。康熙三年平水西、烏撒，以比喇壩置府。二十二年降州，隸大定。二十六年改隸威寧。雍正七年仍來隸。平遠協副將駐。東：懸霧、東山。南：獅子、鳳凰。

西：白巖山。北：墨續山。烏江自府南入，高家河、卜牛河東北流注之。又東，納以麥河水，入黔西。西：木底河，即鴨池河，自水城入，受武著河，錯入安順，北古河，合墮極河南流注之，復逕城東，名簸渡。會牛塘河諸水，北流入黔西。東：織金關。南：鳳凰關、望城關。黔西州 繁，難。府東二百二十里。康熙三年，以水西置府。二十二年，降州來隸。二十六年改隸威寧。雍正七年仍來隸。城內：獅子山、牛飲山。南：石虎。北：分水嶺。東：金雞山。又十萬溪箐，懸崖絕壁，四面皆砦。西北：白塔山、杓裏箐、比喇大箐。儸革河即六歸河，自府入，平溪南流注之。又東，鴨池河自平遠入，又東會簸渡河，東入修文，為烏江南源。以濟河，源出州西北，西南流，合打鼓寨水，東北流，渭河合烏箐河來會，沙河合鼓樓水、三現身水，東南來注之，入修文。赤水河，自府東北流，逕州境，入四川永寧。西：化榨關。沙溪、沙土、右革閘、鴨池、西溪、六廣、黃沙諸汛。威寧州 要。府西三百八十三里。康熙三年以烏撒置府。雍正七年，降州來隸。威寧鎮總兵駐。東：飛鳳山。東北：翠屏。西：火龍、麻窩。北：三台、烏門。南：石龍、千丈崖。七星河為烏江上源，出州南，合八仙海、洮處海諸水，東北流，過清水塘，入畢節，再入州境，菩薩海南注之，黑章河北注之，又東，復入畢節。北盤江，出州西山，二源合南流，經瓦渣汛，西為瓦渣河，又南，錯入雲南宣威，為可渡河。牛欄江自雲南會澤入，合膩書河，又北流，入雲南恩安。洛澤河出州西北，合數小水東北流，亦入恩安。東：石駝關、梅子關。南：雲關。北：可渡關。西北：分水嶺關。得勝坡巡司一，有汛，與江半坡二。水西宣慰使一，裁。畢節 衝，繁，難。府西北一百里。明，畢節赤水衞地。康熙二十六年置，隸威寧府。雍正七年改隸。貴西道駐。光緒三十四年裁，改巡警道，移駐貴陽。東：木稀山。南：脫穎。西：七星。北：石筍山。東北：東陵山、雪山、層臺山。烏江自威寧入，亦名七星河，過瓦甸汛，再入州境，又東復逕縣境，則底河自雲南鎭雄入，合後所河，南流注之。又東南，合二小水入府。赤水河即赤虺河，自雲南鎭雄入，納杉木河，入府。東：木稀關。南：落淅關。西：老鴉關。畢赤汛。水城廳 要。府西南二百九十里。明，水西地。雍正十年置。東：將軍、玉筍山。南：馬龍塹。北：麒麟、文筆山。簸渡河一曰鴉池河，出廳西以且海，合一水，東北流，經城北，折東南，水城河東北來會。又納扒瓦河、以固汛水、武著河諸水，錯入郎岱。北盤江自雲南宣威入，喇雍河合桃花溪水自威寧來注之，北納結里山東西二水及黑勝汛水，南納木冬河，入盤州。州東：猴兒關。西：卡子斗關。普擦、猪場二汛。

興義府：要。舊隸貴西道。安義鎭總兵駐。順治初，因明爲安籠所。康熙二十五年，置南籠廳，移貴陽通判駐之，仍隸府。雍正五年升府。嘉慶二年，改興義。東北距省治五百八十里。廣七百四十里，袤五百五里。北極高二十五度四分。京師偏西十度五十五分。領廳一，州一，縣三。東：龍井山，珍珠泉出焉。將軍山。西：九峰山。北：玉屏、萬壽山。南：紅江即南盤江，自興義入，都威河西南流注之，又東入貞豐。北盤江自貞豐南流，錯入府境，仍入州。魯溝河，源出府北，左納阿棒河，又東入貞豐，注北盤江。綠海，出府城東北，衆水所匯。南：梅子關。馬鞭田、哈馬隘、狗場、卡子、額老諸汛。貞豐州 要。府東北一百二十里。雍正五年，析廣西西隆州紅水江以北地設永豐州，隸南籠府。嘉慶二年改貞豐。署後枕峻山。東：六合山。北：九盤、花江、巖山。西南：籠鶴山，綿亙數十里。北盤江自永寧入，寧谷河亦自州來注之，又南會巖下河，錯入府，仍逕州境，左納魯溝河、綠海，南流與南盤江會。南盤江自府入，八臥溪北來注之，又東合北盤江，東北入羅斛。東：坡呈箐關。西南：者黨關。北：石埡關。册亨，州同一。定頭、高坎、王母、渡邑四汛。普安 衝，繁。府西北二百四十里。明，新城、新興二千戶所。順治十八年置，隸安順府。康熙二十二年移治新興。雍正五年改隸。東：烏龍、直武。南：九峰山。西：八納山。北：落馬、大小尖山、羅摩塔山。拖長江自盤州入，有三小水合流注之，又東北入永寧。深溪河源出縣南，右合阿希河，左合木郎河，東南流入興義，注馬別河。抹角河自盤州入，合一小水，西南流，入雲南平彝。西北：堅固關。北：芭蕉關。驛二：罐子窰、楊松。舊設驛丞，裁。新城，縣丞一。土州同裁。

安南衝，繁。府北二百四十里。明，安南衞。康熙二十六年置，隸安順府。雍正五年改隸。城內：天馬山。東：盤江。西：晴龍、白基山。西北：尾灑山。西北：毛口河，即北盤江上源，自盤州入，東南入郎岱。西西寧河、西坡河，北甲猛河，下流皆入盤江。南：巴林河，北流逕普安，至城東，又爲大章河，下流合阿里河，注北盤江。東：盤江關、海馬關。西：烏鳴關。南：老鴉關。盤江十一城，明天啓間築。驛一：列當。舊設驛丞，裁。阿都、廖箕二汛。

興義要。府西北八十里。雍正五年於黃草壩設州判，隸普安州。嘉慶三年裁，改置縣，隸府。十四年改隸普安直隸州。十六年仍來隸。南：筆架。東：白馬。北：獅子、馬鞍山。南：盤江上源曰八達河，自雲南羅平入，逕城西南，沿界東北流，九龍河亦自羅平入，合上江水注之，又東納中江、下江二水，逕城南，馬別河自普安南流注之，又東入府。棒鮓巡檢一。亦資孔驛丞一。

盤州廳要。府西三百里。順治初，因明普安州，隸安順府。康熙二十六年省普安衞入州。雍正五年改隸。嘉慶十四年升直隸州。十六年改直隸廳。光緒三十四年改名，降廳，仍隸府。南：猗蘭山，爲滇、黔分界處。西：黑山，上有潭。北：廣武山，絕頂有泉九，匯爲大池。西南：黨壁山。盤江自水城入，納羅摩塔河，東南流，入郎岱。拖長江出廳西南平彝所，北流，有一水自海子鋪來會，至輭橋驛，合數小水入普安。豬場河出廳北，折東合二水，又東入普安，注拖長江。抹角河出廳西南，亦入普安。南：倒木關。西：分水嶺關。東南：安籠箐關。驛一：山門。上舍、白沙、劉官三汛。

松桃直隸廳：要，繁，疲，難。隸貴東道。副將駐。明，紅苗地。康熙四十三年，討平紅苗，設正大營，置同知，隸銅仁府。雍正八年，平松桃，置廳，移同知駐。嘉慶二年，升直隸廳，益以銅仁府屬平頭、烏羅二土司地。西南距省治八百四十五里。廣二百八十里，袤二百二十里。北極高二十八度八分。京師偏西七度三十三分。城內：蓼皋山。東：七星山。北：秋螺。南：獅子。西北：龍頂山。武溪出廳西，爲酉水西南源，合二水東流，北入四川秀山。沱江出廳南，東流入湖南鳳凰廳。思邛江出廳西，二水合西流，入印江。西：平頭關、野貓關。有盤石、護國、木樹、芭茅、石峴諸汛。西：烏羅、平頭司長官一。

平越直隸州：衝，繁，難。舊隸糧儲道。順治初，因明爲軍民府。康熙十一年，改平越衞爲縣，附郭。二十六年，省「軍民」字。嘉慶三年，降直隸州，省平越縣。西南距省治一百九十里。廣一百八十里，袤三百三十里。北極高二十六度三十八分。京師偏西九度五分。領縣三。城內：福泉山。東：螺螄山。東南：疊翠山，羣峯插天，中爲老人峰。西：滃霾、楊山、杉木箐山，峰巒高峻。豬梁江爲清水江北源，出州西北，合數水，逕黃絲驛，西北府城水、卡龍河、西南羊場河均注之，東流入清平。白水河一曰嶰嶉河，源出州西北，南流逕牛場，有二水來合，入豬梁江。東：羊場關。南：武勝關。北：七星關。驛三：酉陽、黃絲、楊老。汛三：酉陽、楊老、打鐵關。西楊義司，西北高坪、中坪司長官一。甕安 難。州北六十里。東：筆架山、都凹山。西：仙橋、白樂。北：九峰、玉華峰。烏江自開州入，逕城北，湘江自遵義南來注之，又東，甕安河、坪橋河、紅頭鋪河、草塘司河東北流注之，湄潭河自遵義南來注之，東入餘慶。東南：藍家關。西：黃灘關。西北甕水，東北草塘，土縣丞一。湄潭繁，疲，難。州北三百三十里。城內：玉屏山。西：瑪瑙。北：覺仙。南：象山、牛星山。湄潭河二源，自大小板角關入，合南流，至城北，匯數小水，西南流，逕遵義入甕安，注烏江。北：土溪河自正安入，至老木凹，合青龍水，入婺州，注豐樂河。東：錫洛關。西北：板角關。北：青龍關。餘慶簡。州東北一百四十里。南：中華、拱辰。西：九龍山。北：夢㠖山、牛塘山。烏江自甕安入，餘慶司水南流注之。河自甕安納小江、豬場河，東北流，牛場河即白泥江，納新村水，亦東北流注之，又東北入石阡。南：頭關。西：中關。西北：餘慶土縣丞一。東北：白泥土主簿一。

清史稿卷七十六

志五十一

地理二十三

新疆

新疆：古雍州域外西戎之地。漢武帝設西域都護，天山以南，城郭三十六國皆屬焉。天山以北，東匈奴右部，西烏孫，未嘗服屬。後漢，山北如故，山南分五十餘國，于闐、龜茲最著。自建武迄延光，三絕三通，設都護及長史治之。三國及晉，北爲烏孫及鮮卑西部，南爲于闐、龜茲諸國。北魏，柔然、烏孫、悅般、高車盡有山北地；後周，突厥、鐵勒據之。其南以鄯善爲强。唐於西州置北庭大都護府，統沙陀、突厥、回鶻、西突厥，北部諸都督府。於龜茲置安西大都護府，統龜茲、于闐、疏勒、碎葉四鎭，濛池、崑陵等都護。中葉後，爲吐蕃所有。五代幷於吐蕃、回鶻。宋時烏孫、回鶻居山北，于闐、龜茲諸國入於遼。元置三行尙書省，葱嶺以東屬巴什伯里行尙書省。尋增天山南、北宣慰司，北則巴什伯里，南則哈喇和卓，後爲都哩特穆爾地。明，四衞拉特居北部，曰綽羅斯、曰杜爾伯特、曰和碩特、曰輝特。其南部則巴什伯里、葉爾羌、吐魯番諸國，回部派噶木巴爾諸族居之。順治四年，哈密內屬，吐魯番亦入貢，惟四衞拉特仍據其地。準噶爾即綽羅斯部。數侵喀爾喀，聖祖三臨朔漠征之，噶爾丹走死。其兄子策妄阿拉布坦遁伊犁，傳子及孫，從孫達瓦齊奪其位。乾隆十九年，杜爾伯特、和碩特、輝特先後來歸。二十年，執達瓦齊，準噶爾平。二十二年，以阿睦爾撒納叛，霍集占附之，再出師。二十三年，克庫車、沙雅爾、阿克蘇、烏什諸城；明年，收和闐、喀什噶爾、葉爾羌諸城，二酋走死，回部亦平。二十七年，設伊犁總統將軍及都統、參贊、辦事、協辦、領隊諸大臣，分駐各城，並設阿奇木伯克理回務。秩三品至七品。光緒十年裁，改設頭目，以六品爲限。同治三年，安集延酋阿古柏作亂，陝回白彥虎應之。光緒八年，全部盪平。九年，建行省，置巡撫及布政使司，以分巡鎭迪道兼理按察使銜，改甘肅迪化州及鎭西、哈密、吐魯番三廳來隸。迪化尋升府，建省治。又改阿克蘇爲溫宿直隸州，喀喇沙爾、庫車、烏什、英吉沙爾並爲廳，置分巡阿克蘇道轄之；喀什噶爾爲疏勒、葉爾羌爲莎車直隸州，英吉沙爾、瑪喇巴什爲廳，及和闐直隸州，置喀喇噶爾兵備道轄之；庫爾喀喇烏蘇爲直隸廳，轄於鎭迪道；又改伊犁爲府，精河、塔爾巴哈臺爲廳，置分巡伊塔道轄之。二十四年，升喀喇沙爾爲焉耆府。二十八年，改庫車廳爲直隸州，疏勒、莎車、溫宿三直隸州並爲府，又改瑪喇巴什廳爲巴楚州，隸莎車府。

凡領府六，直隸廳八，直隸州二，廳一，州一，縣二十一。宣統三年，編戶四十五萬三千四百七十七，口二百六萬九千一百六十五。東界外蒙古喀爾喀扎薩克圖汗部；西界俄羅斯；南界西藏；北界阿爾泰山；東南界甘肅、青海；西南界帕米爾；東北界科布多；西北界俄羅斯。廣七千四百里，袤三千七百里。東北距京師，由南路八千六百八十九里，由北路八千五百七十六里。北極高三十四度至四十九度有奇。京師偏西二十一度至四十三度。其名山：蔥嶺、昆崙、天山、博克達。其巨川：塔里木、葉爾羌、和闐、伊犁諸河。其道路：天山南、北。電綫：由迪化東南通蘭州，西北通伊犁，西南通喀什噶爾。

迪化府：要，衝，繁，難。巡撫、布政使、提學使、鎮迪道兼提法司銜、副將同駐。漢，卑陸等十三國地，兼有匈奴屬地及烏孫東境。後漢初，郁立師、單桓、烏貪訾離爲車師所滅，後復立，時稱車師六國。三國時，東西且彌、單桓、卑陸、蒲類、烏貪，並屬車師後部。晉屬鐵勒，亦曰高車。初屬蠕蠕。北魏時，大破蠕蠕。後周屬突厥。隋大業中，西突厥始大，鐵勒諸部皆臣之。唐貞觀時內屬。及滅高昌，置庭州。又置瑤池都督府及馮洛州各都督府，統於安西大都護府。武后時，改隸北庭大都護府。開元初，置北庭節度使。貞元後，其地屬吐蕃，又屬西州回鶻。宋爲高昌北庭，臣服於遼。南宋屬西遼。元太祖時，稱回鶻別失八里。元末，猛可鐵木兒據之，爲瓦剌國。至明正統中爲乜先。嘉靖間，分爲四衞拉特，爲瓦剌之轉音。居烏魯木齊者爲和碩特部。後爲準噶爾台吉游牧地。乾隆二十年，平準噶爾，始內屬，改名烏魯木齊，築土城。二十五年，設同知。二十八年，築新城於其北，名迪化。三十六年，設參贊大臣、理事、通判。明年，於迪化西八里築滿城，名曰鞏寧。三十八年，改參贊爲都統，設領隊大臣，駐鞏寧。三十八年，升直隸州，隸甘肅布政司。光緒九年，建行省，十二年，升府來隸。廣一千四百里，袤五百二十里。北極高四十三度二十七分。京師偏西二十七度五十六分。領縣六。光緒七年與俄立約，定爲商埠。

迪化衝，繁，難。倚。光緒十二年置。天山自西來，横亙境南。西南：雅馬拉克山，綿延二百里。東北：達坂城嶺。東南：哈拉巴爾噶遜山。烏魯木齊河出南山，二源：東南曰庫爾齊勒河，西曰阿拉塔濟河，合北流，經城西，又北，名老龍河。頭屯河自昌吉入，東北流入境，瀦爲八段、馬廠二湖，溢出，北流，與西支合，爲兩縣交界處，三屯河自昌吉北來注之。復東北流，合老龍河，北經沙漠，入古爾班托羅海。廟兒溝、羊圈溝、大東溝、小東溝諸水，均出縣東南，分流，南入吐魯番。達坂城水，源出阜康博克達山天馬峰，入縣境，南流，合大銅溝、華樹林、方家溝、白家溝諸水，經達坂城卡倫入吐魯番。東南：鄂門泊、達布遜泊。北：大戈壁，廣五百里，長三百里。卡倫七。臺八。驛四：鞏寧、柴俄堡、達坂城、黑溝。有回莊六十七。

阜康衝，繁，難。府東北一百三十里。漢，郁立師、車師後國。魏，蠕蠕地。周、隋，突厥。唐，浮圖、沙鉢、憑洛、耶勒、俱六諸地，貞觀中置金滿縣。元，別失八里地。明，敦剌城，改名特訥格爾。乾隆二十五年築堡，置巡司，尋改縣丞。二十八年建城，改州判，隸安西道。三十八年併入迪化州境。四十一年裁州判，置縣。博克達山縣亙南境，最高者曰福壽山。迤北，小黃山、大黃山。縣境諸水均發源博克達山。西：水磨河，西北流，分大西溝、小西溝二水。東有三工河，北流，疏爲五渠。又東有四工河，北流，疏爲四渠。又東爲土墩子河，北流，疏爲六渠。又東有柏楊河，北流，疏爲四渠。又東曰東溝、西溝，北流入沙漠，合流而北，復分爲東、中、西三渠。卡倫四。臺四。驛三：在城、康樂、柏楊。縣境分區二十七。孚遠 衝，繁，難。府東北三百六十里。兩漢，車師後國，及其後城長國。魏，蠕蠕。周，突厥。唐，金滿縣。元，北庭都元帥府舊治。乾隆三十七年築愷安城，四十一年設濟木薩縣丞，治愷安，屬阜康。光緒二十年重修城，改名孚遠，二十九年升置。博克達山支脈蜿蜒起伏入境。西南：無量山。東南冰山、迤北千佛洞，皆博克達山之麓。城南小水均發源冰山。曰太平、公盛二渠，由柏楊河分支。曰長山、三盛二渠，出四道橋北。曰濟木薩河，分大有、興隆二渠。曰長勝渠。曰大東溝，北流入慶陽湖。曰經二工河，北流，經老三台驛，瀦為蔴菰湖。泉水三：東、西曰大泉，中曰上暖泉，均北流入沙磧。驛二：保會、三台。卡倫二。有回莊二十五。

奇臺 衝，繁，難。府東北五百五十里。漢，蒲類、車師後城長國。魏屬蠕蠕。唐，蒲類，後置甘露州。同光初入遼。宋南渡後為別失八里東境。元入畏吾兒。明，衛拉特地。康熙中，準噶爾內附，乾隆二十四年建奇臺堡，設管糧通判一。東吉爾瑪泰，管糧巡檢一。四十年築靖遠城。四十一年裁通判，置縣，隸鎮西。咸豐三年改隸迪化州。光緒十五年自靖遠徙今治。天山支脈自西南更格爾入境，至穆家地溝東出境，綿亙四五百里，土人謂之南山。沙山自濟木薩至縣境舊城北，迄鎮西廳，袤延三四百里。北：拜達克山。東北：哈布塔克山。縣境諸水皆自南山出，曰奇臺水、木壘河、木楊河、新戶梁水、中葛根水、西葛根水、永豐渠水、吉爾庫水、達坂河、更格爾水。柳樹河自孚遠東流入境，經縣北，又東至三個莊子，入沙磧。驛十：古城子、平營、木壘河、阿克他斯、烏蘭烏蘇、色必口、頭水溝、北道橋、黃草湖、元湖。縣境分區三十六。卡倫十六。臺七。舊城，巡司駐。光緒七年，俄約定古城為商埠。

昌吉 衝，繁。府西九十里。漢，單桓、東西且彌、烏貪訾離地。晉屬高車。魏，蠕蠕。隋，西突厥、鐵勒地。唐屬北庭。元屬回鶻五城，名昌都剌。明屬衛拉特。乾隆二十五年置廳，設通判。二十七年築寧邊城，設管糧巡檢。三十八年改州同。四十二年置縣。天山支脈，綿亙縣境。南：騷呼達坂、格柵圖山、草達坂、石梯子山、塔拉盤山。頭屯河出天山北麓，分東西二支：東支入迪化；西支經縣治東，復北流，至縣境合流入迪化。大西河亦出天山北麓，至縣治西，分二支：東爲三屯河，東北流，注頭屯河；西爲大西河，卽洛克倫河，自焉耆東北流入境，折西北流，經呼圖壁，緣綏來界。呼圖壁河源出塔拉盤山西，自焉耆府北流入，棗溝水南來注之。又北經草達坂，東分頭工渠，西分土古里渠，又北至呼圖壁城。復分二渠，東曰梁渠，西曰西河，北經牛圈子、三家梁，至雙岔子，合洛克倫河，西北入綏來，瀦於阿雅爾淖爾。呼圖壁原名呼圖拜克，乾隆二十二年設洛克倫巡司。二十八年移駐呼圖壁。二十九年築城名景化，爲巡司治所。光緒二十九年升縣丞。驛二：寧邊、景化。卡倫五。呼圖壁卡倫一。臺四。有大回莊四。呼圖壁分區二十六。

綏來 衝，繁，難。副將駐。府西北三百四十里。漢，烏貪訾離及烏孫東境。三國，烏孫。魏，高車。周，突厥。隋，西突厥、鐵勒諸地。唐，西突厥處密部內屬，隸北庭都護府。宋、元，回鶻地。明，衞拉特。乾隆二十八年築綏來堡。三十三年設縣丞。四十三年於舊陽巴勒噶遜城西建二城：北康吉，南綏來，中靖遠關。四十四年置縣，治康吉城。光緒十二年，合兩城爲一，移治南城。天山支脈，蜿蜒南境。西南：額林哈畢山、古爾班多博克達山、博羅托山。東南有甘溝山、古爾多拜山。南有大小衞和勒晶嶺。瑪納斯河自焉耆府北流入，亦名龍骨河，經城西，折西北，瀦爲各林各土淖爾，東北流，注阿雅爾淖爾。洛克倫河自昌吉西北流入，逕沙漠，亦入阿雅爾淖爾。和爾果斯河及安集海大小二水，皆出額林哈畢山。烏蘭烏蘇河出古爾班多博克達山。金溝水出博羅托山。塔西河出古爾多拜山。驛十二：在城、靖遠、樂土、烏蘭烏蘇、安集海、撞田、沙門、新渠、小拐、三岔口、唐朝渠、黃羊。有大回莊十一。

卡倫七。臺五。

鎭西直隸廳：衝，繁，難。隸鎭迪道。巴里坤總兵駐。漢，東蒲類國。後漢屬伊吾盧。北魏屬蠕蠕。隋屬突厥，後分屬西突厥。唐，沙陀部與處月雜居，沙陀叛附吐蕃，徙居北庭。宋屬伊州，後入於遼。元爲別失八里東境，屬亦都護。明爲和碩特部地。明末固始汗遷青海，後爲準噶爾台吉游牧地。康熙三十六年，平準噶爾，阿爾泰山以東地內屬。雍正七年，建城於巴爾庫勒，改名巴里坤。九年，設安西廳同知，隸甘肅布政司。乾隆三十七年，於廳東南築會寧城，設領隊大臣。三十八年，升鎭西府，領宜禾、奇臺二縣。咸豐五年，仍爲廳，移鎭迪道駐之。裁宜禾。光緒十二年來隸。西南距省治一千三百三十里。廣千里，袤八百里。北極高四十三度三十九分。京師偏西二十三度三十六分。天山支脈迤邐南部者爲祁連山。西北有妙雷努雷山、鍋底山、那梅州山。東北有薩混子山。東有松山、千里格山。巴爾庫勒淖爾卽蒲類海，在廳西北，皇渠、水磨河、高家湖合諸小水均瀦入之。北有鹽池。東北：察哈泉。東南：柳條河與昭莫多河合。驛八：曲底、奎素、松樹塘、蘇吉、下肋巴泉、務塗水、芨芨台、上肋巴泉。卡倫二。廳境分區二十四。

吐魯番直隸廳：衝，繁，難。隸鎭迪道。回部郡王、台吉駐。漢，車師前王庭，後置戊己二校尉。晉治高昌，後入涼。北魏爲高昌國，併于蠕蠕。後立闞伯周爲高昌王，傳至鞠嘉，爲唐所滅，置西州，升安西都護府。貞元中，陷吐蕃。五代爲回鶻所據，稱西州回鶻。宋建隆二年入貢。元太祖平其地，號畏吾兒，設都護，封察哈台于此。明初爲火州地，嗣稱吐魯番。順治三年，吐魯番阿布勒阿哈默特入貢。六年，助河西逆回，絕其使，尋復通。康熙二十四年，回疆平。雍正五年內徙，安置瓜州，建城闢展。乾隆二十四年，設建六城於闢展，置辦事大臣、管糧同知，仍以吐魯番廣安城爲回城。回城四：曰魯克沁，曰色更木，曰哈喇和卓，曰托克遜。合吐魯番爲六城。設阿奇木伯克理回務。四十四年，移同知駐吐魯番，並設巡檢，隸甘肅布政使司。四十五年，裁辦事大臣，改設吐魯番領隊大臣，歸烏魯木齊都統節制。光緒十年，裁領隊大臣。十二年，置直隸廳來隸。西北距省治五百三十里。廣八百餘里，袤五百餘里。北極高四十三度四十分。京師偏西二十六度四十五分。領縣一。天山橫亙北境，爲羣山之總幹。東北：柯格達坂。北：度吉爾山、阿布都爾山。西：湖洛海、合同察海、卡卡蘇各達坂。南：哈拉可山、庫木什達坂、覺洛塔哈山。東南：克子里、阿習布拉克、勝金台山。白楊河自迪化入，東南流，逕托克遜沙山，瀦爲覺洛浣。西：烏斯水、作洛滿若水、布而水，均出合同察海達坂，入焉耆。驛十一：楊和、勝金口、硜硜子、三角泉、布干台、托克遜、小草湖、蘇巴什、阿哈布拉、桑樹園、庫木什。卡倫一。有回莊二十。回城巡司一。光緒七年，俄約定爲商埠。

鄯善衝，繁，難。廳東二百五十里。漢，車師前國東境樓蘭。元魏後爲高昌白棘城。唐，柳中縣，屬西州交河郡地。宋，六種，屬高昌，後入遼。元，魯克察魯地。明，柳城。康熙末內屬。乾隆三十六年設闢展巡檢。光緒二十九年改置。天山分支亙於北境，有東西柯柯雅山、茂萌山、高泉達坂。縣境諸水，出自井泉，伏流地中。西北：五个泉、夾皮泉。北：柳樹泉。西南：馬厰湖。南：戈壁。驛八：齊克滕木、土墩子、西鹽池、惠井子、梧桐窩、七個井、車箍轆、連木沁。卡倫一。有大回莊七。

哈密直隸廳：衝，繁。隸鎮迪道。副將駐。漢，伊吾盧地，爲匈奴呼衍王庭，後置宜禾都尉。三國屬鮮卑西部。

晉屬敦煌郡。北魏屬蠕蠕。隋築新城，號新伊吾，後屬西突厥。唐貞觀四年，置西伊州，尋改伊州，置都督府。天寶初，改伊吾郡，尋復初。廣德後，陷吐蕃。五代時，號胡盧磧。宋雍熙後，屬回鶻。元屬畏吾兒，後爲宗室納勿里封地。明永樂四年，建哈密衛。正德中，服屬吐魯番。順治四年，哈密衛輝和爾都督入貢。六年，以助逆絕貢，復通。康熙三十六年，俘獻色布騰巴勒珠爾，賜額貝都拉扎薩克印。三十七年，編列旗隊，設管旗章京。雍正五年，始建城。回城在城西三里，回子郡王所居，康熙五十六年築。設協辦旗務伯克。十三年，設駐防兵。乾隆二十二年，準部平，其酋伊薩克內附，移靖逆、瓜州、黃墩各營駐之，撤駐防兵。二十四年，設辦事大臣、協辦大臣、撫民通判、巡檢，隸甘肅布政司。光緒十年，升直隸廳。十二年來隸。西北距省治一千六百二十里。廣四百五十餘里，袤二百五十里。北極高四十二度五十三分。京師偏西二十二度三十四分。北：天山。其分支，西北：截達坂、沙克拉山、可雅爾達坂、合塔手可拉山。東北：阿克相木山、坤翌圖山、阿里鐵洛可山、空多洛托山。哈密河出廳西蘇巴什湖，南流瀦爲小南湖，又南流，東爲碩洛浣，西爲阿里浣，折西南，瀦爲大泉海子，爲沙漠所滲。東：乾河子。東北：烏拉台水、安吉水、黑具瑪水、達子湖。西：依他拉可水、八道溝等水。南：戈壁。驛十四：伊吾、南山口、黃蘆岡、長流水、格子烟墩、苦水、沙泉子、星星峽、頭堡、三堡、三道嶺、瞭墩、橙槽溝、一碗泉。新城，巡司一。廳境分區三十五。有大回莊十四。光緒七年，俄約定爲商埠。

庫爾喀喇烏蘇直隸廳：衝，繁，難。隸鎮迪道。辦事、領隊大臣駐。漢，匈奴西境。晉後爲鐵勒部。北周屬突厥。隋屬西突厥，爲處木昆部。唐永徽中破之，設郡縣，屬崑陵都護府。開元中，置瀚海軍。後唐時屬遼。元，回鶻地。明，綽羅斯部地，後屬準噶爾。乾隆二十二年，平準部。二十七年，設辦事大臣。二十八年，築慶綏城。三十七年，設領隊大臣、縣丞。四十六年，設同知。明年設游擊。四十八年，築新城，定今名，設糧員，裁縣丞。隸烏魯木齊都統。光緒十二年，裁糧員，置直隸廳，改隸。東距省治七百里。廣三百三十里，袤五百四十里。北極高四十四度三十分。京師偏西三十一度。天山支脈在境南者，額林哈畢爾噶、托羅滾、沙得格果沙吐克土諸山，額布圖、古爾班、恰克、額爾圖諸嶺。奎屯河出托羅滾山，合托羅滾水、熱水泉、沙格得水，北流，至城東，分二支渠，至二臺驛，折西流，與濟爾噶朗河會。濟爾噶朗河出古爾班嶺，合札哈水、東斗水、哈峽圖水，北流，會奎屯河，又西流，入精河廳，與固爾圖河會。固爾圖河出額爾圖嶺，有五源，合北流，折西入精河廳，與金屯河會。西流，瀦於喀喇塔拉阿西柯淖爾。精河巡司一。驛九：西湖、奎屯、普爾塔齊墩、木達、固爾圖、頭臺、二臺、小草湖、鄂倫布拉克。廳境分區九。有舊土爾扈特部游牧地。卡倫一。

伊犁府：衝，繁，疲，難。隸伊塔道。漢至晉爲烏孫、伊烈兩國地，後入鐵勒。北魏，悅般國，又車高地。周，突厥地。隋，西突厥及石國。唐，西突厥及回鶻地，又西境爲突厥施烏質勒部，又西突厥及鉸赤建國、石國地。大曆後，葛邏祿居之。宋爲烏孫，後入遼。元名阿力麻里，爲諸王海都行營處。明，綽羅斯部，後屬準噶爾。乾隆時，準部平，改烏哈爾里克爲伊犁。二十五年，設辦事大臣。二十七年，設將軍，節制南北兩路，以參贊大臣副之。初設二員，尋裁一。二十九年，設錫伯營、索倫、察哈爾領隊大臣各一。三十年，設額魯特領隊大臣。三十四年，設惠寧城領隊大臣。築河北九城。曰惠遠，將軍、參贊大臣、各營領隊大臣駐。總兵先駐綏定，尋移駐。理事同知、撫民同知、巡司各一。改巴顏岱曰惠寧，領隊大臣駐，糧員、巡司各一。改烏哈爾里克曰綏定，總兵駐，糧員、巡司各一。改烏克爾博羅素克曰廣仁，屯鎮左營游擊駐。改察罕烏蘇曰瞻德，都司、守備駐。改霍爾果斯曰拱宸，參將駐，巡司一。改哈拉布拉克曰熙春，屯鎮都司駐，曰塔勒奇，屯鎮守備駐。改固勒扎曰寧遠，以居回民。設阿奇木伯克、伊什罕伯克各一。糧員一。同治五年陷回。後又爲俄佔。光緒初，全疆底定。八年，收回伊犁。十四年，以綏定城置府。將軍，副都統，參贊大臣，領隊大臣，索倫、額魯特、察哈爾、錫伯各領隊大臣，及滿洲八旗軍標副將，理事同知，同駐惠遠城。參將、霍爾果斯通判駐拱宸城。游擊駐廣仁城。守備駐瞻德城。都司駐熙春城。東距省治一千五百四十五里。廣一千五百餘里，袤一千一百餘里。北極高四十三度五十六分。京師偏西三十四度二十分。領縣二。咸豐元年，俄約定爲商埠。

綏定 衝，繁，疲，難。倚。乾隆二十六年設巡檢。光緒十四年置，移巡檢駐廣仁城。天山支脈綿亙北境。北：塔勒奇山。東北：新開達坂、庫森木什達坂。伊犁河自寧遠西北流入。通惠渠南北二渠，烏拉果克水、大西溝、察罕爾烏蘇水皆注之，又西至河源卡，會霍爾果斯河，西流入俄界。南：大小博羅莊水、霍洛海莊水、沙拉諾海水、洪海水，均北流入沙磧。又東西阿里瑪圖水，北大小東溝水，亦入沙磧。北：賽里木淖爾。驛七：沙泉子、惠遠城、蘆草溝、塔爾奇阿滿鄂博、勒齊爾鄂勒著衣圖博木、胡素圖布拉克。台站一，屬錫伯營，回莊十六。額魯特部上三旗、下五旗，及察哈爾部游牧地。卡倫十三，爲中、俄交界，歸額魯特、錫伯營分轄。牌博自南而西至西北，均連俄界。自沙拉諾海小山立第十六牌博，至頭胡第二十五牌博，凡十。

寧遠　繁，難。府東南一百二十里。伊塔道治所。乾隆間，築寧遠城於固勒札。光緒八年設同知，十四年改置。東南：博羅布爾噶蘇山、哈什山、大蒙柯圖山、烏士達坂、木尼克得山、額林哈必爾山、克里克子達坂。南：索達坂、色格三達坂。西南：喀喇套山、格登山、汗騰格里山、沙拉套山、諾海托蓋山。特克斯河出俄屬木薩爾山，自胡素圖卡南、諾海托蓋山北入，折東流，納戛雄河、大小霍洛海諸水，又東與崆吉斯河會。崆吉斯河自焉耆西北流入，逕耶里格莊南，合特克斯河，西流，至阿瓦克莊西，與哈什河會。哈什河源出大蒙柯圖山，西流，納十二圍場水、皇渠、錫伯營渠，合西北流，爲伊犁河，入綏定。北：賽里木淖爾。驛一：在城。台站七，屬錫伯營。回莊三十七。額魯特游牧地。卡倫七，爲中、俄交界，歸額魯特營轄。縣境由南而西均界俄。自納林哈勒噶立第一牌博，至阿哩千谷第十五牌博，凡十五。

塔爾巴哈臺直隸廳：繁，疲，難。隸伊塔道。塔城左翼副都統、參贊大臣、領隊大臣、副將駐。漢，匈奴右地。三國，鮮卑右部。北魏，高車、蠕蠕地。北周、隋，屬突厥。唐屬車鼻南境，爲葛羅祿，後南徙，地屬黠戛斯。後周時，貢於遼。南宋爲乃蠻國。元封諸王昔里吉。明爲土爾扈特部地，後屬準噶爾。乾隆二十二年，準部平，始內屬。二十九年，築城雅爾，名曰肇豐。三十一年，改築城於楚呼楚，距雅爾二百里。名曰綏靖，易其地名爲塔爾巴哈台。設參贊大臣、協辦領隊大臣、專理游牧，領隊大臣各一，管糧理事、撫民同知，尋改通判，隸伊犁將軍。光緒十四年，置直隸廳，改隸。於廳治東南里許築新城，改參贊大臣爲左翼副都統。東南距省治一千六百二十四里。廣一千二百里，袤八百里。北極高四十七度五分。京師偏西三十度三分。天山支脈，蜿蜒南部。東：齋爾山、蘇海圖山、巴戛阿拉戛淩圖山。東南：喀圖山。西南：巴爾魯克山。東北：阿爾泰山、賽里山、和博沙克里山、芎隴山。北：塔爾巴哈臺山，支峯爲毛海柯淩山、烏什嶺、額依賓山。額爾齊斯河自科布多部西流入，納哈布干諸水，西入俄界，瀦於齋桑淖爾。額敉勒河出額依賓山西麓，西流，至庫爾噶蘇台，合南源，西流，烏拉斯台水、烏宗戛拉水自俄境南流注之，博爾里河合察罕河北流注之，又東入俄境。和博克河出額依賓山東麓，東南流，合和博沙爾克河、巴杏薩拉水，又東南入昌吉，滲於沙。蘇爾圖河出齋爾山，東流，會納木河，又東瀦爲艾拉克淖爾。達爾達木河亦出齋爾山，東流，瀦爲鹽池。說爾噶其河亦出齋爾山，東南流，入綏來，瀦于阿爾雅淖爾。驛十二：郅支、干吉莫多、色特爾莫多、固爾圖、霍洛、托羅布拉克、雅瑪圖、崑都倫、烏土布拉克、沙爾札克、烏納木、庫克申倉。有回莊九。額魯特部、察哈爾部十牛彔、舊土爾扈特部十四牛彔游牧地。哈薩克四部游牧地：曰柯勒依，附以新舊兩烏瓦克小部；曰賽布拉特，附以阿克奈曼部；曰曼畢特；曰吐爾圖。卡倫六。廳境西北與俄界，自精河廳至廳迤南，立土斯賽第三十四牌博，至布爾罕布拉克第五十五牌博，凡牌博二十二。又東循哈巴爾烏蘇塔爾巴哈台山梁，至穆斯島，折北行，曰依生克里的，曰布羅呵卡，曰二支河等處，凡立牌博二十七。咸豐元年，俄約定爲商埠。

精河直隸廳：衝，繁，難。隸伊塔道。漢、魏，烏孫。晉，鐵勒部。北魏爲金山以南諸部。隋、唐，西突厥，後設嗢鹿州都督府。元，曲只兒地。明，準噶爾各鄂拓克台吉游牧地。乾隆二十二年，準部平，始建安阜城於精河，設典史。四十八年，於城東二里建新城，仍舊名，設都司、糧員、巡司，裁典史，隸烏魯木齊都統。光緒十四年，置直隸廳，改隸。東距省治一千七十五里。廣六百五十餘里，袤四百五十餘里。北極高四十四度四十分。京師偏西三十二度四十分。天山支脈自東北來，袤延境內。

北：喀拉達坂、索達坂。南：登努勒臺山、烏蘭達坂、布里沁達坂。西：德木克沁喀三達坂，別珍島。博羅塔拉勒河出廳西，東流，布哈水南流，庫森木什水北流注之。精河出登努勒臺山，有五水南來注之。奎屯河自庫爾喀喇烏蘇廳西流入，合古爾圖河，與博羅塔拉河、精河均瀦於喀喇塔拉額西柯淖爾。驛五：安阜、托里托、和木圖、沙泉、托多克。博羅塔拉巡司一。北山，舊土爾扈特、察哈爾部游牧地。南山，哈薩克部游牧地。卡倫十三。爲中、俄交界，歸察哈爾營轄。

溫宿府：衝，繁，疲。阿克蘇道治所。阿克蘇總兵駐。舊阿克蘇回城。阿克譯言「白」，蘇謂「水」也。漢，姑墨國。三國至北魏屬龜茲。南宋時屬西遼。元，別失八里西境，封宗王阿只吉。明永樂間入回部。後併於準噶爾。乾隆二十二年始內屬，改名阿克蘇。二十四年，回部平。四十四年，移烏什領隊大臣來駐。嘉慶二年，改設辦事大臣，隸喀什噶爾。光緒十年裁，置直隸州。二十八年升府。光緒九年，築新城爲府治。東北距省治二千七百八十里。廣一千二百餘里，袤八百餘里。北極高四十一度九分。京師偏西三十七度十五分。領縣二。西南：格達爾山、鐵克列克達山，谷故提山。瑚瑪喇克河、哈拉和旦河、托什罕河，皆自溫宿東南入，合流，納畢底爾河，至賽里木爲渾巴什河，逕乙思坤莊，葉爾羌河自巴楚州北流注之，又納和闐河，東南流爲塔里木河，入沙雅。驛四：渾巴什、薩伊里克、喬里呼圖、齊蘭臺。柯坪巡司一。大回莊十二。布魯特諾依古特部游牧地。溫宿　衝，繁，難。府北二十五里。道光十九年築城，回城西北曰舊城。光緒九年設巡司。二十八年置縣。汗騰格里山爲天山最高之峰，由縣西北蜿蜒東北，爲與伊犁府及俄羅斯界山。西北支山有薩雷雅斯山、楚克達爾山、薩瓦巴齊山、帖列達坂。東北支山有薩巴齊山、烏西拉克山、木素達坂、鐵廠山、意什哈子山。鐵梁河出縣東，哈拉和且河溢出之水，至縣南合流，注渾巴什河。瑚瑪喇克提河、托什罕河，均出縣西，東南流，托干什河、畢底爾河自烏什東流注之，為渾巴什河，入府。驛十：在城、雖雅克、札木台、哈拉玉爾滾、阿爾巴特、和約伙羅、巴圖拉特湖、斯圖托海、塔木哈塔什、噶克察哈爾。大回莊九。卡倫一。

拜城　衝，疲。府東四百五十里。漢，姑墨國地。唐為阿悉言城，後併於龜茲。乾隆二十二年內屬，置阿奇木伯克理回務。光緒十年置縣。天山綿亙北境。東北：哈雷克套山、冰山、大木素爾達坂、明布拉克山。東南：截達坂，有滴水崖、溫巴什、托和奈旦、聳伯、和色爾銅礦五。木札拉提河，發源冰山，西南流，納闊水、鐵斂水，折東南，納特拉布覺克水，為銅廠河。又納哈拉蘇水、宿什勒克水，為渭干河，東南入庫車。驛五：姑墨、鄂伊斯塘、察爾齊、賽里木、河色爾。回莊二十一。卡倫三。

焉耆府：要，衝，難。隸阿克蘇道。舊喀喇沙爾回城。喀喇譯言「黑」，沙爾「城」也。漢，焉耆、危須、尉犁諸國地。後漢至隋為焉耆國。唐貞觀六年來朝，十八年置焉耆都督府，後立碎葉鎮於此。貞元後，沒於吐蕃。宋西州回鶻地，後屬西遼。元，別失八里東境。明初朝貢，後徙天山南，據其地，號伊勒巴拉。康熙中，準部噶爾丹占為牧場，小策凌敦多布、噶爾丹策零先後據之。乾隆二十二年，準部平，改名喀喇沙爾。二十三年，始建城。城燬於火。置府後，就安集延回城拓大之。二十四年，設辦事大臣。轄布古爾、庫爾勒二城，設游擊，以阿奇木伯克理回務。三十八年，土爾扈特及和碩特移牧珠勒都斯，歸辦事大臣兼轄。光緒八年裁，設喀喇沙爾直隸廳。二十四年升府，易今名。北距省一千九十里。廣一千餘里，袤二千五百里。北極高四十二度七分。京師偏西二十九度十七分。領縣三。西：達蘭達坂、江布達坂、達哈特嶺。西北：胡斯圖達坂、澤達坂、察罕薩拉達坂、和屯博克嶺。北：朱勒都斯山。東：博爾圖山、鐵里達坂、薩薩爾達坂。東南：庫爾泰山、大石山、干洛可達坂。開都河，源出和屯博克嶺，南流，經朱勒都斯山，分二支，復合扣克訥克水，折東南，納賽仁木諸小水；南流逕城西，匯於博斯騰淖爾。復溢出，逕庫爾勒回城，又匯爲布它海子，入輪臺。崆吉斯河，源出城西北舉爾達坂，西北流，入寧遠。瑪納斯河，源出胡斯圖達坂，北流入綏來。呼圖壁河，源出府北天格爾達坂，北流入昌吉。驛九：在城、清水河、烏沙克塔、新井子、榆樹溝、紫泥泉、庫爾勒、上戶地、庫爾楚。大回莊八。土爾扈特部兩札薩克、和碩特部兩札薩克游牧地。卡倫五。新平 疲，難。府南三百六十餘里。漢，尉犁國地。三國後入焉耆。明，後什尼戛地。舊名羅布淖爾，屬魯克沁回王。光緒十一年，設局蒲昌城理屯防。二十四年置縣，治羅布淖爾，以游擊駐蒲昌城。北：大石山支脈自府境迤邐入縣。塔里木河自沙雅東流入，分二支，南支匯爲小羅布淖爾，溢出東行，與北支合，渭干南河自沙雅東流注之，又東注爲六泊。渭干北河自輪臺東流入，瀦爲冲庫海子。孔雀河承布它海子水自府入，溢出東流，與沖庫海子溢出水合，東南流，入婼羌。古斯拉克河由塔里木河所瀦之第五泊溢出，東北流，斜貫渭干北河，爲罕溪河，東北匯爲小海子，入婼羌。驛九：在城、克泥爾、英氣蓋河、楷拉、英格可立、烏魯可立、古斯拉克莊、哈什墩、都拉里。回莊二十。卡倫三。輪臺 衝，疲，難。府西南六百十五里。舊至古巡司。漢，輪臺、烏壘、渠犂。晉，龜茲國地。元魏後入吐谷渾。唐屬安西都護，與于闐、疏勒、碎葉爲四鎭，後陷吐蕃。元爲別失八里東境。乾隆中內附。二十四年，設阿奇木伯克理回務。光緒八年裁，設巡司。二十八年，以布古爾置縣。北：珠勒土斯山，蜿蜒數百里。的納爾河發源庫車之哈拉草湖，南流入境，納縣北諸水，又南流，匯爲斯爾里克黑洗湖。渭干北河自沙雅東北流入，又東入新平。東南：大戈壁。驛四：布古爾、洋薩爾、策達雅爾、野雲溝。回莊九十一。婼羌要。府東南一千二百餘里。漢，婼羌國。乾隆二十四年，設阿奇木伯克理回務。光緒二十四年裁，設卡克里克縣丞，隸府。二十八年置縣。崑崙支脈亙於境內。南：烏蘭達布遜山、阿勒騰塔格嶺、阿里哈屯山、大中小屈莽山。東：阿思騰塔格山。孔雀河自新平東南入，分二支：一東流，瀦爲孔雀海子；一合阿喇鐵里木河，至托乎沙塔莊，注羅布淖爾。卡牆河自于闐東北流入，並注淖爾。淖爾廣袤三四百里，古蒲昌海，亦鹽澤、泑澤，伏流東南千五百里，再出積石爲黃河。其東北碩洛浣，南庫木浣，東阿不旦海，並入於沙。驛六：在城、羅布、破城、托和莽、阿拉罕、哈拉台。回莊十一。額魯特部游牧地。

庫車直隸州：衝，繁。隸阿克蘇道。舊回城。漢，龜茲國。後漢建武中，滅於莎車，尋復立，屬匈奴。永元三年內屬。晉太康中，爲焉耆所滅，尋復立。唐貞觀中，置龜茲都督府。顯慶三年，徙安西大都護治之。北宋時入貢。南宋屬西遼。元爲別失八里西境。明永樂中，併入回部。順治、康熙間，準噶爾兼有其地。乾隆二十三年，討霍集占，伯克阿集以城降，改名庫車。庫譯言「此地」，車謂「眢井」也。二十四年，設辦事大臣。設都司，以阿奇木伯克理回務。光緒十年裁，置直隸州。北距省治二千三十里。廣六百十里，袤七百里。北極高四十一度三十七分。京師偏西三十三度三十二分。領縣一。汗騰格里山支脈綿亙北境。東北有迭拉爾達坂。西北：阿爾齊里克達坂、馬納克齊達坂、泰來買提達坂、阿拉阿奇達坂。西：托和拉旦達坂、千佛洞。北：蘇巴什銅廠。龍口河源出迭拉爾達坂，西南流，納塔里克水、托克蘇拉水、卡拉淖水、朶托水，至隨魯莊，分爲葉斯巴什河、烏恰薩伊河、密爾特彥河，合流而東，瀦爲沙哈里克草湖。拉依蘇河出城北，分二支，均南流，一入輪臺，一入沙哈里克草湖。渭干河自拜城東南流入，逕千佛洞，南流入沙雅。驛五：鳩茲、托和拉旦、托和奈、哈爾巴、阿爾巴特。大小回莊一百二十六。卡倫四。沙雅 州南百八十里。唐，突厥施沙雁州。乾隆二十四年，設阿奇木伯克理回務。光緒十年裁。二十九年，以沙雅爾回城置縣。西北：哈電克套山。渭干河自州南入，折東流，至薩牙巴克莊，爲鄂根河，逕沙克理克，分支南流入塔里木河。又東逕阿洽，分二支：一東南流，出境爲渭干南河，入新平；一東北流，出境爲渭干北河，入輪臺。塔里木河自溫宿東南入，至可可覓，納渭干河支流，至喀喇墩，東流入新平。西南：下和里海子。西：草湖浣。驛二：在城、亮噶爾。回莊六十四。卡倫三。

烏什直隸廳：要，衝，疲，難。隸阿克蘇道。副將駐。漢，溫宿國。後漢內附。北魏入龜茲。唐貞觀中平之，置溫肅州，隸安西都護府。南宋屬西遼。元爲別失八里西境，封宗王阿只吉。明永樂中，其王西遷，地入回部。後併於準噶爾，名圖爾璊。乾隆二十年，阿奇木伯克霍集斯擒達瓦齊，以城內屬，改名烏什。以烏赤山得名。二十三年，設辦事大臣、參將。三十一年，築永寧城，移喀什噶爾參贊大臣、協辦大臣駐之，又設領隊大臣。四十四年，移領隊駐阿克蘇。五十二年，移參贊、協辦駐喀什噶爾，仍留辦事大臣。光緒九年裁，置直隸廳。東北距省治三千二十里。廣一千一百八十里，袤三百七十里。北極高四十一度六分。京師偏西三十八度二十七分。天山支脈綿亙境內。西南：烏魯山達坂。南：木其別什達坂、登魯古達坂、屯珠素山。東南：庫魯克達哈山。西北：上齊哈爾達坂。北：廓喀沙勒山、戈什山、哈克善山。東北：貢古魯達坂、珍旦達坂、英阿瓦達山。托什罕河二源，一自伽師東北入，納上齊哈爾達坂水，合東流，納希布勒孔蓋河、玉簪河，至烏什莊，別疊水南流注之。又東爲畢底爾河、貢古魯及可可容二水合爲柳樹泉，南流注之，東流入溫宿。驛二：烏赤、洋海。回莊二十八。布魯特二部游牧地：曰奇里克，曰胡什齊。卡倫十三。廳境北及西北均界俄。自喀依車奇哈達坂，至齊恰爾達坂，立牌博六。

疏勒府：衝，繁，疲。喀什噶爾道治所。烏魯木齊提督同駐。舊喀什噶爾道徠寧城。喀什譯言「各色」，噶爾爲「磚房」。漢，疏勒國地。永平中，龜茲併之，尋復立。元魏太延二年內屬。隋末屬西突厥。唐置佉沙都督府。宋開寶二年，併於于闐。南宋屬西遼。元至元二十五年，置達魯花赤，屯田於此，隸阿母河省。明爲哈實哈兒國。明末瑪木特玉布素自亞剌伯來。奉回教。乾隆間，準噶爾汗囚其曾孫瑪罕木於伊犂，幷其二子波羅泥都、霍集占。二十年，平伊犂，瑪罕木已死，定北將軍班第釋波羅泥都囚，使歸喀什噶爾統其衆，留霍集占於軍。旋逃至葉爾羌，據城叛。二十四年，將軍富德克之，阿渾以喀什噶爾降，始內屬。設參贊大臣，總辦天山南路八城事務。以阿奇木伯克理回務。領隊大臣、協辦大臣各一。專理喀什噶爾、英吉沙爾事務。總兵一。二十七年，於沽漊巴海築徠寧城。舊回城西北二里。三十一年，移參贊、協辦駐烏什，改設辦事大臣。五十二年，復設參贊、協辦。道光七年，於哈喇哈依築新城，名曰恢武。光緒九年，裁參贊、協辦，置直隸州。二十九年升府，增伽師，又巴楚州同隸。尋割巴楚屬莎車。東北距省治四千五百里。廣一千六百餘里，袤七百餘里。北極高三十九度二十五分。京師偏西四十二度二十五分。領縣二。烏蘭烏蘇河自府東流入，遶城南，復東北流入伽師。罕愛里克河、雅璊雅爾河亦自府東流入，注岳普爾湖之東庫山河。下游別什幹渠，自英吉沙爾東北流入，分數小水入沙磧。驛三：繫弦、雅璊雅爾、雅卜藏。漢屯八，大小回莊六。布魯特部游牧地。卡倫二。咸豐元年，俄約定爲商埠。

疏附 衝，繁，疲。府西北二十四里。舊回莊。光緒九年，劃烏蘭烏蘇河上游十一莊置。西北：烏孜別里山，爲葱嶺、天山之過脈，葱嶺支峰。西南：喀喇特山、瑪爾幹山、喀卜喀山、額依爾阿特山。南：烏魯瓦特山、阿依阿奇山、勒泰烏巴什山，皆在烏蘭烏蘇河南，天山支峰。西北：薩瓦雅爾德山、西康山、克子圖山、庫斯渾山、東克依克山，皆在烏蘭烏蘇河北。烏蘭烏蘇河源出葱嶺，東流，納業金水、瑪爾堪蘇河、阿依阿奇水、庫斯渾水，逕城西南，一支渠東流入府，一東流，圖蘇克塔什河合察克瑪克河北來注之，入伽師。雅璊雅爾河自蒲犂北流入，東北出，一支渠入府。驛一，在城。回莊九。布魯特五部游牧地：曰胡什齊，曰沖巴噶什，曰岳瓦什，曰希布察克，曰奈曼。卡倫三十三。牌博自西南烏孜別里山豁，至東北帖列克山豁，凡二十二。

伽師 衝，繁，難。府東一百六十里。漢，疏勒國地。唐，佉沙城。乾隆二十四年，設阿奇木伯克理回務。光緒二十九年，以牌素巴特回莊置。天山支脈迤邐北境。北：郭克阿勒山、以格孜達坂、阿奇克山、依提約爾山。西北：依得朗山、倫郭斯山。東：蘇潭山。烏蘭烏蘇河自境及疏附分支東流入境，逕城北，喀什噶爾河南流注之。又東北爲二支，瀦爲草湖，溢出復合，流入巴楚。驛五：在城、英阿瓦特、龍口橋、雅素里克、玉代里克。大回莊五。卡倫八。牌博自西北黑皮恰克，至烏圖魯達坂，凡五。

莎車府：衝，繁，難。隸喀什噶爾道。副將駐。**舊葉爾羌回城**。葉爾譯言「地」，羌謂「寬廣」也。漢，莎車國地。後漢併於于闐，元和後內附。三國屬疏勒。北魏爲渠沙國，後疏勒幷之。隋、唐至宋皆屬于闐。南宋屬西遼。元曰雅兒看，以封宗王阿魯忽。明曰葉爾羌，國最强。順治十三年，哈密、吐魯番入貢，其表均葉爾羌阿布都剌汗署名。康熙三十五年，破準噶爾，其王來朝，尋爲準噶爾所阻。乾隆二十年，始內屬。二十四年，平霍集占，舊伯克回民以城降。二十六年，設辦事大臣、協辦大臣、兼領隊事務各一，副將一。道光八年，改參贊大臣，尋復舊制。光緒八年平回亂。九年，裁辦事、領隊大臣。二十四年，築新城，設直隸州。二十八年，升府。東北距省治四千七十三里。廣一千三百里，袤一千二百里。北極高三十八度十九分。京師偏西四十度十分。領廳一，州一，縣二。崑崙山脈綿亙本境。西南：協坦耿山、鐵格山、海立雅山。澤勒普善河自蒲犂廳東北流入，納喇斯庫木河，東北入巴楚廳。雜布河自葉城東北流入，逕別什幹莊，東流入葉城。驛四：在城、科科熱瓦牙、合吱勒克、和色爾。回城巡司一。大回莊十七。布魯特部游牧地。卡倫六。

蒲犂廳 府西南八百里。舊色勒庫爾地。漢，蒲犂、西夜、烏秅、依耐諸國地。後漢，德若國。魏，滿犂、億若二國，並屬疏勒。北魏及唐，喝盤陀國。宋、元，于闐國。明屬葉爾羌。順治後，爲布魯特西部。光緒二十八年置。葱嶺北支綿亙北境。東北有鐵里達坂。西北：克則勒借克山。西南：烏魯克瓦提達坂。南：喀楚特山。賽里河出廳南，喀楚特河東北流注之，北流至申底南，折東流，名托布隆河，納湯吉塔爾河，又東流入府，注澤勒普善河。奇盤河自葉城西北流入，合喇斯庫木河，折東北入府，爲澤勒普善河。雅璊雅爾河自俄國東流入，納木吉河，東北流，入疏附。西北：愛南湖、喀喇庫湖、白希庫湖、布倫庫爾湖、霍什干大庫湖。驛十一：在城、申底、奇哈爾、塔爾拜什、托魯布倫、七里拱、拜塔、布達克、巴海開子、阿普里克、托乎拉克。大回莊二十七。布魯特部及塔吉克族游牧地。卡倫十一。

巴楚州衝，繁，疲。府東二百四十里。漢，尉頭國。三國及北魏屬龜茲。隋入疏勒。唐，蔚頭州。宋屬疏勒。元、明，別失八里地。乾隆中內屬，設阿奇木伯克理回務。道光十二年，築城，設糧員。光緒九年置瑪喇巴什直隸廳，設水利撫民通判。二十九年改置，治巴爾楚克，易今名。天山支脈蜿蜒北境。東：烏果洛可山、覺里孔山。南：克拉甫山。西：沙格山。澤勒普善河自莎車東北流入，合老玉河，爲葉爾羌河，折東北，入溫宿。烏蘭烏蘇河合喀什噶爾河，自伽師東流入，至古鷹州城，折東北，注葉爾羌河，入溫宿。聽雜布河自葉城東北流入，分數支渠。又有蘇沙湖、鹹海、故海、小海子。驛八：七台、察巴克、圖木舒克、車底庫勒、雅哈爾庫圖克、色瓦特、屈爾蓋、卡拉克沁。回莊八十六。卡倫二。

葉城衝，疲，難。府東南二百里。舊哈哈里克。漢，莎車、子合國地。後魏，渠沙、悉居半、朱俱諸國地。唐，沮渠、朱俱波西地，入于闐。明，葉爾羌。乾隆中內附。光緒九年，以哈哈里克置。葱嶺北支綿亙縣境。有奇盤山、密爾岱山。南：瑪爾胡魯克山。西南：八沙拉達坂。東：玉拔達坂。奇盤河源出八沙拉達坂，北流，福新河自皮山西北流注之，又西北入蒲犂。聽雜布河爲福新河分支，北流逕城西，又東北流入巴楚。驛二：哈哈里克、上波斯坎。大回莊十一。卡倫七。

皮山衝，疲，難。府東南四百十里。舊咽瑪回莊。漢，皮山國地。後漢入于闐，尋復立。三國，皮山。北魏，蒲山。北周、隋、唐屬于闐。乾隆間內屬。光緒二十八年，於蘇各莊置澤普縣，尋移治咽瑪，易今名。葱嶺山脈綿亙境內。南：卡拉胡魯木山、素蓋提山、桑珠山。東南：普下山、陽阿里克山、杜瓦山。福新河出卡拉胡魯木山，西北流，逕達爾烏孜莊入葉城。哈拉哈什河自和闐西北流入，瀦爲別里克奇草湖，復溢出，東北流入和闐。驛五：咽瑪、淖洛克、木吉、裝桂雅、怕爾漫。大回莊四十三。卡倫六。縣南卡拉胡魯木山與英分界，立牌博一。

和闐直隸州：疲，難。和闐譯言「黑台」，回人謂漢人也。隸喀什噶爾道。舊額里齊回城。漢，于闐國。後漢建武時，併於莎車，尋復立。北魏至唐，皆通朝貢。貞觀中，置毗沙都督府。儀鳳中，陷吐蕃，尋自立。後晉、後漢及北宋，朝貢不絕。南宋後，屬西遼。遼亡，屬乃蠻。元太祖九年，曷思麥里殺乃蠻主內附。十六年，朮赤取玉龍傑赤等城，後併可失哈兒、雅兒看，即莎車為三城，以封阿魯忽。至元初，阿魯忽叛。十六年，以忽必來別速台為都元帥，戍斡端城，二十六年罷。明永樂四年入貢。明末併於回部。康熙中，入準噶爾。乾隆二十年，準部平，始內屬。二十四年，設辦事大臣、協辦大臣各一。駐伊爾齊，轄回城六，隸於葉爾羌大臣。又設都司一。光緒九年裁，設直隸州。東北距省治四千九百六十三里。廣二千三百里，袤一千二百里。北極高三十七度。京師偏西三十五度五十二分。領縣二。南：札客安巴山。西南：哈喇科隴山、尼蟒依山、阿拉克達坂、庫布哈達坂。東南：察察嶺、乙根達坂。東：卡浪古達坂、烏魯達坂。玉瓏哈什河源出尼蟒依山，西北流，至而梗勒司莊，折東北，納泥沙諸水，至八栅為州境，與洛浦分界，又東北與哈拉哈什河會。哈拉哈什河亦出尼蟒依山，西流，納庫布哈達坂水，折西北入皮山，復東北流，逕州境入洛浦。驛二：托彌、雜瓦。回莊二十九。

于闐 繁，難。州東四百六十里。漢，扜彌、渠勒、精絕、戎盧、且末、小宛諸國地。後漢為拘彌。北魏附蠕蠕。隋屬突厥。唐初為毗沙都督府地。儀鳳中，陷吐蕃，長壽時，復立國，屬于闐。石晉置紺州。宋仍屬于闐。南宋屬西遼，後屬乃蠻。元，阿魯忽封地。明併於回部。康熙時，屬準噶爾。乾隆二十年內屬。二十四年，設阿奇木伯克理回務。光緒九年置。治哈拉哈什，尋徙治克里雅。崑崙綿亙縣境。東南：昆折克圖拉爾山。東：蘇拉瓦克山大金廠，卡巴山小金廠。東北：阿里屯塔格山。西南：克里雅山、喀喇布拉克山、皮介山、阿羌山。卡牆河出縣東，納烏蘇克蘇水，阿克塔克水、阿里雅拉克水，西流，又納覺可沙衣水，跳提勒水，北流，分數渠，東北入婼羌。伊爾里克淖爾在縣西南，納阿羌山、皮介山諸小水，北流入沙磧。驛二：罕蘭、渠勒。回莊五十九。

洛浦 繁，難。州東七十里。光緒二十八年，析和闐東境玉河以東、于闐西境一根闌干以西置。東南：鐵蓋列克山。玉瓏哈什河自州東北流，至八栅入，北流至塔瓦克，合哈拉哈什河，名和闐河，入溫宿，注塔里木河。驛一：白石。回莊四十一。

英吉沙爾直隸廳： 衝，繁，難。隸喀什噶爾道。故回莊。漢，依耐國地。後漢併於莎車。魏至隋，疏勒國地。唐，朱俱波國地。宋併於于闐。元爲可失哈兒地，以封宗王。明末瑪木特玉素來自亞剌伯，遂爲回教阿渾所居。乾隆二十四年，平霍集占，始內屬，定今名，英吉譯言「新」，沙爾，「城」也。設總兵。三十一年，設領隊大臣，隸喀什噶爾。光緒九年裁，置直隸廳。東北距省治四千二百七十四里。廣二百六十里，袤一百五十五里。北極高三十八度四十九分。京師偏西四十一度五十分。葱嶺支脈環繞廳境東、西、南三面。西南：齊齊克山、鐵里達坂、哈拉山、哈什克素山、黑甲克山。西：科可山。西北：清氣山、佳音山。東南：黑子爾山。東：阿依普山。罕依拉克水源出齊齊克山，東北流，逕鐵列山，爲庫山河。分二支，一繞城東南，又分爲特爾木齊克河，折東北入沙磧。一東北流，爲圖木舒河，旁分二支，一經城西南，瀦爲阿哈海，溢出東流入沙磧，一經城北黃壤沙地，注英乙泉水。其正支東北流，又分二支，一與英乙泉水合，入草地，瀦爲小湖，一逕阿克托八栅，爲別什幹渠，東北至疏勒入沙磧。塔思滾水發源哈什克素山，東北流，分三支，至阿依普山麓入沙磧。東南，黑子爾泉、且木倫泉，均東北流，合爲鐵列克水，入沙磧。驛三：依耐、托和布拉臺、黑子爾。回莊六十八。布魯特沖巴噶什等十四部游牧地。

清史稿卷七十七

志五十二

地理二十四

內蒙古

內蒙古：古雍、冀、幽、并、營五州北境。周，獫狁、山戎。秦、漢，匈奴盡有其地。漢末，烏桓、鮮卑薦居。元魏，蠕蠕及庫莫奚爲大。隋、唐屬突厥，後入回紇、薛延陀。遼、金建都邑城郭同內地。元，故蒙古，起西北有天下。明，阿裕實哩達喇遁歸朔漠，復改號，遺踵曼衍，北陲多故。清興，蒙古科爾沁部首內附。旣滅察哈爾，諸部踵降，正其疆界，悉遵約束。有大征伐，並帥師以從。定鼎後，祿爵世及，歲時朝貢，置理藩院統之。部落二十有五，旗五十有一，並同內八旗。乾隆間，改歸化城土默特入山西，仍有部落二十四，旗四十九。其貢道：由山海關者，科爾沁、郭爾羅斯、杜爾伯特、札賚特四部，旗十；由喜峰口者，阿嚕科爾沁、札嚕特、土默特、喀喇沁、喀爾喀左翼、奈曼、翁牛特、敖漢八部，旗十三；由獨石口者，阿巴噶左翼、阿巴哈納爾左翼、浩齊特、烏珠穆沁、巴林、克什克騰六部，旗九；由張家口者，阿巴噶右翼、阿巴哈納爾右翼、蘇尼特、四子部落、喀爾喀右翼、茂明安六部，旗七；由殺虎口者，歸化城土默特、烏喇特、鄂爾多斯三部，旗十二。是爲內札薩克蒙古。袤延萬餘里。東界吉林、黑龍江，西界厄魯特，南界盛京、直隸、山西、陝西、甘肅，五省並以長城爲限。北外蒙古。面積百四十八萬一千七百六十方里。北極三十七度三十分至四十七度十五分。經綫京師偏東九度至偏西九度三十分。

科爾沁部六旗：在喜峰口東北八百七十里。西南距京師一千二百八十里。秦、漢，遼東郡北境。後漢爲扶餘、鮮卑地。隋、唐爲契丹、靺鞨地。遼爲上京東境、東京北境。金分屬上京、北京及咸平路。元，開元路北境。明置三衞，自黃泥窪踰鐵嶺至開原曰福餘衞，以元後烏梁海酋領爲都指揮，後自立國號曰科爾沁。清初以接壤聯姻。其後台吉奥巴爲察哈爾所侵，率先來降，太祖賜以土謝圖汗之號，後封親王四、郡王三、貝勒三、貝子一、鎭國公一、輔國公五，掌旗世襲。所部廣八百七十里，袤二千一百里。東界札賚特，西界札魯特，南界盛京邊牆，北界索倫。貢道由山海關。科爾沁右翼中旗札薩克駐巴音和碩南，曰塔克禪，在喜峰口東北一千二百里。西南距京師一千六百十里。本靺鞨地。遼爲黃龍府北境。金屬上京路。元廢。牧地當哈古勒河、阿魯坤都倫河合流之北岸。東界那哈太山，南界察罕莽哈，西界塔勒布拉克，北界巴音和碩。廣一百五十里，袤四百五十里。北極高四十六度十七分。京師偏東四度三十分。其山：東曰烏蘭峰、那哈太山。南，阿達金察漢陀羅海坡、漢惠圖坡。西，鮮卑山，土名蒙格。北，溫山，蒙名哈祿納。東南，巴朗濟喇坡。西南，烏爾圖岡。其水：西北，郭特爾河，上承哈爾古勒河，自札魯特東南流入界，逕科爾沁左翼中旗。南，阿魯坤都倫河、鄂布爾坤都倫河，並自札魯特東來合流注之。又東南，逕右翼中旗南、左翼中旗北，屈曲流，至翁袞山東南，匯爲察罕泊。北：阿爾達河，源出溫山，逕榆木山，東南流入右翼前旗；海拉蘇台河，一名榆河，源出興安山，逕火山，東南流，皆與貴勒爾河會。鶴午河源出伊克呼巴海山，逕磨爾託山，東南流入右翼前旗，入榆河。

科爾沁左翼中旗

札薩克駐西遼河之北伊克唐噶里克坡，在喜峰口東北一千六十五里。西南距京師一千四百七十五里。本契丹地。遼爲黃龍府北境。金屬上京路。元廢。牧地當吉林赫爾蘇邊門外昌圖廳界，跨東西二遼河。東界鄂拉達干，南界小陀果勒濟山，西界唐海，北界博羅霍吉爾山。廣一百八十里，袤五百五十里。北極高四十三度四十分。京師偏東六度四十分。其山：東南曰伊克圖虎爾几山，一名牛頭山、巴漢圖虎爾几山、巴漢哈爾巴爾山。西北，巴顏朔龍山、吉爾巴爾山一名水精山、巴漢查克朵爾山一名小房山。北，五峰山蒙名他奔拖羅海、伊克查克朵爾山一名大房山。東北，大石山蒙名葛倫齊老、太保山蒙名圖斯哈爾圖。西南，吉里岡。東南：遼河自永吉州入，逕額爾金山，西北流，入左翼後旗，又西南會潢河入邊。潢河自札魯特左翼入，逕噶爾岡東南來注之。卓索河源出邊內，西北流入左翼後旗，會尹几哈台河，入遼河。西北：和爾河，一名合河，自札魯特左翼入，東逕右翼中旗、前旗、後旗地，入因沁插漢池。阿祿崑都倫河自札魯特左翼入，逕葛勒圖溫都爾山，東流，會額伯爾崑都倫河，入右翼中旗，西北經魁屯山，東南流，會於合河。西北：中天河蒙名都穆達圖騰葛里，東天河蒙名準騰葛里，源均出吉爾巴爾山，東南流，會几伯圖泉，入佟噶喇克插漢池，几伯圖泉、他拉泉從之。

科爾沁左翼後旗

札薩克駐雙

和爾山，在喜峯口東北一千四百五十里。西南距京師一千四百五十里。本契丹地。遼置鳳州。金廢。牧地當法庫邊門北，東西二遼河於此合流。東界碩勒和碩，南界柳條邊，西界伊柯鄂爾多，北界格爾莽噶。廣二百里，袤一百五十里。北極高四十二度。京師偏東六度二十分。其山：東，得石山。西南曰巴漢巴虎山。東北，得石拖羅海山。東，奚王嶺，土名蒙古爾拖羅海。東南：羊城濼，蒙名尹兀哈台，源出邊內，流入境，北流，會卓索河，入邊河。

科爾沁右翼前旗　札薩克駐錫喇布爾哈蘇，在喜峯口東北一千三百五十里。西南距京師一千七百六十里。本靺鞨地。金置肇州，隸會寧府。海陵改屬濟州。承安三年升鎭。元，遼王乃顏分地。牧地當索岳爾濟山南，洮爾河、歸喇里河於是合流注嫩江。東界岳索圖濟喇，南界達什伊哈克，西界那哈太山，北界索岳爾濟山。廣一百二十里，袤三百八十里。北極高四十六度。京師偏東五度三十分。其山：西北曰喀喇阿几爾漢山、魁勒庫山。北，神山、火山。東北，羊山蒙名衣馬圖、駱駝山蒙名特門。東南，插漢碧老岱坡。西：洮兒河，源出西北興安山，東南流，合貴勒爾河，又東北折，逕右翼後旗南，又東逕札賚特南，匯爲納藍撒藍池，入嫩江。北：貴勒爾河，自右翼鶴五河東北流，會楡河，爲貴勒爾河，逕魁勒庫山，東南流，會阿爾達爾入洮兒河。駱駝河，蒙名特門河，源出葛爾濟隆山，東流，會戳兒河，東入嫩江。

科爾沁右翼後旗　札薩克駐額木圖坡，在喜峯口東北一千四百五十里。西南距京師一千八百六十里。本靺鞨地。遼置衍州安廣軍。金，州廢。元爲乃顏分地。牧地跨洮兒河，卽陀喇河。東界查巴爾太山，南界拜格台陀博，西界博達爾罕山，北界慶哈山。廣一百二十里，袤三百七十里。北極高四十六度。京師偏東五度三十分。其山：東北曰西伯圖山、納几山。北，朱爾噶岱山、卓索台山。西南，鼐滿烏里堵坡。東南：因沁插漢池。

科爾沁左翼前旗　札薩克駐伊克岳里泊，在喜峯口東北八百七十里。西南距京師一千二百八十里。本契丹地。遼置長青州。金降爲縣，隸泰州。元廢。牧地當法庫邊門外養息牧牧場東。東界霍雅斯，南界柳條邊，西界伊拉木圖，北界阿木塔克。廣一百里，袤一百二十里。北極高四十三度。京師偏東六度四十分。東南：龍門山蒙名阿會圖。東南：布敦山、寬山、朔龍峰。南：鴨子河，蒙名沖古爾，其地有二泉，並名沖古爾，西南流入養息牧河。東南有巴漢岳里泊。

扎賚特部一旗：附科爾沁右翼。札薩克駐圖卜新察汗坡，在喜峰口東北一千六百里。西南距京師二千十里。本契丹地。遼，長春州。金，泰州北境。元爲遼王分地。明爲科爾沁所據，後分與其弟阿敏，是爲扎賚特。**天命中，台吉蒙袞來降，後封貝勒，世襲掌旗。牧地在齊齊哈爾城西。東界嫩江，南界鍾奇，西界烏蘭陀博，北界鄂魯起達巴哈山。廣六十里，袤四百里。北極高四十六度三十分。京師偏東七度四十五分。**貢道由山海關。東北：阿敏山，蓋以所部之祖名其山也。西北：赤房山蒙名烏蘭格爾、鵰窠山蒙名岳樂。北：朵雲山、塞肯山。西南：阿揚噶爾坡。東：嫩江，自黑龍江入，又南入郭爾羅斯前旗。北：綽爾河，源出西北興安山，東南流，至旗西，分數歧，又東南折入嫩江。西北：佗新河，自右翼後旗入，逕托額貴山，東南流，會綽爾河。西南：洮兒河，自右翼後旗入，東南流，匯爲日月池，同入嫩江。**以上統盟於哲里木。**盟地在科爾沁右翼中旗境內。

杜爾伯特部一旗：附科爾沁右翼。札薩克駐多克多爾坡，在喜峰口東北一千六百四十里。西南距京師二千五十里。本契丹地。遼，長春州。金，泰州北境。元，遼王分地。明爲科爾沁所據，後分與弟愛納噶，是爲杜爾伯特。**天聰中，台吉阿都齊來降，後封其子賽冷貝子，世襲掌旗。牧地當嫩江東岸、齊齊哈爾城東**

南。東界哈他伯齊坡，南界阿蘇台札噶，西界嫩江，北界布台格爾池、烏柯爾鄂克達。廣一百七十里，袤二百四十里。北極高四十七度十五分。京師偏東七度十分。貢道由山海關。東：富峪蒙名巴雅鼐。東南：哈他伯齊坡。西南：和几蒙克坡。東北：阿拉克阿几爾漢坡。北：疊翠巖蒙名磨朵圖。西：嫩江，自黑龍江境南流入，西與札賚特分界，又南入郭爾羅斯後旗。東：烏葉爾河，源出黑龍江境，西南入，逕黨納坡，又南入郭爾羅斯後旗。

郭爾羅斯部二旗：附科爾沁左翼。在喜峰口東北。本契丹地。遼置泰州昌德軍，屬上京。金大定中廢，移州於長春縣，以故地爲金安縣，隸之。元爲遼王分地。明爲科爾沁所據，後分與其弟烏巴什，是爲郭爾羅斯。天聰七年，台吉古木及布木巴來降，後封古木弟桑阿爾賽輔國公，世襲掌前旗，布木巴鎭國公，世襲掌後旗。其所部東界盛京永吉州，南界盛京邊牆，西及北界科爾沁。貢道由山海關。郭爾羅斯前旗札薩克駐固爾班察漢，在喜峰口東北一千四百八十七里。西南距京師一千八百九十七里。牧地當嫩江與松花江合流之西岸，在吉林伊通邊門外長春廳之西。東界烏拉河，南界柳條邊，西界博果圖，北界拜格台和碩。廣二百三十里，袤四百里。北極高四十五度三十分。京師偏東八度十分。其山：西南曰巴顏朱爾克山，一名牛心山。東南，衣馬圖峰。北，他奔拖羅海坡。東北，巴吉岱坡。西，巴顏布他岡。東：混同江，土名吉林江，自奉天永吉州西北入，東北流，會嫩江。又東折入後旗地，東北流，會黑龍江，東入海。南：一禿河，源出奉天永吉州境，北流出邊，逕龍安城，又東北流，會伊爾們河，入混同江。東南：伊爾們河，源出永吉州境，北流出邊，受南來之烏蘇土烏海河，會一禿河，入混同江。郭爾羅斯後旗札薩克駐榛子嶺，在喜峯口東北一千五百七十里。西南至京師一千九百八十里。牧地當混同江北岸、嫩江東岸。東界阿勒克巴魯，南界嫩江，西界嫩江，北界烏魯勒圖。廣二百二十里，袤二百六十里。北極高四十六度十分。京師偏東八度二十分。其山：東曰常峽坡。東南：阿祿布克色坡、阿拉克碧老坡。西北：拜拉喇齊坡。東北：布拉克台坡。西：烏葉爾河，自杜爾伯特入，分流爲西訥河，西南流，同入嫩江。嫩江分流爲牛川，蒙名烏庫爾，東南流，會烏葉爾河。

喀喇沁部二旗，新增一旗曰中旗：在喜峯口東北。秦、漢，遼西郡境。唐，饒樂都督府，後入契丹。遼置中京大定府。金，北京。元，大寧路。明洪武中，封子權寧王。永樂初，盡以大寧地賜朵顏、泰寧、福餘三衞。朵顏時陰附韃靼爲邊患，後爲察哈爾所滅，以其地予其塔布囊，是爲喀喇沁。天聰七年，部長蘇布地率昆弟塞冷等來降，後封蘇布地之子古魯思起布爲貝子，主右翼，塞冷爲鎭國公，主左翼，並世襲。康熙中，增設一旗，授喀寧阿一等塔布囊，加公銜，襲封。所部東界土默特及敖漢，西界察哈爾正藍旗牧場，南界盛京邊牆外，北界翁牛特。廣五百里，袤四百五十里。貢道由喜峯口。喀喇沁右翼 札薩克駐錫伯河北，在喜峯口北三百九十里。西南距京師八百里。牧地在圍場東，跨老哈河。東界鄂博噶圖，南界霍落蘇泰，西界察罕鄂博，北界霍爾哈嶺。廣三百里，袤二百八十里。北極高四十一度五十分。京師偏東二度四十分。其山：東曰和爾坤都倫喀喇山、烏爾圖納蘇圖波羅山、伊瑪岱山、七金山蒙名和爾博勒津、大紅螺山蒙名巴顏烏蘭。東南，大斧山蒙名喀喇和邵、柞山蒙名巴圖插漢、大青山蒙名巴顏喀喇。南，和爾和克阿惠山、常吉爾岱山、拉克拉哈爾山。西南，崑都倫喀喇山。西，崑都爾圖山。北，鄂通台和羅圖山、緯和羅漢林嶺。南：老河，蒙名老哈，源出明安山，東北流，會諸小水，逕敖漢北、翁牛特左翼南，又經奈曼、喀爾喀二部，納奇札帶河，北流與潢河會。南，虎查河、和爾和克河、上神水河、呼魯蘇台河、巴爾漢河、納林崑都倫河，東，落馬河，同入老河。西：木睿喀喇克沁河，源出卯金插漢拖羅海山，西北流，會布墩河，又西流，合宜孫河，南入灤河。淘金圖河，西南流，會烏喇林河，亦南入灤河。東南：土河，蒙名土爾根，源出西默特山，東南流入土默特右翼。西：卯金溫泉有二，一出卯金河東，西流會卯金河，一出卯金河西，東南流，亦會卯金河。卯金河源出卯金嶺，西南流，會熱河。賽因阿拉善溫泉，卽熱河之源也。**喀喇沁左翼**　札薩克駐牛心山，在喜峯口東北三百五十里。西南距京師七百六十里。牧地當傲木倫河源。東界烏蘭哈達圖和碩，南界寧遠邊牆，西界烏里蘇太梁，北界唐奇鼐陀羅海。廣二百三里，袤一百七十里。北極高四十一度十分。京師偏東三度四十分。其山：東北曰峨倫和歌諸忒山。東，柏樹山蒙名邁拉蘇台喀喇。東南，阿布察山、噶海圖博羅山。南，翁噶爾圖山、拖和喀喇山、他奔拖羅海圖山。西南，樺山蒙名韋蘇圖、柞子嶺、貴石嶺。西，佗蘇圖喀喇山。西北，察爾契山、庫葛會山。西北：青龍河，蒙名顧沁河，源出長吉爾岱山，西南流，會湯圖河，逕額倫碧老嶺入邊城，逕永平府，北入灤河。南：額類河，源出額類嶺，南流會寬河，至奉天寧遠州西入邊，爲黑水河，入六州河。北：大凌河蒙名敖木倫河，源出尾蘇圖山，東流，至西喇哈達圖山東北，折入土默特右翼，又東南入邊。西：和爾圖河，源出陀蘇圖喀喇山，東流，會敖木倫河。森几河、賽因台河、石塔河、神水河、清水河皆從之。**喀喇沁中旗**　在左右翼二旗界內。札薩克駐珠布格朗圖巴顏哈喇山。牧地跨老哈河源。東與北若西皆右翼，南左翼，東界博勒多克山，北界岳羅梁，西界霍爾果克。北極高四十一度三十分。京師偏東二度。其山：東曰博勒多克山。山南拉克篤爾山。

土默特部二旗，左翼附一旗：在喜峯口東北。古孤竹國。漢，遼西郡治柳城縣地。燕，慕容皝建都，改龍城縣。元魏爲營州治。隋復置柳城縣。唐爲營州都督府治。遼置興中府。元，大寧路興中州。明以內附部長爲三衞，自錦、義歷廣寧至遼河曰泰寧衞，後爲蒙古土默特所據。天聰三年，台吉鄂木布、塔布囊善巴來降，後封善巴貝勒，主左翼，鄂木布貝子，主右翼，世襲。所部東界養息牧牧場，西界喀喇沁右翼，南界盛京邊牆，北界喀爾喀左翼及敖漢。廣四百六十里，袤三百一十里。貢道由喜峯口。乾隆中停貢。

土默特左翼札薩克駐哈特哈山，左喜峯口東北八百二十里。西南距京師一千二百三十里。牧地當錫呼圖庫倫喇嘛游牧之南，養息牧牧場之西。東界岳洋河，南界什巴古圖山，西界巴噶塔布桑，北界當道斯河。廣一百六十里，袤一百三十里。北極高四十二度十分。京師偏東四度三十分。其山：南，達離山蒙名刻特俄爾多和碩。西，瞙衣達摩山、青金山蒙名博羅蒙魁。北，淘金圖山、伊克翁山、巴漢翁山。北：庫崑河，或作呼渾河，自喀爾喀左翼入，會烏訥蘇台河、阿哈里河，入養息牧河。西北：羖羊河，蒙名衣馬圖河，源出彌勒山，西南流，逕青山，又南會馬鞍河，入邊，逕義州東北爲細河，會清河入大淩河。

土默特右翼札薩克駐巴顏和碩，亦名大華山，在喜峯口東北五百九十里。西南距京師一千里。牧地在九關臺、新臺邊門外，跨鄂木倫河。東界訥呼遜山，南界魏平山，西界鄂朋圖山，北界什喇陀羅海。廣二百九十里，袤一百八十里。北極高四十一度四十分。京師偏東四度二十分。其山：東曰衣達摩山、五鳳山、蓮花山。東南，喀喇七靈圖山。南，神應山蒙名蘇巴爾噶圖。西南，土祿克臺山、卓常吉爾山。西，釜山蒙名喀喇拖和多、青山蒙名博羅和邵、鳳凰山蒙名兆馨喀喇。西北，布祿爾喀喇山。北，回賀爾山。東北，赤山蒙名五藍。西：大淩河，自喀喇沁左翼入，東流，逕古興中城，南折，東南流，納柳河，入邊。土爾根河，一自喀喇沁右翼東流入，一自奈曼南流入，均南流入大凌河。北：卓索河，源出回賀爾山。老寨河、土河、柞河，東北楊河，皆南流入土爾根河。西：小凌河，蒙名明安河，源出明安喀喇山，東北流，會木壘河、哈柳圖河，入邊，會烏馨河入海。土默特左翼附旗初，喀爾喀台吉巴勒布冰圖，康熙元年自杭愛山率屬來歸，詔附左翼札薩克達爾漢貝勒阜哩克圖牧。四年，封多羅貝勒。牧地在錫哷圖庫倫喇嘛游牧之西。東界霍濟勒河，南界庫崑河，西界布圖昆地，北界愛篤罕山。以上統盟於卓索圖。盟地在土默特右翼境內。

敖漢部一旗：札薩克駐固班圖勒噶山，在喜峰口東北六百里。西南距京師一千一十里。本古鮮卑地。隋，契丹地。唐屬營州都督府。遼、金爲興中府北境。元爲遼王分地。明爲喀爾喀所據，後分與其弟，號曰敖漢，役屬於察哈爾。天聰元年，貝勒塞臣卓禮克圖舉部來降，後封郡王，世襲。牧地跨老哈河。東界奈曼，南界土默特，西界喀喇沁，北界翁牛特。廣一百六十里，袤二百八十里。北極高四十三度十五分。京師偏東四度。貢道喜峰口。其山：東，哈達圖拖羅海山。東南，白石山蒙名插漢齊老台、富泉山。南，二天山蒙名騰格里、小蟠羊山蒙名巴漢衣馬圖。西南，韋布爾漢山、庫爾奇勒山。西，森几拖羅海山、棗山蒙名齊巴噶。西北，巴雅海山。北，寬山蒙名鄂達博羅、兆虎圖插漢拖羅海山。東北，庫爾奇勒峯、梨谷蒙名阿里馬圖。其水：北，老河，蒙名老哈，自喀喇沁右翼入，東北流，逕噶察喀喇山，又東入翁牛特。西南，落馬河，蒙名百爾格，自喀喇沁右翼入，東北流，入老河。南，杜母達納林河，源出天山，北流入七老台池。南，衣馬圖泉，下流入沙池。東北，崑都倫喀喇烏素泉，南流入老河。

奈曼部一旗：札薩克駐章武臺，在喜峯口東北七百里。西南距京師一千一百十里。古鮮卑地。隋，契丹地。唐屬營州都督府。遼、金爲興中府北境。明爲喀爾喀所據，分與親弟，號曰奈曼。天聰元年，酋長衮楚克巴圖魯爲察哈爾所侵，來降，後封郡王，世襲。牧地當潢河、老哈河合流之南岸。東界科爾沁，南界土默特，西界敖漢，北界翁牛特。廣九十五里，袤二百二十里。北極高四十三度十五分。京師偏東五度。貢道由喜峯口。其山：南曰馬尼喀喇山、五鳳山蒙名他奔拖羅海。西，呼原博塔蘇爾海岡。東南，大黑山蒙名巴顏喀喇。東北，哈納岡。北：潢河自敖漢入，合老哈河，東北流，入喀爾喀左翼。南：圖爾根河，亦名土河，源出塔本陀羅海山，南入土默特右翼。西：固爾班和爾圖泉，東南流，會圖爾根河。

巴林部二旗：在古北口東北七百二十里。南距京師九百六十里。遼，上京臨潢府。金，大定後，併屬北京路。元屬廣寧路，爲魯王分地。明初爲廣寧衞，後屬烏梁海北境，後爲順義王諳達五子巴林台吉所據，役屬於察哈爾。天命十一年，以巴林叛盟，征之，戮其貝勒。天聰二年，爲察哈爾所破，貝勒塞特哩、台吉滿朱習禮來歸，改封塞特哩之子塞布騰郡王，主右翼，滿朱習禮爲貝子，主左翼，襲封。右翼、左翼同游牧地，當潢河北岸。東界阿嚕科爾沁，南界翁牛特左翼，西界克什克騰，北界烏珠穆沁。廣二百五十里，袤二百三十三里。北極高四十三度三十六分。京師偏東二度十四分。貢道由獨石口。其山：東有鄂拜山、石雞山蒙名伊韜圖。南，巴爾達木哈喇山、勃突山蒙名巴爾當。遼五代祖勃突生於此山，因以名焉。西，碧柳圖山、淸金山。東南，特墨車戶山。東北，僧機圖。南：潢河，自克什克騰入，東流，會黑河，入翁牛特左翼。黑河即古慶州黑水。東北：布雅鼐河，源出僧機圖山，東南流，會烏爾圖綽農河，東入阿嚕科爾沁，注於達布蘇圖池。有哈爾達蘇台河，西自克什克騰來注之，東南流入潢河。巴林左翼札薩克駐阿察圖陀羅海。巴林右翼札薩克駐托盆山。

札魯特部二旗：在喜峯口東北。漢，遼東郡北境。唐屬營州都督府。遼，上京道地。金屬北京路。元屬上都路。明爲蒙古札魯特所據，後屬喀爾喀。清初與札魯特內齊汗結親。後貝勒色本引兵助明，太祖擊擒之，旋釋歸。天聰二年，色本等爲察哈爾所侵，與內齊舉部來降，封內齊貝勒，主左翼，色本貝勒，主右翼，世襲。左、右同游牧地，當哈古勒河、阿魯崑都倫河之源。東界科爾沁，南界喀爾喀左翼，西界阿嚕科爾沁，北界烏珠穆沁。廣一百二十五里，袤四百六十里。北極高四十五度三十分。京師偏東三度。貢道由喜峯口。札魯特左翼札薩克駐齊齊靈花陀羅海山北，在喜峯口東北一千一百里。西南距京師一千五百一十里。牧地當哈古勒河、阿魯坤都倫河之源，達布蘇圖河於此流入於沙。其山：北曰野鵲山蒙名巴顏喀喇、巴噶查克朵爾山。東北，屈劣山蒙名布敦花拖羅海。西南，噶海岡、車爾百湖岡。西，獨石岡。東南，貴勒蘇台。其水：南，潢河自阿嚕科爾沁入，逕車爾百湖岡，東流，入科爾沁，蒙名西拉木倫河，即遼河之西源也。北，沙河、阿祿崑都崙河，東流入科爾沁。額百里崑都崙河，源出愁思嶺，東流，亦入科爾沁。札魯特右翼札薩克駐圖爾山南，在喜峯口東北一千二百里。西南距京師一千六百四十里。牧地同。其山：南曰嵬石山蒙名札拉克。西南，托几山。西，小白雲山蒙名巴哈插漢拖羅海山。西北，色爾奔山、几祿克山、大青羊山蒙名伊克特黑。北，花山、蛇山、小青羊山蒙名巴漢特黑。其水：西北曰魁屯河，一名陰涼河，源出賀爾戈圖五藍山，東南流，會天河。北，阿里雅河，源出大赤峯，西流逕花山，入阿嚕科爾沁。他魯河源出大青羊山，南流，合阿里雅河。

翁牛特部二旗：在古北口東北。唐，饒樂都督府地。遼置饒州匡義軍節度，屬上京道。金，北京路地。元爲魯王分地。明初以烏梁海置衞爲外藩，後自稱翁牛特，本服屬於阿嚕科爾沁。天聰七年，濟農索音、貝勒東率所部來降，後封索音郡王，主右翼，東貝勒，主左翼，並襲封。所部東界阿嚕科爾沁，南界喀喇沁及敖漢，西界熱河禁地，北界巴林及克什克騰。廣三百里，袤一百六十里。北極高四十三度十分。京師偏東二度五十分。貢道由喜峯口。**翁牛特左翼**札薩克駐札喇峯西綽克溫都爾，在古北口東北六百八十里。西南距京師九百二十里。牧地介潢河、老哈河之間。東界阿嚕科爾沁，南界敖漢，西界克什克騰，北界巴林。廣三百里，袤九十里。北極高四十三度十分。京師偏東二度五十分。其山：東曰小華山蒙名巴哈哈爾占、大松山蒙名伊克納喇蘇台。南，兆呼圖插漢拖羅海山。西，勃突山蒙名布墩、吐頹山蒙名巴爾哈岱。西北，古爾板土爾哈山。東南，阿爾齊土插漢岡。東北：兔麝山。其水：北曰潢河，自克什克騰入，東流逕巴林，又東流入境，又東北流，老河自敖漢來會，逕札魯特南、喀爾喀北，入科爾沁。**翁牛特右翼**札薩克駐哈齊特呼朗，在古北口外五百二十里。西南距京師七百六十里。牧地在熱河圍場東北，老哈河南岸。東界敖漢，南界喀喇沁右翼，西界圍場，北界克什克騰。廣二百四十里，袤一百里。北極高四十三度十分。京師偏東二度五十分。其山：東曰烏蘭布通山、夏屋山蒙名伊克布庫圖爾。東南，花和博圖山、阿爾渾查克插漢拖羅海山、棗山蒙名齊巴哈。南，古爾板拖羅海山、遮蓋山蒙名阿惠喀喇。西南，巴倫桑噶蘇台山、大黑山、額類蘇圖山。西，徒古爾喀喇山、博多克圖山。西北，巴顏布爾噶蘇台山、黃山蒙名洪戈爾峨博。北，馬鞍山蒙名西喇得伯僧、海他漢山。其水：南曰錫伯河，自喀喇沁北流入境，東北流，會獐河入老河。獐河，蒙名西爾哈，亦自喀喇沁流入境，東北流，逕巴顏喀喇山，東北會英金河，又東逕五藍峯北入老河。西北，烏拉岱河，源出楊木嶺，南流，經博多克圖山，折東北流，會獐河。西，巴倫撒拉河，源出葛爾齊老東北，東南流，逕巴爾圖山，折東北流，會烏拉岱河。西，車爾伯呼河，源出奴克都呼爾山，東南流，會獐河。英金河，源出蝦蟆嶺，東南流，亦會獐河，又東入老河。奴古台河、珠爾河、拜拉河，皆與英金河會。北，卓索河，源出海他漢山，東流會獐河，入老河。

阿嚕科爾沁部一旗：札薩克駐琿圖爾山東托果木台，在古北口東北千一百里。西南距京師一千三百四十里。遼，臨潢府地。金，大定府北境。元爲遼王分地。明初於烏梁海地置衞爲外藩，後自號阿嚕科爾沁。天聰六年，部長達賴爲察哈爾所侵，率其子穆章來降，後封穆章貝勒，世襲，掌旗。牧地哈奇爾河、傲木倫河於此合流爲達布蘇圖河。東界巴彥塔拉，南界翁牛特左翼什喇木蘭，西界蘇布山，北界烏蘭嶺。廣三百三十里，袤四百二十里。北極高四十度三十分。京師偏東三度五十分。貢道由喜峯口。其山：東北曰渾圖山。東，伊克陀惠山。東南，峨博圖山。南，庫格圖山、連山蒙名賀爾博拖羅海。西北，棗山蒙名齊巴哈圖。西南，巴漢阿拍札哈山、伊克阿拍札哈山。西，珍珠山蒙名蘇布、樂游山蒙名得訥格爾。南：潢河，蒙名西喇木倫河，自巴林入，逕他木虎噶察岡，入札魯特。西南：烏爾圖綽農河，自巴林入，逕刻勒峯，東南流，會哈喜爾河。又西北有和戈圖綽農河，源出西喇溫都爾山，南流，會烏爾圖綽農河，入哈喜爾河。哈喜爾河源出薩碧爾漢山，南流逕庫格圖山，折而東流入札魯特。東北：阿里雅河，自札魯特右翼入，西南流，會哈喜爾河。西北：枯爾圖河，源出白石山，西流入巴林，會烏爾圖綽農河。尹札漢河，北流入烏珠穆沁。

克什克騰部一旗：札薩克駐吉拉巴斯峯，在古北口東北五百七十里。南距京師八百十里。遼，上京道地。金屬北京路。元屬上都路及應昌路地。明爲蒙古所據。天聰八年，滅察哈爾，克什克騰索諾木戴青來歸，授掌旗一等台吉，世襲。牧地在圍場北，當潢河之源。東界畢勒固圖和嶺，南界布圖坤，西界克勒特格伊埸，北界烏蘇池。廣三百三十四里，袤三百五十七里。北極高四十三度。京師偏東一度。貢道由獨石口。其山：東曰蜘蛛山蒙名阿爾札、高淀山蒙名音納哈喀喇。東南，寧楚渾杜爾賓山。西南，恩都爾花山。西，烏素圖杜爾賓山、大黑山蒙名巴顏喀喇。西北，巴漢衣色里山、博爾多克山。北，黃山蒙名巴顏洪戈爾、木葉山蒙名几几恩都爾。東北，馬尾山蒙名叟几。西：潢河，大遼水西一源也，蒙名西喇木倫，源出百爾赫賀爾洪，東北流，會諸水，逕旗北，又東流入巴林。又東，逕阿嚕科爾沁南、翁牛特北，又東北流，會老河，逕札魯特南、喀爾喀北，折東南流，逕科爾沁左翼，又南會大遼水，入邊城，是爲遼河。西：薩里克河，源出烏素圖杜爾賓山，東北流，入潢河。西北：衣爾都黑河，源出烏素圖杜爾賓山，西流，會伊黑庫窩圖河，東北流，入潢河。西北：格類河，源出興安山東，南流，會穆名河入潢河。東北：釜河蒙名陀惠，源出岳碧爾山，北流入黑河。西南：高涼河，蒙名拜查，源出拜查泊，東北流，入潢河。東北：阿爾達圖河，源出興安山，西北流入烏珠穆沁，北流會葫蘆谷爾河。西北：捕魚兒海，蒙名達爾，公姑、野猪等四河流入其中，周數十里。

喀爾喀左翼部一旗：札薩克駐察罕和碩圖，在喜峯口東北八百四十里。西南距京師一千二百五十里。古鮮卑地。唐屬營州都督府。遼，上京道南境。金屬北京路。明爲喀爾喀所據，後屬於西路札薩克圖汗。元太祖十六世孫格埒森札居杭愛山，始號喀爾喀，其孫巴延達喇爲西路札薩克圖汗之祖，卽今外蒙古四部之一。清初酋長古木布伊爾登與札薩克圖汗來降，後封貝勒，世襲，主左翼。牧地當養息牧河源。東界科爾沁，南界土默特左翼，西界奈曼，北界札魯特。廣一百二十五里，袤二百三十里。北極高四十三度四十二分。京師偏東五度二十七分。貢道由喜峯口。其山：東曰喀海拖羅海山。南，達祿拖羅海山、巴漢哈伯他海山。西南，五灰山蒙名烏尼蘇台、大黑山蒙名巴顏喀喇、青山蒙名博羅惠博羅溫都爾，與奈曼東南接界。東南，他木虎岡。北：潢河，自翁牛特流入，又東流入科爾沁。西北：老河，蒙名老哈，自奈曼入，東北流，會潢河。東南：養息牧河，源出旗南，東北流，逕喀海拖羅海山，又東南，會庫崑河，逕養息牧牧廠，東流入彰武臺邊門，西至廣寧，又東南流入遼河。南：庫崑河，源出五灰山，東流入土默特。以上統盟於昭烏達。盟地在翁牛特左翼境內。

烏珠穆沁部二旗：在古北口東北。遼，上京道北境。金屬北京路。元屬上都路。明爲蒙古所據，自號烏珠穆沁，察哈爾汗族也。林丹汗暴虐，貝勒多爾濟偕塞楞往依喀爾喀。天聰八年來歸，封多爾濟親王，主右翼，塞楞貝勒，主左翼，並世襲。其地東界索倫，西界浩齊特，南界巴林，北界瀚海。廣三百六十里，袤四百二十五里。貢道由獨石口。烏珠穆沁右翼札薩克駐巴克蘇爾哈台山，在古北口東北九百二十三里。南距京師一千一百六十三里。牧地有音札哈河流入於沙，有胡蘆古爾河，瀦於阿達克諾爾。東界左翼，南界巴林，西界浩齊特左翼，北界車臣汗中右旗。廣三百六十里，袤二百一十里。北極高四十四度四十五分。京師偏東一度十分。其山：東曰瑞鹿山蒙名布虎圖。西，大小黃鷹山、黑山蒙名喀喇圖。西北，雙山蒙名賀岳爾俄得、烏里雅台山。東北，賽音恩都爾山。水則東南：賀爾洪河，源出噶木爾站，西流入蘆水。禿河一名葫蘆古爾，源出克什克騰東北，名阿爾達圖河，西北流入右翼，爲葫蘆古爾河，又北流入阿達可池。

烏珠穆沁左翼 札薩克駐鄂爾虎河之側奎蘇陀羅海，在古北口東北一千一百六十里。南距京師一千四百里。牧地當索岳爾濟山之西。有鄂爾虎河，繞其游牧，匯於和里圖諸爾。東界霍尼雅爾哈賴圖，南界庫列圖，西界達賴蘇圖，北界額里引什里。廣二百五十六里，袤二百一十五里。北極高四十六度二十分。京師偏東二度二十分。其山：東南曰哈爾站五藍峯。北，色爾蚌峯。水則東北：色野爾齊河，源出哈老圖泊，西南入蘆水。東南：音札哈河，自阿嚕科爾沁入，西北亦入蘆水。

阿巴哈納爾部二旗：在張家口東北。漢，上谷郡北境。晉屬元魏。隋、唐爲突厥地。遼爲上京道西境。金爲北京路西北境。元屬上都路。明爲蒙古所據，號所部曰阿巴哈納爾，本役屬於喀爾喀車臣汗。崇德間，台吉塞冷、董夷思拉布來降，後封董夷思拉布貝子，主左翼，塞冷貝勒，主右翼，並襲封。所部東界浩齊特，西界阿巴噶右翼，南界正藍旗察哈爾，北界瀚海。廣百八十里，袤四百三十六里。貢道：右翼由張家口，左翼由獨石口。

阿巴哈納爾右翼 札薩克駐永安山，在張家口東北六百四十里。東南距京師一千五十里。牧地有達里岡愛諸爾。東界希爾當山，南界博羅溫都爾岡，西界哈喇堂，北界華陀羅海山。廣六十里，袤三百一十里。北極高四十三度三十分。京師偏東二十分。其山：南曰巴爾達木山。東，特爾墨山。北，哈納峯、僧機圖山。西，賀爾賀山。東南，大熊山蒙名巴賴都爾。東北，牀山蒙名席勒。西北，雙山蒙名和岳爾察罕陀羅海山。其水：南曰韭河，蒙名郭和蘇台，自正藍旗察哈爾入，逕博羅岡，西北入阿巴噶。南，息雞淀，蒙名哈雅。東，葦淀，蒙名呼魯蘇台布祿都。西南，褒勒泊。西北，袞布祿都泊。北，葛都爾庫泉、和几葛爾泉。阿巴哈納爾左翼札薩克駐烏爾呼拖羅海山，在獨石口東北五百八十里。東南距京師一千一百里。牧地同上。東與北皆界浩齊特，南界阿巴噶，西界右翼旗。廣一百二十里，袤三百一十八里。北極高四十三度五十三分。京師偏東二十八分。其山：西曰色爾騰洪戈爾山，一名黃山。西北，布爾漢山、觸寶山、覆舟山蒙名呼里翁戈春。其水：北有黑勒泊。西北，達藍圖里泉。

浩齊特部二旗：在獨石口東北。遼，上京道西境。金屬北京路。元屬上都路。明為蒙古所據。察哈爾汗族也。林丹汗暴虐，其貝勒博羅特、台吉噶爾瑪色旺往依喀爾喀。天聰八年來降，以博羅特主左翼，噶爾瑪色旺主右翼，並郡王，襲封。所部東北界烏珠穆沁，南界克什克騰，西界阿巴噶。廣一百七十里，袤三百七十五里。貢道由獨石口。浩齊特右翼札薩克駐特古力克呼圖克湖欽，在獨石口東北六百九十里。東南距京師一千一百九十里。牧地當錫林河下游，北瀦為達母鄂謨。東界布爾勒吉山，南界札哈蘇台池，西界布爾色克陀羅海，北界哈魯勒陀羅海。廣七十五里，袤三百七十五里。北極高四十四度。京師偏東三分。其山，右翼主山：東南，古爾板賀老圖山、古爾板俄得山。東，伊爾伯都山。南，布當圖山。北，胡呂山蒙名阿拉忒。西北，阿拍達蘭圖山。水則東：白濼蒙名柴達木。東南：大魚濼。南：松子泉蒙名和爾多。東北：察得爾泉。西北：崑都崙泉、布哈泉。浩齊特左翼札薩克駐烏默黑塞里，在獨石口東北六百八十五里。東南距京師一千一百八十五里。牧地濱大小吉里河。東界額爾起納克登，南界小吉里河源，北界奇塔特哈覃陀羅海，西界瑪齊布勒克烏蘭哈達。廣九十五里，袤三百一十里。北極高四十四度五分。京師偏東四分。其山：東南曰薩爾巴山。西北，野狐山蒙名烏納格式。北，蘇門峯。西北，五藍峯。水則東南：天鵝濼、庫魯爾圖泉。北，沖戈爾泊。西南，阿祿布里都泊。西北，賀老圖泉。

阿巴噶部二旗：在張家口東北。漢，上谷郡北境。晉為拓跋氏地。隋、唐為突厥地。遼，上京道西境。金屬北京路。元屬上都路。明為蒙古所據，號所部曰阿巴噶。本役屬於察哈爾。林丹汗暴虐，濟農都思噶爾、貝勒多爾濟往依喀爾喀。**天聰九年來降，後以多爾濟主右翼，都思噶爾主左翼，並封郡王，世襲。所部東界阿巴哈納爾，西界蘇尼特，南界正藍旗察哈爾，北界瀚海。廣二百里，袤三百十里。**右翼貢道由張家口。左翼貢道由獨石口。

阿巴噶左翼 札薩克駐巴顏額倫，在獨石口東北五百五十里。南距京師一千七十里。牧地環錫林河。東界巴爾啓臺之哈喇鄂博噶圖，南界烏蘇圖土魯格池，西界什爾登山，北界哈布塔噶陀羅海。廣一百二十里，袤一百八十里。北極高四十三度五十分。其山：東南曰哈爾塔爾山、喀喇得伯僧山、邵龍山。西南，武歷山蒙名哲爾吉倫、察里爾圖山。南，哈斯胡雅斯坡。其水：東南，陰涼河，蒙名魁屯，源出卓索圖站，流入旗界。東南，鶴壘斗勒泊。北，金河泊。西南，西喇布里都泊。

阿巴噶右翼 札薩克駐科布爾泉，在張家口東北五百九十里。南距京師一千里。牧地有庫爾察罕諾爾，為固爾班烏斯克河所瀦。東界哈畢喇噶泉，南界伊柯什噶，西界庫庫勒，北界華陀博。廣八十里，袤三百一十里。北極高四十三度三十分。京師偏西二十分。其山：東南曰色几庫山。南，朱爾哈台拖羅海山。西北，馬尼圖拖羅海山、白石山蒙名插漢七老圖。北，阿拍濟哈山、霸特山蒙名克色克拖羅海、羖羊山蒙名特克拖羅海。其水：東南，韭河，蒙名郭和蘇台，自阿巴哈納爾入，逕色几庫山，西流入白海子。南，噶爾圖泊。東南，渾圖泊。西南，呼爾泊、鴛鴦濼蒙名昂吉爾圖。東，朱爾克額勒蘇圖泉。北，赤泉。東北，哈碧爾漢泉。

蘇尼特部二旗：在張家口北。漢，上谷、代二郡北境。後漢，烏桓、鮮卑地。隋、唐爲突厥地。遼置撫州。金因之，屬西京路。元爲興和路地。明爲蘇尼特所據，察哈爾汗族也。天聰九年，其濟農叟塞、貝勒滕吉思來朝，後封叟塞郡王，主右翼，滕吉思弟滕吉泰郡王，主左翼，襲封。東界阿巴噶右翼，西界四子部落，南界察哈爾正藍旗牧廠，北界瀚海。廣四百六里，袤五百八十里。貢道由張家口。

蘇尼特右翼札薩克駐薩敏錫勒山，在張家口北五百五十里。東南距京師九百六十里。牧地在瀚海北。東界額爾蘇霍吉爾，南界烏科爾齊老，西界特莫格圖，北界吉魯格。廣二百四十六里，袤二百八十里。北極高四十三度二分。京師偏西二度一分。其山：南曰布爾色克山、福山蒙名克什克、和爾和山。西南，烏克爾朱爾克山、俄爾綽克山。西，德林山。東北，巴輪明安拖羅海山、嵬名山蒙名札喇。東南，努倫坡。其水：西南曰長水，蒙名烏爾圖，源出和爾和山。東南，占木土鹽泊。南，西喇布祿泊、滾泊。電局在西蘇尼特王府東北七十里。蘇尼特左翼札薩克駐和林圖察伯台岡，在張家口北五百七十里。東南距京師九百八十里。牧地當固爾班烏斯克河。東界庫庫勒山，南界察罕池，西界色柯爾山，北界阿爾噶里山。廣一百六十里，袤三百里。北極高四十三度三分。京師偏東一度二分。其山：東南曰巴顏特克山一名羖攊山。西北，喀爾他和邵山。北，博錐拖羅海山、拜音拖羅海山一名祥古山。其水：東南曰努克黑忒水，一名兔園水，自察哈爾正藍旗入，逕福山北流入呼爾泊。西，古爾板馬潭泊。東南，呼爾泊。西南，黑山濼。以上統盟於錫林郭勒。盟地在阿巴噶左翼、阿巴哈納爾左翼兩旗界內。

四子部落一旗：札薩克駐烏蘭額爾濟坡，在張家口西北五百五十里。東南距京師九百六十里。漢，雁門、定襄二郡北境。晉爲拓跋氏地。唐爲振武軍地。遼爲豐州地，屬西京道。金屬西京路。元屬大同路。明爲阿祿喀爾喀所據，分與四子，號四子部。天聰八年，貝勒鄂木布來朝，後敍功封郡王，襲封。牧地有錫喇察漢諾爾，錫喇木倫河瀦之。東北界蘇尼特，西界歸化城土默特，南界鑲紅旗察哈爾。廣二百三十五里，袤二百四十里。北極高四十二度四十一分。京師偏西四度二十二分。貢道由張家口。其山：東曰博濟蘇克山。東南，陰山。南，白爾白狠山一名新婦山、爾多斯山。西南，納札海山、阿祿蘇門峯。西北，獨牛山蒙名烏克爾圖祿。東北：陽山蒙名北蘭。西，富峪蒙名巴顏鄂坡蘇。西北：黃水河，蒙名西喇木倫，自喀爾喀右翼入，東北流，出喀倫邊。西：希巴爾台泉、雅孫哈柏濟爾泉。南：噶爾哈圖泉。西南：德本得泉、青城泉蒙名博羅虎濟爾。西北：白石泉蒙名插漢齊老。

茂明安部一旗：札薩克駐徹特塞里，在張家口西北八百里。東南距京師二千二百四十里。漢，五原郡地。元魏，懷朔鎭地。唐，振武軍地。遼，東勝州地，屬西京道。金因之。元屬大同路。明初設衞戍守，蒙古據之，號曰茂明安。天聰八年，舉部來降。康熙三年，授僧格掌旗一等台吉，襲封。牧地當愛布哈河源。東界喀爾喀，西界烏喇特，南界歸化城土默特，北界瀚海。廣百里，袤一百九十里。北極高四十一度十五分。京師偏西六度九分。貢道由張家口。其山：東曰伊克哈達圖山。東南，和岳爾白爾克山、插漢峨博山。西南，哈拉海圖山、官山。西，羖羊山蒙名喀喇特克。西北，齊齊爾哈插漢七老山。東北，古爾板喀喇山、郭岳惠插漢七老山。南：崑都倫河，源出和岳爾白爾克山，西流，逕官山，入烏喇特。東北：布祿爾托海河，源出伊克哈達圖山，北流，會愛畢哈河。愛畢哈河源出刻勒峯，東流，逕古爾板喀喇山，入喀爾喀。南：拜星圖泉，源出哈拉海圖山，西南流，會崑都倫河。

烏喇特部三旗：三札薩克同駐哈達瑪爾，在歸化城西三百六十里。東南距京師一千五百二十里。漢，五原郡。元魏，懷朔鎮。唐，中西受降城地。遼置雲內州，屬西京道。金因之。元為大同路。明為瓦喇所據。天聰七年，瓦喇台吉鄂板達爾漢來朝，率圖巴額爾赫及塞泠伊爾登二旗歸附。順治五年，敍從征功，以圖巴掌中旗，鄂木布子鄂班掌前旗，色棱子巴克巴海掌後旗，同封鎮國公，授札薩克，世襲。前、中、後三旗同牧地，當河套北岸噶札爾山南。東界茂明安，南界鄂爾多斯左翼前旗，西界鄂爾多斯右翼後旗，北界喀爾喀右翼。廣二百一十五里，袤三百里。北極高四十度五十二分。京師偏西六度三十分。貢道由殺虎口。其山：東曰崑都倫山一名居延山、狼山蒙名綽農拖羅海山。西，木納山。北，河套山、雪山蒙名叉蘇台。東北，敖西喜山、白石山蒙名插漢七老圖。西北，大青山蒙名漢喀喇、烏蘭拜星山一名赤城山。西南，席勒山一名牀山。東南，漢惠圖坡。南：黃河，自鄂爾多斯西北境入，東流逕旗南，又東折南入歸化城土默特。西北：柳河，蒙名布爾哈圖，源出陽山東平地，西南流，會敖泉入黃河。哈柳圖河，源出席勒山北，南流會席勒河，逕馬神山，又西南折入黃河。北：東哈柳圖河，源出麥垜山，西南逕東西德爾山南、拜星圖北，為席漢河，又西南入黃河。烏爾圖河，源出雪山，西南流入黃河。帷山河，源出帷山，西南會黑河。黑河，蒙名喀喇木倫，自茂明安所屬地流入，西南流，逕帷山入黃河。齊齊爾哈納河，自茂明安入，西南流，逕白石山，亦會黑河。蘇爾哲河，源出雪山，西流會舍忒河。舍忒河源出敖西喜山，西流逕大青山入黃河。東：崑都倫河，東南五達河從之。

喀爾喀右翼部一旗：札薩克駐塔爾渾河，在張家口西北七百十里。東南距京師一千一百三十里。漢，定襄、雲中二郡北境。唐，振武軍地。遼，豐州地，屬西京道。金因之。元屬大同路。明爲喀爾喀所據，台吉本塔爾，喀爾喀土謝圖汗親屬，世爲台吉。順治中，與土謝圖汗有隙，來歸，封親王，主右翼。牧地在愛布哈、塔爾渾河合流處。東界四子部落，西界茂明安，南界歸化城，北界瀚海。廣百二十里，袤一百三十里。北極高四十一度四十四分。京師偏西五度五十五分。貢道由張家口。其山：東曰拜音拖羅海山、西神山。西南，哈達圖山、闢嶺蒙名毛德爾。北，白雲山蒙名插漢和邵。東北，插漢峨博山、摩禮圖峨博岡。東南，烏蘭峨博山、翁公峨博岡。西，西巴爾圖峨博岡。東南：黃水河，自歸化城土默特入境，逕翁公峨博岡，東北流，入四子部落。西北：愛畢哈河，自茂明安逕白雲山、喀喇峨博岡間，東流，出喀倫邊。以上統盟於烏蘭察布。盟地在四子部落境內，歸化城南百二十里。有五藍叉拍山，即此。

鄂爾多斯舊六旗，又增設一旗，共七旗：在綏遠西二百八十五里河套內。東南距京師一千一百里。秦，新秦中。漢，朔方郡地。晉，前後趙、前後秦、赫連夏地。元魏爲夏州北境。隋於其地東置勝州，西置豐州，後改榆林、五原二郡。唐置州，復改郡。五代、宋、金屬西夏。元立西夏、中興等路。後廢，其地東屬東勝、雲內二州，延安、寧夏等路。明初置東勝等州，立屯戍，耕牧其中。嘉靖中，套西吉納部落擊破和實居此，是爲鄂爾多斯。天聰九年，額林臣來歸，賜濟農之號。順治六年，封郡王等爵有差，七旗皆授札薩克，自爲一盟於伊克昭。東界歸化城土默特，西界喀爾喀，南界陝西長城，北界烏喇特。東、西、北三面距河，自山西偏頭關至陝西寧夏街，延長二千餘里。貢道由殺虎口。乾隆元年裁。鄂爾多斯左翼中旗正中近東。札薩克駐敖西喜峯，在札拉谷西一百六十里，本隋、唐勝州地。牧地有納瑪帶泊，喀錫拉河出旗界東北流瀦焉。東至衮額爾吉廟，接左翼前旗，南至神木縣邊城，西至察罕額爾吉，接右翼前旗，北至喀賴泉，接右翼後旗。廣一百一十五里，袤三百二十里。北極高三十九度三十分。京師偏西七度。其水：東曰紫河，蒙名五藍木倫，源出臺石坡西平地，西南流入陝西邊境。東，衮額爾吉河，源出衮額爾吉坡南平地，西南流，會哈楚爾河。哈楚爾河源出喀楚爾坡西平地，西南流，會紫河，入神木，爲屈野河。鄂爾多斯左翼前旗套內東南。古榆林塞。札薩克駐札拉谷，在湖灘河朔西百四十五里。明，榆林左衞地。牧地當偏關西。左倚黃河，東界湖灘河朔，南界清水河，西界左翼中旗，北界左翼後旗。廣二百四十五里，袤二百一十里。北極高三十九度四十分。京師偏西五度四十分。東南：和岳爾喀喇拖羅海山一名夾山、黑山蒙名喀喇和邵。北：巴漢得石峯。西北：得石峯。東北：崑兌河，源出平地，東南流入黃河。東南：小崑兌河，亦東南流入黃河。東：布林河，源出查木，塔爾奇爾河，源出噶克插冒頓；哈岱河，源出賀爾博金坡南平地，均東南流入黃河。芹河，蒙名伊克西喇爾幾台，源出杜爾伯特拜坡東平地，南流入邊城，爲陝西府谷縣清水川。小芹河，源出得勒蘇台坡南平地，克丑河，源出噶克插冒頓東平地，南西河，源出科爾口，俱東入芹河。西南：獐河，蒙名西爾哈，源出常樂堡，合葫盧海南流入紅石峽。鄂爾多斯左翼後旗套內東北。札薩克駐巴爾哈遜湖，在黃河帽帶津西百四十里。隋、唐，勝州、榆林郡治。牧地當山西五原廳南、薩拉齊廳西。東界薩拉齊，南界左翼前旗，西界左翼中旗，北界烏喇特。廣二百八十里，袤一百五十里。北極高四十度四十分。京師偏西八度。東南：退諾克拖羅海山，山西爲拜圖拖羅海山。南：伊克翁公岡。東南：插漢拖羅海岡。西北：車根木倫河，源出撒爾奇喇地，東流入黃河。烏爾巴齊河，源出平地，黑河蒙名伊克土爾根，源出虎虎冒頓地；西：兔毛河，蒙名陶賴崑兌，源出敖柴達木，柳河，蒙名布爾哈蘇台，源出插漢拖羅海岡，喀賴河，源出朱爾漢虎都克，西都喇虎河，源出吳烈泉，東坎台河，源出布木巴泉，均北流入黃河。鄂爾多斯右翼中旗正西近南。札薩克駐錫拉布里多諾爾，在鄂爾吉虎泊西南二百六十里。漢朔方郡南境。牧地當寧夏東北騰格里泊。東北皆界右翼後旗，南界右翼前旗，西界賽音諾顏左翼後旗。廣三百二十里，袤四百八十里。北極高三十九度四十分。京師偏西九度。南：蘇海阿祿山、賀佟圖山。西：色爾騰山。西北：黃草山蒙名庫勒爾齊、鄂藍喀喇陀羅海山、色爾蚌喀喇山。西南：庫葛爾黑河，源出庫葛爾黑泉，南流入邊，又西折出邊，入黃河。西北：伊克托蘇圖河，源出布海札剌克地，西流會黃河。西：巴漢托蘇圖河，源出巴惠泉，西北流，會依克托蘇圖河，入黃河。鄂爾多斯右翼前旗套內西南。札薩克駐巴哈諾爾，在敖西喜峯西九十里。隋、唐、夏、勝二州地。牧地當陝西懷遠西北大鹽濼。東界左翼中旗，南界懷遠，西界右翼中旗，北界右翼後旗。廣一百八十里，袤二百七十里。北極高三十八度二十分。京師偏西九度。其山：南曰恩多爾拜山、巖靈山一名錦屏山。東南，總材山蒙名磨多圖。西南，巴音山。東南：上稍兒河，源出穌布里都，南流入邊城。南：席伯爾河，源出蟒喀圖虎爾虎地，南流會西克丑河入邊城，爲榆林之榆溪。阿爾塞河，源出恩多爾拜山南平地，西南流，會席伯爾河。西南：金河蒙名西喇烏素，源出磨虎喇虎地，南流會哈柳圖河，東南流，合細河、金河二水，入楡林邊，至波羅營，會西來之額圖渾，爲無定河。細河，蒙名納林河，源出托里泉，南流亦會哈柳圖河。石窯川河，蒙名額圖渾，源出賀佟圖山北平地，東南流，合數小水，入懷遠邊，爲恍忽都河，又折而東北，至波羅營，會海克圖河，爲無定河。東：忒默圖插漢池，一名大鹽濼。西南：烏楞池，一名紅鹽池。南：長鹽池，蒙名達布蘇圖。**鄂爾多斯右翼後旗**套內西北。札薩克駐鄂爾吉虎諸爾河，在巴爾哈孫泊西一百七十里。隋、唐，豐州、九原郡治地。牧地當山西五原廳西、甘肅寧夏東北。右倚黃河，東界左翼後旗，南界左翼中旗，西界右翼中旗。北界烏喇特。廣一百八十里，袤一百六十里。北極高四十度四十分。京師偏西八度。西：馬陰山蒙名阿克塔賀邵。東南：吳烈鄂博拖羅海岡。西南：達爾巴漢岡。西：赤沙河，蒙名烏藍，源出赤沙泉，東北流，入鍋底池。西南：黃水河，蒙名西喇木倫，源出馬陰山北平地，東北流，入古爾板泊。鍋底池，周二十餘里，產鹽。兎河、赤沙河二水注其中，土名喀喇莽奈。**鄂爾多斯右翼前末旗**順治六年授二等台吉。康熙十四年晉一等。乾隆元年，以族繁增旗一，授札薩克，世襲，掌右翼前末旗，附右翼前旗游牧。札薩克駐所，距綏遠城七百二十里。內蒙古驛凡五道：曰喜峯口，古北口，獨石口，張家口，殺虎口。自喜峯口至札賚特爲一路，計千六百餘里，設十六驛。自古北口至烏珠穆沁爲一路，計九百餘里，設九驛。自獨石口至浩齊特爲一路，計六百餘里，設六驛。自張家口至四子部落爲一路，計五百餘里，設五驛。自殺虎口至烏喇特爲一路，計九百餘里，設九驛。自歸化城至鄂爾多斯計八百餘里，設八驛，仍爲殺虎口一路。各驛站均設水泉佳勝處。

以上自爲一盟於伊克昭，與上五盟同列內札薩克。

清史稿卷七十八

志五十三

地理二十五

外蒙古

外蒙古喀爾喀：古北狄地。唐、虞，山戎。夏，獯鬻。周，玁狁。秦、漢曰匈奴。漢初冒頓並有漠南，旋復北徙。後漢仍爲北匈奴地。元魏曰蠕蠕，後入突厥。唐初入回紇。貞觀四年來朝，以其地爲瀚海、燕然、金微、幽陵、龜林、盧山六都督府，又置皋蘭、高闕、雞田、榆溪、雞鹿、蹛林、寘顏等七州，皆隸燕然都護府。其後並有九姓諸部，盡得匈奴故地。五代至宋，回紇漸衰，與室韋嫗厥律諸部散居其地，羈屬於遼。金大安初，蒙古始盛。元太宗七年，建都和林，初立元昌路，後改轉運和林使司，前後五朝都焉。世祖遷都大興，於和林置都元帥府。大德十一年，立和林等處行中書省，統和林總管府。皇慶元年，改和林路爲和寧路。順帝太子阿裕錫哩達賴汗依王保保於此，明兵破之，順帝孫特古斯特穆爾汗遁於土喇河。七傳至本雅失里，又爲明所敗。後諸部共立托克托布哈之子號小王子。又數傳，徙幕東方，其留漠北部落曰喀爾喀。清崇德三年，遣使朝貢。康熙二十八年，厄魯特噶爾丹興兵攻破喀爾喀，七旗舉族款塞內附，安置喀倫邊內，噶爾丹遂幷其地。三十五年，聖祖親征，噶爾丹竄死，朔漠平。喀爾喀諸部復還舊牧，爲部三：一曰土謝圖汗，一曰車臣汗，一曰札薩克圖汗。又善巴自爲一部，曰賽音諾顏。共部四，爲旗八十有六。東至黑龍江呼倫貝爾城，南至瀚海，西至阿爾台山，北至俄羅斯。廣五千里，袤三千里。北極高四十二度至五十一度三十分。京師偏東三度至偏西二十六度。人約七十萬口。

土謝圖汗部：駐土拉河。直大同邊外漠北。至京師二千八百餘里。南界瀚海，西界翁金河，北界楚庫河，東南界蘇尼特、四子部落諸部，西北界唐努烏梁海。所部佐領積三十七旗，以分設賽音諾顏部，析二十一旗隸之，後增四旗，凡二十旗。乾隆四十六年，詔世襲。北極高四十五度三十三分。京師偏西十一度二十四分。土謝圖汗本旗 其汗爲噶爾丹所破，來降。康熙三十年，許仍舊號世襲。佐領一。牧地在杭愛山東、喀里雅爾山南，跨鄂爾坤、喀魯哈二河。西：杭愛山，在鄂爾坤河源之北，其山最高大，山脈自西北阿爾泰山來，東趨，踰鄂爾坤、土喇諸水，爲大興安、肯特諸山。又自山西庫庫嶺北折，環繞色楞格河上流諸水發源之處。杭愛譯言「橐駝」也，山形似之。當即古之燕然山。有鄂爾坤河，自附牧賽音諾顏之額魯特旗界，東北經章鄂山東麓，又經西爾哈阿濟爾罕山西麓，又東北出山，折而西北流，有濟爾瑪台河自南來會。喀魯哈河，源出翁金河北土喇、鄂爾坤二河間平地，西北流，轉東北，入土喇河。鄂爾坤河又東北經吉拉哈吉圖布拉克地南，有西拉索博太河，北自布龍山南支阜，合三水南流來注之，又東北經喀里雅拉山西南麓，中有大洲。又北流，有伊奔河，自西北布龍山東南支阜，合三水來注之。又東北循山，會哈拉河、衣魯河。又正北流，至布龍山東北支阜，入色楞格河。

右翼左旗 土謝圖汗之從子，康熙三十年授札薩克一等台吉。傳至乾隆二十一年，其孫累以功晉和碩親王，世襲。佐領七有半。牧地跨色楞格河、土喇河之合流，南至達什爾嶺，北至罕台山。色楞格河自賽音諾顏部東北入，有厄赫河自西北大山東南流，合翁佳河諸水來會，水勢始盛。稍東，有市呼圖河自南合三水來注之。又東北，受北來一水。又東北，有一河自西南沙昆沙拉之北，東北流，合東南一水，北來注之。又東，受西南一小水，又東逕布龍山北麓。山脈西南自巴顏濟魯克山、賽堪山緜亙而東北，爲厄魯墨得依山。又東爲西拉克山、布昆沙拉山，又東北爲此山蜿蜒至兩河合處，爲色楞格、鄂爾坤界。色楞格河自山北麓，又東北，鄂爾坤河自南合土喇諸河，東北流來會。土喇河東南來，納喀魯哈河，東北折而北流，又合鄂爾坤河，當西十度北極出地四十九度處。東有布噶勒台河。

中右旗 土謝圖汗之弟，康熙二十五年授札薩克，三十年封多羅貝勒。雍正元年，晉其子郡王，世襲。佐領三。牧地當土喇河曲處。東北：達什隆山。土喇河循都蘭喀拉折而西北流，曲曲四百餘里，有喀魯哈河自西南來會。

左翼中旗 土謝圖汗裔，康熙三十年封多羅郡王，兼札薩克，世襲。佐領十四。牧地當阿爾泰軍臺所經。北緯四十四度二十分。西經七度五十分。東北有札爾噶山。

中旗 土謝圖汗裔，康熙三十年封多羅郡王。乾隆二十二年，改爲札薩克固山貝子，世襲。佐領四。牧地在肯特山西南，當土喇河源。西北：哈麻爾嶺。西南：達什隆山。東北：肯特山，山高大，爲漠北羣山東至大海之祖。山西阜曰卽龍嶺，又西曰特勒爾濟嶺。凡諸嶺以南，水皆流入克魯倫河，以北，水皆流入敖嫩河。敖嫩河源在克魯倫河源西北小肯特山；土人呼為阿節格肯特山，山南為喀爾喀地，山北為俄邊。嶺北麓水即楚庫河源，北流入色楞格河者。嶺南幹山西南麓水，即土喇河源，西南流，折而西北，會鄂爾坤河入色楞格河者。此嶺為漠北一大分水嶺也。自小肯特山東北行，為大興安山，包絡黑龍江諸水之北而東入海。一支折而南，分為二幹：一東南，為大肯特山起頂，又東南為必爾喀嶺諸山，為北黑龍、南喀魯倫諸水之界，緜亙千餘里，至會合處；一西南為圖拉源山，又南為噶拉泰嶺，折而西南為興安嶺，為東克魯倫、西土喇諸水，又西南而西北，至土喇會鄂爾坤河處。自此而西北，羣山皆以阿爾泰山為祖。若論漠北大分水之處，一東至東海，一北至北海，則莫高肯特山矣。汗山，在興安嶺北、土喇河南岸，元祕史謂之不兒罕山。天山，在圖拉河之西，約出長城三千里。山不甚高，藩名汗河嶺。汗山之北為庫倫，即苦另山，山甚峻。土喇河即圖拉河，發源敖嫩河源之西南數十里許、特勒爾濟嶺之西，曰土喇色欽。色欽，蒙古語「河源」也。西南流，與北源喀拉圖魯河會。西南流，哈溪河自西北合東來喀拉鄂模水、西北來空烏魯河，東南流來會。又南，噶爾泰河自東南大山西流來會。又西南，遥啓拉薩山西。又西南，阿拉克他河自北來注之。又西，特勒爾濟河合東占河二水，東南流，會奎羅河。

左翼後旗 土謝圖汗裔。康熙三十二年授札薩克一等台吉。乾隆十九年封輔國公，尋晉貝子、貝勒、郡王。五十七年降鎮國公，世襲。佐領四。牧地當阿爾泰軍臺所經。翁金河至是瀦於胡爾哈鄂倫諸爾。諸爾直漠南河套八百里許，舊作呼拉喀五郎鄂模，周二十餘里。諸爾東北有哈喇哈達山、徹徹山、上凱山，皆沙海中孤嶼也。翁金水，源西十三度三分，極四十六度九分。諸爾西九度四分，極四十五度二分。自西北而東南，行大漠中，近千里也。

中右末旗 土謝圖汗裔。康熙五十八年授札薩克一等台吉。乾隆二十四年封輔國公，世襲。佐領一。牧地跨土喇河。西北：達什隆山。土喇河自中旗汗山北麓，會色勒弼河，又西至色勒弼嶺南，曲曲西南，至杜蘭喀喇山之北，山南卽大漠。西十度，極四十七度五分。南經寧夏九度，經套北陰山六度。河隨山折，西北流入中右旗境，南岸卽度蘭支阜，緜亙北岸，卽色勒弼嶺支阜，又北行爲查木勒山。

左翼左中末旗 土謝圖汗裔。康熙五十年封札薩克輔國公，世襲。佐領一。牧地當喀魯哈河源。喀魯哈河流出平地，在翁金河之北二百里，鄂爾坤河北折之東四百里。西十二度，極四十六度七分。有二泉，西北流而合，又西北，有一水西南自科洛爾昆山東北流來會。山在額爾德尼昭之東南。又北流，逕昆庫勒山，西折，東北經科克內山西。又北流，折而東北，曲曲數百里，與土喇河會。水口東卽查木勒山西麓也。水源流長七百餘里。

右翼右旗 土謝圖汗裔。康熙三十年授札薩克一等台吉。乾隆二十年封輔國公，世襲。佐領一。牧地東至錫伯格圖，南至諾昆陀羅海，西至烏遜珠爾東山，北至齊克達噶圖嶺。

左翼前旗 土謝圖汗裔。康熙三十年授札薩克一等台吉。乾隆三年封輔國公，世襲。佐領三。牧地跨喀魯哈河。西北：烏噶勒札山。

右翼右末旗 土謝圖汗裔。雍正九年，以功授札薩克一等台吉。十年封輔國公，世襲。佐領一。牧地當哈拉河源。東：恰克圖山。南：烏里雅呼嶺。北：諾不圖布拉克山。東南：達喇勒濟山。西南：哈瑪爾嶺。哈拉河源出土喇河北與汗山相對之色勒弼嶺。北有那林河、布勒哈太二河，阿達海河、松納拉河均來會。又北，通勒河。東北至阿卽格肯特山西麓，合三源，西南流，又折西北，有一河自東北合數水來注之。又西逕陀羅什山北、哈達圖爾山南，納博羅河、查克都勒河，西北折，逕都拉遜那拉酥查克丹地之東，大松林也。又北逕喀里雅喇山東麓，又北入鄂爾坤河。源委六百餘里。

中左旗 土謝圖汗裔。初授一等台吉。乾隆三年，晉輔國公、貝子品級。二十三年授札薩克。後遂以功品級一等台吉，世襲。佐領一。牧地東至察奇爾哈喇，南至善達勒，西至阿爾噶稜，北至阿魯哈朗。左翼右末旗土謝圖汗裔。康熙三十六年，授札薩克一等台吉，世襲。佐領五。牧地當阿爾泰軍臺之東。達庫倫之驛於是分道。左翼末旗土謝圖汗裔。康熙三十年授札薩克一等台吉，世襲。佐領一。牧地當阿爾泰軍臺之東。左翼中左旗土謝圖汗裔。雍正十年授札薩克一等台吉，世襲罔替。佐領一。牧地當阿爾泰軍臺之西。中次旗土謝圖汗裔。康熙五十八年授札薩克一等台吉，世襲。佐領一。牧地當左翼中旗之東。右翼右末次旗土謝圖汗裔。康熙三十五年授札薩克一等台吉，世襲。佐領一有半。牧地跨鄂爾坤河、色楞格河。東：薩爾金河。西：塔里雅那台河。北：札勒圖爾河。東北：桑咯勒圖河。東南：札克圖勒河。右翼左後旗土謝圖汗裔。雍正八年授札薩克一等台吉，世襲。佐領一。牧地當土喇河、喀魯哈河之合流。南：達什隆山。西：珠格楞嶺。中左翼末旗土謝圖汗裔。康熙三十三年授車稜札布一等台吉，兼札薩克，世襲。佐領四。牧地當鄂爾坤河、色楞格河之合流。鄂爾坤河自東南向西流入色楞格河。色楞格河自西南來，環繞山北，東北流，過俄羅斯之楚庫柏興，又北流入柏海兒湖。東：烏雅勒噶河。西：薩爾金河。北：察罕烏蘇河。東北：博拉河。右翼左末旗土謝圖汗裔。康熙三十年封札薩克輔國公，後降一等台吉兼札薩克，世襲。佐領一。牧地當哈拉河、伊遜河東南哈台山北二百里。有哈拉河南流，受南來揆河，折西北，逕右翼右末旗東北。左得博羅河、查克杜兒河，又北注鄂爾坤河。土喇河北岸諸山，有色爾畢谷口三處，及松吉納山嶺三處，皆自各山發源，流入土喇、鄂爾坤。又東北，衣魯河，自東南合三水來注之。又正北流至布龍山支阜，與色楞格河會。東北：斂吉河。西北：札克都勒河。以上統盟於汗阿林。滿語「山」。在庫倫南。

賽音諾顏部：直甘肅涼州邊外西套之北。至京師三千餘里。格埒森札之孫圖蒙肯護持黃教，唐古特達賴喇嘛賢之，授賽音諾顏號。康熙中，其孫善巴來歸，旋以善巴從弟策凌從征有功，始自爲一部。乾隆中，以善巴曾孫諾爾布札布襲賽音諾顏號，世襲與三汗同。所部東界博羅布爾哈蘇多歡，南界齊齊爾里克，西界庫勒薩雅孛郭圖額金嶺，北界齊老圖河。轄旗二十二。北極高四十五度四十四分。京師偏西十二度五十分。

賽音諾顏本旗 初，信順額爾克岱青諾顏善巴率屬來歸。康熙三十五年封和碩親王。乾隆三十一年，許仍其賽音諾顏舊號，世襲。佐領四有半。牧地當鄂爾坤河源，在北緯四十七度、西經十四度五十分處。西北：庫爾布拉克灰圖山。鄂爾坤河出旗境，二水合東流，北納一水，入土謝圖汗部。西：塔楚河，源出都蘭喀喇山東南大幹南麓，二水南流而合，會東北來三水，折流逕塔奇驛，西南至阿勒察圖山。

中左末旗 善巴再從弟策凌，康熙六十年授札薩克。雍正元年封多羅郡王。九年，晉和碩親王，世襲。佐領四。牧地當塔米爾、哈綏、齊老圖三河源。北：伊克沙巴爾山。東北：綽嚨山。西北：翰克嶺。西南：庫克嶺。塔米爾河亦曰他米勒，有南北兩源。南源出杭愛山北麓，在鄂爾坤河之西者曰阿索郭特河，西北流，合三澗而東北流，有西北來二水皆會，又東北，始曰塔米爾河，又北而會阿索郭特河，皆杭愛以北水也。又東北，會東南來一水，其東卽蘇巴勒干山。又東北受朝木多河、齊齊爾里克河，並會諸小水，東北與北源合。北源出枯庫嶺東麓，在杭愛山西北，有二澗，東北流而合，又東北合三澗水，並納諸小水，始曰塔米爾河，北岸連山，卽哈瑞河諸源也。又東流，受四水，瀦爲台魯勒倭黑池，廣數十里，中有一山。又東流，有察罕烏倫河，自西北來會，其南岸卽布拉干北山也。又東北百數十里，而南源自西南來會，又東折北，會鄂爾坤河。此水兩源，俱五百餘里始合入鄂爾坤。自杭愛山以北、枯庫嶺以東，諸泉皆會焉。喀綏河亦曰哈瑞河，卽古和林河，出杭愛西南榦山，在齊老圖源之南，流數百里，合北來伊遜都蘭喀喇地山南二水，又東北，有一河合二水自南來會，始曰喀綏河。又東北，有朱薩蘭河自西合二水東流來會，又東北，會瑚伊努河，入色楞格河。河源流都長九百里。齊老圖河即石河，源出杭愛西界山下之額爾哲伊圖察罕泊，泊周六十里，在鄂勒白稽山之南榦大山下，西北經隔山之桑錦達賚泊。自泊東北流出，逕烏爾圖烏雅山南麓，稍東，會西北來一水，又東，會西南來二水，始曰齊老圖河。

右翼右後旗 賽音諾顏之裔。康熙三十年授札薩克鎭國公。雍正二年封固山貝子。乾隆二十一年，晉多羅貝勒。尋以功晉郡王，世襲。佐領二。牧地當拜塔里克河源。北：札克額沁山。拜塔里克舊作貝德勒克，源出枯庫嶺南麓，其北麓隔山即塔米爾河源也。三水南流，合而西南，有查克河自北山合五水南流三百餘里來會，逕庫倫伯勒齊爾之地。又南有察罕帖睦爾河，東北自索阿都依嶺合二水西南流來會。又南出兩山間，西南流平地中百數十里，西彌河自南合一水北流來會，又西南瀦爲察罕泊。源流八百餘里。

中右旗 親王策凌次子。雍正十年封輔國公。乾隆二十年封多羅貝勒。二十一年，晉郡王，世襲。佐領一。牧地當推河源。北：庫克嶺。推河亦曰頽河，舊作拖衣河，源出杭愛山尾南麓，西南流，會三小水，又西南，有烏可克河，西北自烏可克嶺合三水東南流來會。嶺在杭愛山西南，嶺南水入推河，嶺北水爲塔米爾河南源。推河又南，有雅馬圖河自東北合三水西流來會，即鄂爾吉圖都蘭喀喇山西水也。又南受庫塞楞圖河。稍南，有一水自東合二澗來會，又南逕兩山間，額勒屯圖河自東合三水來會，皆都蘭喀喇山西南麓水也。又南出山，曲曲流平地中百八十里，逕博濟和碩驛東，又南折西流，瀦爲鄂洛克泊，形東西長四十里。西十五度五分，極四十五度六分。源流五百餘里。此水東三百里爲塔楚河。

中前旗 賽音諾顏之裔。康熙三十年授札薩克鎭國公。雍正元年，晉固山貝子。乾隆二十年，晉貝勒，世襲。佐領一。牧地跨濟爾瑪台河、鄂爾坤河、翁金河。濟爾瑪台河出右翼中右旗，東流，逕額魯特旗入土謝圖汗部界。鄂爾坤河自與姑洛河會，東南流兩山間，折而東北，入額魯特旗境。北岸山卽杭愛東南支阜，南岸卽西自都蘭喀喇繇亙而東之杭亦哈馬勒山。隔山而南卽翁金河也。翁金河出右翼左末旗，二水合東流，逕右翼中左旗、中前旗，北合二水，亦入土謝圖汗部界。中左旗 賽音諾顏之裔。康熙二十五年授札薩克。三十年，封多羅郡王，後降貝勒，世襲。佐領三。牧地有特爾克河、伊第爾河，合於齊老圖河，爲色楞格河。伊第爾舊作厄得勒，亦作依得爾。色楞格河南源有四，稍北者曰厄得勒河，源出喀爾喀西界鄂勒伯稽山，共合七水，行四百餘里，而齊老圖河合諸源水自西南來會。又東北，受南來一水，疑卽特爾克河也。又東北，循山麓流百餘里，而烏里雅蘇台河自西南來會。又東北三十里，而阿濟勒克河自南來會，始曰色楞格河。中末旗 賽音諾顏之裔。康熙三十一年授一等台吉兼札薩克。雍正二年封輔國公。乾隆二年，晉鎭國公，世襲。佐領一。牧地哈綏河至是合於色楞格河。右翼中左旗 賽音諾顏之裔。康熙四十六年授札薩克一等台吉，後晉輔國公，世襲。佐領四。牧地當翁金河源。南：阿哈爾山。翁金河亦作翁吉，又作甕金，兩源出鄂爾吉圖都蘭喀喇山東行大斡山中。其西隔山卽塔楚河源也。其北隔山卽鄂爾坤河，東南流出平地合焉。又東南，會西南來一水，又東，會北來一水，又東南，逕杭亦哈馬勒山前，受二水。又東南，曲曲流八百餘里，於大漠瀦爲呼拉喀烏浪諾爾，周二十餘里。右翼末旗 賽音諾顏之裔。康熙三十年授札薩克一等台吉。雍正十年封輔國公，世襲。佐領二。牧地墨特河至是合於拜塔里克河。北：札木圖嶺。東北：庫首庫爾嶺。墨特河疑卽察罕帖睦爾河也，東北自索阿都依嶺合二水西南流來會。南有綳察罕諾爾，廣二十餘里。其北三十里有濟爾哈朗圖池，廣十里許。又東北有伊洛河，北自山麓克庫池南流，逕哈拉圖科山西麓，又南數十里涸。哈拉圖科山南有鄂洛克池，山東百里卽推河也。**右翼前旗**　賽音諾顏之裔。康熙三十年授札薩克一等台吉。三十五年封輔國公，世襲。佐領一。牧地胡努伊河至是合於哈綏河。胡努伊舊作呼納衣，又作庫諾衣，源自西南山中，東北四百里，逕賽坎山北麓，又東北入哈綏河。賽坎山甚高大，卽巴顏濟魯克山之北行正榦，又折而東北，爲厄勒黑圖諸山。

中後旗　賽音諾顏之裔。康熙五十一年授札薩克一等台吉。乾隆元年封輔國公，世襲。佐領一。牧地有布爾噶蘇台河合於札布噶河。布爾噶蘇台河出旗北馬喇噶山，山脈自阿爾泰頂南行，分一榦東行，爲烏蘇郭瑪山。又東連峰相接，東南數百里，爲伯勒奇那克科克伊山。又東爲昂奇山。又東北行爲馬喇噶山。此水源卽馬喇噶山東北將折東南之南麓也。出山南流，會東來二水、西北來一水。又南有烏海河，西北自昂奇山兩源合東南流來會。又南與西喇河會。二源既合，西南流，逕巴顏山北麓，曰札布噶河。又有烏里雅蘇台河，出旗境，西流八百餘里，納蘇布拉河來會。北有布音圖河源。**左翼左旗**　賽音諾顏之裔。乾隆三十一年封札薩克輔國公，世襲。佐領二。牧地當札布噶河源。札布噶舊作查巴哈，又作札布堪，源有二，最東者曰西喇河，出庫倫伯勒齊爾西北大山，凡四水，南流幷爲二支，又西南百餘里合焉。又西南受北來一水，又南受東來之西喇河，又西受北來一水。又西南，布爾噶蘇台河自北來會，卽西源也，出北馬喇噶山南麓，南流會二水，又南有烏海河，兩源合東南流來會，又南流與西喇河會。二源既合，逕巴顏山北麓，曰札布噶河。又南入札薩克圖汗旗南界。**左翼中旗**　賽音諾顏之裔。初授一等台吉。乾隆二十二年，晉貝子品級，授札薩克。後降襲公品級，世襲。佐領一。牧地跨哈綏河。**左翼右旗**　賽音諾顏之裔。康熙三十年授札薩克一等台吉，世襲。佐領三。牧地在哈魯特山。**左翼左末旗**　賽音諾顏之裔。康熙三十五年授札薩克一等台吉，世襲。佐領一。牧地跨塔米爾河、胡努伊河。

右翼中末旗 賽音諾顏之裔。康熙五十一年授札薩克一等台吉，世襲。佐領一。牧地拜塔里克河東支至是瀦於察罕諾爾，其西支在青素珠克圖諾們罕游牧諾爾，當西十度、北極出地四十五度七分，庫倫伯勒齊爾地南界，形如瓜，周百里，東西長，諾爾東有呼里圖克白爾池，廣十餘里。又東爲西彌河源。又東爲一小河，又東爲綳察罕諾爾。右翼左末旗 賽音諾顏之裔。康熙三十六年授札薩克一等台吉，世襲。佐領一。牧地跨翁金河。東有圖魯根山。右末旗 賽音諾顏之裔。乾隆三年授一等台吉。四年授札薩克，世襲。佐領一。牧地當伊第爾河源。南：雪山。西北：索郭圖嶺。伊第爾河出鄂勒白稽山，卽杭愛山頂之西南大榦也。隔山西卽桑錦達賚泊，西十六度九分，北極出地四十九度。兩水自山麓東流而合，又東，會七水，名伊第爾河。又東北會齊老圖河，以入於色楞格河。右翼中右旗 賽音諾顏之裔。康熙三十五年授札薩克一等台吉，世襲。佐領無。牧地當濟爾瑪台河源。濟爾瑪台舊作朱勒馬台，亦作朱爾馬台，源出額黑鐵木兒山南麓，東南流，繞布庫鐵木兒山足三面，東北流，曲曲二百餘里，瀦爲池，曰察罕鄂模，廣數十里。又東北流，有布勒哈爾台河，南自達爾湖喀喇巴冷孫地之池水東北流來會。又東北入鄂爾坤河。右翼後旗 賽音諾顏之裔。康熙三十一年授一等台吉兼札薩克，世襲。佐領一。牧地當哈綏河北岸、色楞格河南岸。中後末旗 賽音諾顏之裔。康熙四十八年授札薩克一等台吉，世襲。佐領一。牧地跨齊老圖河。中右翼末旗 賽音諾顏之裔。康熙三十五年授札薩克一等台吉，世襲。佐領無。牧地當塔米爾河南岸。東北：烏爾圖特莫爾河。附額魯特部本旗 準噶爾之裔。康熙三十六年來降。四十四年封札薩克輔國公。雍正元年，晉固山貝子，世襲。佐領一。牧地跨濟爾瑪台河、鄂爾坤河。西：察汗山。東南：博勒克山。鄂爾坤河自中前旗境折而東北，逕西爾哈阿濟爾罕山西麓之額爾德尼昭，卽大喇嘛寺也。河逕其西及章鄂山之東麓。山亦高大，即杭愛之東支阜，唐時回鶻牙帳西之烏德鞬山也。又東北出山，折而西北流三百餘里，濟爾瑪台河自西南來會。額魯特前旗 噶爾丹同祖弟丹津之孫，號丹津阿喇布坦，康熙四十一年來降，封多羅郡王。四十二年授札薩克。乾隆十三年，降固山貝子，世襲。佐領一。牧地當塔米爾河北岸，隸賽音諾顏部。東南有溫袞諾爾。

以上統盟於齊齊爾里克。

車臣汗部：駐克魯倫翁都爾多博，直古北口邊外漠北。至京師三千五百里。格埒森札之孫謨羅貝瑪號車臣汗。東界額爾德尼陀羅海，南界塔爾滾柴達木，西界察罕齊老圖，北界溫都爾罕。轄旗二十三。北極高四十五度三十四分。京師偏西五度三十四分。車臣汗本旗 故車臣汗阿喇布坦之子，康熙二十七年，率衆十餘萬戶來降，仍其故號。雍正六年，賜印文曰格根車臣汗，世襲。佐領二。牧地跨喀魯倫河。東：烏蘭溫都爾山。南：阿爾圖山。西：塔奇勒噶圖山。北：哈喇莽鼐山。東北：色勒格圖山。東南：鄂爾楚克山。西南：庫特肯額里雅山。喀魯倫河自右翼中前旗境拖諾山南麓，稍折東北流數十里，又東北逕克勒和碩山北麓，入左翼右旗境。左翼中旗 烏默客之叔，康熙二十八年授札薩克。三十年封多羅郡王。乾隆二十年，晉和碩親王，世襲。佐領二。牧地在科勒蘇河之東，跨喀魯倫河。東：卜固尼和碩山。西有特克瑪爾圖山。西北：圖木斯泰山。科勒蘇河出西南大山，兩源，東北合二水，北入敖嫩河。東北：喀魯倫河，入旗南界，有固爾班博爾龍山，三峰並峙，在南岸沙中，至庫魯諾爾南，入中左旗境。中右旗 烏默客之叔，康熙二十八年授札薩克。三十年封固山貝子。三十五年，晉多羅郡王，世襲。佐領四。牧地喀爾喀河至是瀦於貝爾諾爾。喀爾喀河在齊齊哈爾城西，源出摩克託里山，西北流入於貝爾諾爾。又北流出，曰鄂爾順河，入呼倫諾爾。貝爾諾爾舊作布伊爾湖，亦作布育里鄂模，元之捕魚兒海子也。明藍玉破脫古思帖木兒處。東北有沙喇勒濟河。右翼中旗 烏默客之族叔，康熙二十八年授札薩克。三十年封多羅貝勒，世襲。佐領八。牧地在喀魯倫河之南烏純地。西：伊克噶札爾阿齊圖山。中末旗 烏默客之族，康熙三十年授札薩克固山貝子，世襲。佐領三。牧地在喀魯倫河之南博羅布達。北：庫特肯額里雅山。東北：伊克阿爾圖山。西北：額爾克納克山。東南：鄂斯奇山。中左旗 烏默客之族，康熙二十八年授札薩克。三十年封固山貝子，世襲。佐領二有半。牧地在喀魯倫河之布色鄂埒客。東：和爾蓋山。北：伯爾克山。中後旗 烏默客之族，康熙二十八年授札薩克。三十年封固山貝子，後降輔國公，世襲。佐領一有半。牧地跨敖嫩河。南：色勒格圖山。北：達喇特河。東北：莽阿泰河。敖嫩河自大肯特山北麓會北來一水，又東有一河，西北合二水，東南流來會。稍東南，啓查魯河西南自大肯特山折向東南支阜，東北流來會，折東北流，又折東，巴拉喀河合二水自西南畢爾喀嶺東北流來會。又東南流，呼瑪拉堪河自南大山合兩源北流來會。又東北流，有一河合兩源西北自大興安山東南流來會。大興安山，土人曰阿母巴興安，甚高大，自此緜亙而東，直抵黑龍江入海處。山之南爲喀爾喀界，山之北爲俄界。又南，北合科勒蘇河。左翼前旗 烏默客之族，康熙二十八年授札薩克。三十年封鎭國公，世襲。佐領一有半。牧地當索岳爾濟山北，濱喀爾喀河。索岳爾濟山袤延數百里，其西麓臨大漠，東北與齊齊哈爾城相近。喀爾喀河有數源，最東者出阿魯特拉奇嶺西麓，有池廣數十里，西南流，南源合三水來會。又西南流，有一河自北合三源來會。又西分爲二支，一南流，有阿母巴哈爾渾河合三水自南來會。又西，合北支西流，伊蘭塞罕河自北大山西南流來會。又一河自西北合三源南流注之。又西南，受哈爾渾河。又西，噶爾査布魯克圖河自東南合噶爾圖思台及噶爾巴哈尼二河北流注之。

又西會和爾和河，折西北，逕喀勒河朔之北，其北岸有小山，受東北來之呼魯思太河，折而西流，曰喀爾喀河。西南流，分支渠，匯爲貝爾諾爾。

右翼中右旗烏默客之族，康熙五十年授一等台吉。五十一年授札薩克。雍正二年封輔國公，世襲。佐領一有半。牧地在達爾漢徹根。東：依札噶爾山。南：巴噶額里彥山。西：鄂羅克依山。西北：依爾蓋山。

左翼後旗烏默客之族祖，康熙三十年授札薩克一等台吉，世襲。佐領二有半。牧地在察漢布爾噶蘇台。東有鄂爾布勒山。西有布哈山。北：烏蘭溫都山。西南：布勒格圖山。

左翼後末旗烏默客族，康熙五十年授札薩克一等台吉，世襲。佐領一有半。牧地在烏爾圖。西：鄂爾布勒山。

右翼後旗烏默客族，康熙三十年授札薩克一等台吉，世襲。佐領三。牧地在巴顏濟魯克。西：阿克索那山。南：烏尼格特山。

中末右旗烏默客族，雍正十三年授一等台吉。乾隆十四年授札薩克，世襲。佐領一。牧地東至特克什烏蘇，南至多木達哲爾克特山，西至鄂爾和山，北至庫登圖山。東北：託克台山。西北：阿爾圖山。東南：布哈山。西南：烏斯奇山。

右翼中左旗烏默客族，康熙五十二年授札薩克一等台吉，世襲。佐領一。牧地在騰格里克。東南：庫里彥山。北：僧庫爾河。

右翼前旗烏默客族，康熙三十年授札薩克一等台吉，世襲。佐領一有半。牧地在喀喇莽鼐。西北：色布素勒山。東：薩喇克河。

右翼左旗烏默客之叔，康熙四十年授札薩克一等台吉，世襲。佐領半。牧地在額爾得墨。東：鄂博克圖山。北：得勒山。西南：鄂爾楚克山。

中末次旗烏默客族，康熙三十四年授札薩克一等台吉，世襲。佐領一有半。牧地在白爾格庫爾濟圖。東：哈爾噶朗圖山。南：圖木斯圖山。西北：得勒山。

左翼右旗烏默客之叔，康熙四十年授札薩克一等台吉，世襲。佐領一。牧地跨喀魯倫河。東：特格里木圖山。西：哈噶勒噶山。北：瑪勒胡爾山。東北：圖木斯圖山。西南：託克特依山。喀魯倫河自喀勒和朔北麓，又東北會塔爾河，舊名他拉卽兒卽河，自畢爾喀嶺西南麓，合二源東南流沙土中，隱見不常。又東北數十里，逕厄窩得哈爾哈小山西北麓，卽北岸厄莫勒山之西南麓也。折東流，至東南麓，兩岸沙漠，又東北入左翼中旗境。**中右後旗** 烏默客族，康熙三十六年授札薩克一等台吉，世襲。佐領半。牧地在肯特山東，當喀魯倫、敖嫩二河源。東：得勒格爾罕山。南：巴顏烏蘭山。西北：罕台山。西：塔尼特河。東北：塔喇塔河。有喀魯倫河，卽臚朐河，北史之怯綠憐河也。源出肯特山東南支峰西南麓。兩源西流而合，又西，有一河，東北亦自肯特山南麓西南來注之。又西南流，逕肯特山頂之南，受北來衣魯河。又西南，受西北卽龍河。又西南，至布塞山東南麓，受撒內河，東自畢爾喀嶺西麓西流合東南一水來會。又東南，有一河，北自忒勒兒吉嶺東南流來會。又西南，白勒肯河自土喇色欽東麓東南流來會。又西南，至噶拉太嶺之東，循兩山間，折而東南流，逕巴顏烏蘭山西麓，入右翼中前旗境。又東經車臣汗旗、左翼右旗、左翼中旗、中左旗、左翼左旗、中左前旗、中前旗境，凡二千數百里，東北入枯倫湖。敖嫩河乃黑龍江上源，亦名俄儂河，元之斡難河也，自肯特山西忒勒爾吉嶺西北小肯特山東麓，折東南流，納東北一水，經忒勒爾吉嶺北麓，有一水自嶺西北東流來會，亦敖嫩一源也，又東入中後旗境。**左翼左旗** 烏默客叔，康熙三十五年授一等台吉。四十年授札薩克，世襲罔替。佐領一有半。牧地跨喀魯倫河。南：巴彥罕山。西：鄂喇霍圖山。喀魯倫河自庫魯鄂模南稍東，逕西拉得克西博格山之陰，又東百里，中有沙洲曰朮爾呼朮，東北流，入旗境必拉城南。隔河而南，有乾諸可客蒲山，緜亙東北百里許，卽塔本陀羅海也。又東逕杜勒鄂模南，入中左前旗境。**中左前旗** 烏默客裔，康熙三十六年，授貢楚克一等台吉兼札薩克，世襲。佐領一。牧地跨喀魯倫河。喀魯倫河自杜勒鄂模南入旗境。又東，河心有沙洲，南岸爲塔本陀羅海之北麓。折東南流，又東入中前旗境。中前旗烏默客裔，康熙二十八年授濟農及札薩克。三十年封固山貝子。乾隆二十二年，降一等台吉兼札薩克，世襲。佐領五。牧地跨喀魯倫河。東：札爾噶山。北：鄂克託木山。喀魯倫河自塔本陀羅海北麓，折東南流，又東逕南岸小山北麓，折東北至南岸大山東北麓，東南流，折向正北，又東北流，中有沙洲，其東南岸外，則杜勒鄂模也。又東北，曲曲注阿勒坦厄莫爾山東北，瀦爲枯倫湖，在黑龍江齊齊哈爾城西千三百餘里也。湖自西南而東北，長徑二百餘里，東西闊百餘里，周可五六百里。枯倫今作呼爾，卽古之具倫泊也。右翼中前旗烏默客裔，初授二等台吉。乾隆十九年晉一等台吉。二十年，封輔國公兼札薩克，後降一等台吉，世襲。佐領一。牧地當喀魯倫河曲處。東：庫里葉山。北：巴顏烏蘭山，綿亙東南二百里許。喀魯倫河自噶拉太嶺之東，西南至兩山間，循山麓東南流，逕巴顏烏蘭山西麓，至南岸山盡處，稍折東流，有僧庫爾河南流沙中來注之。喀魯倫河又東南，自沙地經拖諾山南麓，入車臣汗旗境。以上統盟於巴爾和屯。卽巴拉斯城。

札薩克圖汗部：駐杭愛山陽，直甘肅、寧夏邊外漠北。至京師四千餘里。東界翁錦錫爾哈勒珠特，西界喀喇烏蘇額埒克諾爾，南界阿爾察喀喇託輝，北界特斯河，接唐努烏梁海。本元裔，號札薩克圖汗。康熙二十七年，沙喇兵敗，爲噶爾丹所戕。其弟策旺札布率族來歸，封和碩親王，詔仍襲汗號。轄旗十九。

北極高四十三度三十五分。京師偏西十九度九分。札薩克圖汗兼管右翼左旗策旺札布，以從征退縮削爵。雍正四年，詔其族格埒克延丕勒襲汗號，兼郡王爵，領右翼左旗札薩克事，世襲。佐領三。牧地有博格爾諾爾。東南：札布噶河，自賽音諾顏部左翼左旗界西南流，逕巴顏山北麓尼魯班禪喇嘛遊牧，折西流，席喇烏蘇河南自阿爾洪山水所匯之大泊來會。又西北流，烏里雅蘇台河東來入之。博格爾諾爾，舊作白格爾察罕鄂模，在庫克西勒克山之南、都忒嶺之東。又有都魯泊。

中左翼左旗

札薩克圖汗之族。康熙三十五年封多羅貝勒兼札薩克。乾隆二十二年，以功晉郡王品級。四十六年，詔以貝勒世襲。佐領二。牧地當特斯河源。東：庫蘭阿濟爾噶山。北：伯爾克山。東北：巴彥集魯克山。特斯河源出阿爾泰東北大幹之唐努山西南麓，西南流山中，受南北來四水，又西南入烏梁海境。曲曲西瀦爲烏布薩泊。泊在阿爾泰頂之東南麓六十里。

左翼中旗

札薩克圖汗之族。雍正五年授札薩克二等台吉。乾隆二十一年晉一等台吉。二十三年封輔國公，復晉鎮國公，世襲。佐領一。

右翼後旗

札薩克圖汗之族。康熙三十年授札薩克一等台吉，世襲。佐領一。與左翼中旗同遊牧。牧地當札布噶河西岸。

左翼右旗

札薩克圖汗之族。康熙二十九年授札薩克。三十年封多羅貝勒。雍正十二年降鎮國公，世襲。佐領一。牧地在都爾根諾爾之南。諾爾在科布多城西、伊克阿拉克泊之西南，北與喀喇諾爾相聯，形如葫蘆，亦札布噶河之支流所匯也。

左翼前旗

札薩克圖汗之族。康熙二十八年授札薩克。三十年授一等台吉。五十年封輔國公，世襲。佐領二。

左翼後末旗

札薩克圖汗之族。雍正四年授札薩克一等台吉，世襲。佐領一。與左翼前旗同遊牧。牧地在奇勒稽思諾爾之東，一作柯爾奇思諾爾，在阿爾泰頂東南，去兩旗札薩克駐處八百里。東南：札布噶河、空歸河。西南：伊克阿拉克池水所匯也，周百數十里，西南相聯一泊曰愛拉克諾爾，南與喀喇諾爾相直。

右翼右末旗

札薩克圖汗之族。雍正二年授札薩克一等台吉，世襲。佐領一。牧地當德勒格爾河西岸、桑錦達賚之東。德勒格爾河一作哈喇台爾河，源出唐努山南、錫巴里喀倫北，東北流，當阿哈里喀倫之北，有一小水西北來入之。折東南流，與德勒格爾河會。又東南流，託爾和里克河北自博爾圖斯喀倫，兩源並導，百里而合，又南，德勒格爾河自西來會。又南流，布克綏河自西北來會。又南入齊老圖河。中左翼右旗札薩克圖汗之族。初授二等台吉。乾隆二十一年封輔國公並札薩克，世襲。佐領一。牧地當桑錦達賚之南。桑錦達賚泊在旗境及中左翼左旗之間。西南有色楞格河。右翼右旗札薩克圖汗之族。康熙二十八年授札薩克。三十年封固山貝子，後降輔國公，世襲。佐領一。牧地在烏喇特界內庫埒謨多。左翼後旗札薩克圖汗之族。康熙三十年授札薩克一等台吉。三十六年晉輔國公，世襲。佐領一。牧地在伊克敖拉里克察罕郭勒。北：烏蘭泊。中右翼末旗札薩克圖汗之族。康熙四十三年授一等台吉。五十三年授札薩克。雍正二年封輔國公，世襲。佐領一。牧地當濟爾哈河，至是瀦於察罕諾爾。所部察罕諾爾有二，一在左翼右旗之西，其南爲齊齊克泊，接科布多界；一卽此，濟爾哈河所瀦也。右翼後末旗札薩克圖汗之族。康熙三十六年授札薩克一等台吉，世襲。佐領一。牧地在奇齊格訥洪果爾阿齊喇克。中右翼左旗札薩克圖汗之族。乾隆二十年授札薩克一等台吉，世襲。佐領一。牧地在左翼左旗西南。右翼前旗札薩克圖汗之族。康熙二十八年授札薩克。三十年授一等台吉，世襲。佐領一有半。牧地在阿爾察圖、和岳爾敖拉、雅蘇圖、鄂和多爾、納默格爾諸界。左翼左旗札薩克圖汗之族。乾隆二十一年授札薩克一等台吉，世襲。佐領一。牧地在奇勒稽思諾爾、愛拉克諾爾之南，跨空歸河。空歸河又名空陰河，舊作空格依河，出昂奇山南麓，合三水西南流，入札布噶河。中右翼末次旗羅卜藏台吉之孫。康熙四十八年授札薩克一等台吉，世襲。佐領一。牧地有特們諾爾、委袞諾爾，兩諾爾水皆發源烏里雅蘇台軍營城北大山，東北流，瀦爲兩大泊，委袞在北，特們在南，中隔一嶺，南北相望，形擬蝌蚪也。中左翼末旗羅卜藏台吉之裔。雍正十二年授二等台吉。乾隆二十二年授一等台吉兼札薩克，世襲。佐領一。牧地當德勒格爾河東岸。附輝特一旗額魯特部輝特族人羅卜藏，爲噶爾丹所虐，來歸。乾隆二十年授其孫一等台吉。三十年授札薩克，世襲。佐領一。牧地當濟爾哈河東岸。濟爾哈河自旗南界合三源東北流，至札薩克圖汗部中右翼末旗界，潴爲察罕諾爾。以上統盟於札克畢賴色欽畢都爾諾爾。

喀爾喀四部八十六旗，統稱外札薩克。自雍正中用兵準噶爾，卽於烏里雅蘇台築城駐兵，城以木爲之，中實以土，高丈六尺，厚一丈，在烏里雅蘇台河北岸。光緒七年，收還伊犂，改訂條約，許俄人在烏里雅蘇台通商，俟商務興旺，再設領事。定邊副將軍治之。總統四部兵，內蒙古各部兵統於各部札薩克。蓋內札薩克多從龍功臣，而游牧之地悉附近盛京、直隸、山西、陝西一帶，與外札薩克之後來歸附遠在漠北者有別。兼理札薩克圖汗、賽音諾顏兩部事。又設庫倫辦事大臣，庫倫在土喇河上游西岸，人三萬口，喇嘛教徒甚衆。其胡土克圖殿宇嚴莊，蒙民每夏從諸部來頂禮者，道路不絕。理俄羅斯邊事。康熙六十年與俄立約，定爲陸路通商埠，各遣官監視。乾隆二年，並停京師貿易，統歸恰克圖辦理，總其權於庫倫大臣。互市處在恰克圖南買賣城，有路南通庫倫，北達上烏丁斯克，與新修鐵路接。有俄國領事署。貿易茶最盛。車臣汗、土謝圖汗兩部事亦歸監理。

杜爾伯特部十六旗：至京師六千餘里。元臣孛罕之裔，姓綽羅斯。六傳至額森，卽也先，生二子。長伯羅納哈勒，爲杜爾伯特部祖；次額斯墨特達爾諾顏，爲準噶爾部祖。杜爾伯特本分牧額爾齊斯河。乾隆十八年，爲準噶爾所逼，率族來歸，編所部佐領左翼旗十一，特固斯庫魯克達賴汗旗、中旗、中左旗、中前旗、中後旗、中上旗、中下旗、中前左旗、中前右旗、中後左旗、中後右旗。右翼旗三，前旗、前右旗、中右旗。附輝特旗二。下前旗俱在科布多河，下後旗俱在烏布薩泊南、杜東輝西。授札薩克，世襲。設科布多參贊大臣以轄之。同游牧科布多金山之東烏蘭固木地。東至薩拉陀羅海、納林蘇穆河，南至哈喇諾爾、齊爾噶圖山，西至索果克河，北至阿斯哈圖河。北極高四十九度十分至二十分。京師偏西二十四度至二十七度二十分。科布多一作和卜多，其水源名索果克河，蓋卽索和克薩里也。東流，南合瑚爾噶泊、輝美泊、和通泊水，東北流，西合噶斯河，折而東南流，逕輝特下前旗、杜爾伯特右翼旗，南合塔爾巴泊、託爾博泊水，北合烏里雅蘇圖河、根德克圖泊、戴舒爾泊水，遂名科布多河。東南流，經科布多城西，布彥圖河出阿爾泰烏梁海旗西北流來會。又東流入阿勒克泊。納林蘇穆河，發源特斯河南沙地，西南流，與古薩爾泊水會，西北入烏布薩泊。烏布薩泊在左翼旗北，西與北接唐努烏梁海界。喀喇奇拉河、古薩爾泊水，俱出左翼界，北流，薩克里哈拉河亦出左翼界，東流，俱瀦於烏布薩泊。又東，特斯河、和賴河，東北特里河，北伊爾河、博爾河、札爾河、齊塔齊河，西有哈拉莽鼐山水，俱流入烏布薩泊。南：哈喇泊水、札布噶河，自札薩克圖汗部西北流，東納空歸河，又西北會奇勒稽思泊、愛拉克泊水，西流，南合都爾根泊、哈喇泊水，逕明阿特旗，匯於阿拉克泊。

明阿特部一旗：系出於烏梁海。後爲札薩克圖汗部中左翼左旗之屬。乾隆三十年，撤出設一旗，隸科布多大臣轄。牧地在科布多城西。東界起塔拉布拉克至齊爾噶圖山、科布多河止，南界起齊爾噶圖山至茂垓止，北界起茂垓至塔拉布拉克止，俱與杜爾伯特連界。北極高四十八度五十分。京師偏西二十六度二十分。

阿爾泰烏梁海七旗：東界起都嚕淖爾至哈叨烏里雅蘇台止，與額魯特連界；南界起烏蘭波木、烏龍古河至巴噶諾爾止，與塔爾巴哈台所屬土爾扈特連界；西界起碑爾素克託羅垓至巴爾哈斯淖爾止，與喀倫連界；北界起巴爾哈斯淖爾至哈竇里達巴止，與喀倫連界。曰左翼副都統旗、散秩大臣旗各一，總管旗二；右翼散秩大臣旗一，總管旗二。北極高四十九度二十分。京師偏西二十九度十分。哈屯河二源，東曰喀喇河，西曰噶老圖河，俱出阿爾泰烏梁海旗北境阿爾泰山北麓，二源合爲納爾噶河，東北流，鄂依滿河入之。又東北流，札爾滿河入之。折東流，達爾欽圖河自西南來匯。又東北流，始曰哈屯河。又東北流，逕阿爾泰諾爾烏梁海旗，西納烏賴河、僧瑪爾達河，東納喀達林河。又北流，會亨吉河，入唐努烏梁海界。阿爾泰河亦自科布多西北流來會，又西北入俄羅斯界。西南：華額爾齊斯河，源出阿爾泰山。

阿爾泰諾爾烏梁海部二旗：在索果克喀倫外。東界起哈勒巴哈雅山至布古素山、博羅布爾噶蘇河止，南界起博羅布爾噶蘇至託申圖山、習伯圖山、達爾欽圖河止，西界起達爾欽圖河至阿爾占山、巴勒塔爾罕山、呼巴圖嚕山止，北界起呼巴圖嚕山至阿爾泰諾爾、伯勒山、楚勒坤諾爾、哈勒巴哈雅山止。北極高五十三度。京師偏西二十五度四十分。旗東北有阿爾泰泊，綽爾齊河、沙爾河、巴什庫斯河、阿斯巴圖河，合北流瀦焉。東納格吉河，西納巴哈齊里河、伊克齊里河、郭爾達爾河，北流爲阿爾泰河，又西北入唐努烏梁海界，會哈屯河。

博東齊旗、布圖庫旗：均杜爾伯特族。乾隆二十一年來歸，編置佐領。同牧於呼倫貝爾。隸呼倫貝爾都統轄，黑龍江將軍節制。

新土爾扈特部二旗：在科布多城西南。至京師七千餘里。元爲乃蠻國，太祖滅之。後爲和林行省所屬地。明屬衞拉特。初，始祖翁罕裔舍稜爲準噶爾台吉。七傳至貝果鄂爾勒克。其長子卓立甘鄂爾勒克，即徙牧俄國一支之祖。數傳至渥巴錫，來欵，賜牧新疆，號舊土爾扈特。其次子衞衮察布察一支，依準噶爾，傳至舍稜，爲準噶爾台吉。大軍征準噶爾，舍稜奔俄。乾隆三十六年來歸，編佐領，設札薩克，賜牧，號新土爾扈特。二旗：曰新左旗，曰新右旗。自爲一盟，曰青色特啓勒圖。隸科布多大臣兼轄。光緒三十二年，劃隸阿爾泰辦事大臣。牧地當金山南、烏隆古之東。東至奔巴圖、捫楚克烏蘭、布勒幹和碩，南至胡圖斯山、烏龍古河，西至淸依勒河、昌罕阿璊、那彥鄂博，北至綽和爾淖爾、那郭幹諾爾之中山。北極高四十六度。京師偏西二十七度二十分。拜塔克，地以山名，其山至哈布塔克西、青吉斯河南岸。由拜塔克西南行，至奇臺界，唐時以沙陀部爲沙陀州，此其故壤也。烏隆古河二源，東曰布爾干河，西曰青吉斯河。布爾干河出新和碩特旗北，合喀喇圖泊水，南流，經札哈沁旗東南流。青吉斯河出旗境北，合哈泊水，西南流，合哈弼察克河。又東南，與布爾干河合，爲烏隆古河。折西流，逕阿爾泰烏梁海旗，瀦爲赫薩爾巴什泊。

新和碩特部一旗：在科布多城南。至京師七千餘里。和碩特台吉巴雅爾拉瑚之族蒙衮。乾隆三十七年來歸，附新土爾扈特貝子旗。後爲所虐，移牧杜爾伯特近處。嘉慶元年，給札薩克印，隸科布多大臣兼轄。光緒三十二年，劃隸阿爾泰辦事大臣。牧地當金山東南哈弼察克，西臨青吉斯河。東至和託昂鄂博，西至捫楚克烏蘭，北至奔巴圖、哈弼察克河。北極高四十七度。京師偏西二十七度。哈弼察克一作哈布塔克，地以山名，在鎮西府西北四百里。北六十里卽布拉干郭勒河南山北之地，饒水草，宜畜牧。

札哈沁部一旗：初爲準噶爾宰桑。乾隆十九年，大軍獲之。其隨來之札哈沁，卽令統轄。四十年，設一旗。嘉慶五年，增設一旗。隸科布多大臣。牧地在科布多城南。東界起德杜庫庫圖勒至巴爾嚕克止，與喀爾喀連界；南界起昂吉爾圖至哈布塔克山止，與巴爾庫勒連界；西界起和託昂鄂博至布爾干河東岸止，與阿爾泰烏梁海連界；北界起惠圖僧庫爾至土古里克止，與喀爾喀屯田兵官廠連界；東北界由土古里克起至德杜庫庫圖勒止，與喀爾喀連界。北極高四十六度五十分。京師偏西二十六度十分。

科布多額魯特部一旗：本台吉達木拜屬，有罪削爵，以其衆屬科布多大臣轄。東界起齊爾噶朗圖至布古圖和碩止，南界起布古圖和碩至哈叨烏里雅蘇台止，東南均與喀爾喀屯田兵連界，西界起哈叨烏里雅蘇台至都嚕諾爾止，北界起都嚕諾爾至習集克圖河止，西北均與阿爾泰烏梁海連界。北極高四十八度五十分。京師偏西二十七度三十分。

以上並隸科布多大臣定邊左副將軍轄。

阿拉善額魯特部一旗：在河套以西，袤延七百餘里。至京師五千里。本漢北地郡西境，及武威、張掖二郡北境地。晉爲前涼、後涼、北涼所有。唐屬河西節度使。廣德初，陷於西番。宋景德中，陷於西夏。元屬甘肅行中書省。明末爲額魯特蒙古所據。元太祖弟哈布圖哈薩爾之裔，世駐牧河西套。後爲噶爾丹所滅，其酋逃竄近邊。康熙二十五年，上書求給牧地，詔於寧夏、甘州邊外畫疆給之。東至寧夏府邊外界；南至涼州、甘州二府邊外界，西至古爾鼐接額濟納土爾扈特界，北踰戈壁接札薩克圖汗部界。三十六年，編佐領，授札薩克，封多羅貝勒，駐定遠城。雍正二年，晉郡王。乾隆三十年，晉和碩親王，世襲。佐領八。牧地當賀蘭山西、龍頭山北。北極高三十八度至四十二度。京師偏西十度至十八度。城北有吉蘭泰鹽池，名曰「吉鹽」，歸阿拉善王管轄。自爲部，不設盟。賀蘭山在旗東，土人名阿拉善山。山有樹木，青白如駿馬，北人呼駿爲「賀蘭」。其山與河東望雲山形勢相接，邐迤向北，經靈武西北，逕保靜西，又北逕懷遠西，又北逕定遠，又東北抵河。抵河之處名乞伏山，在黃河西，從首至尾像月形，南北約長五百餘里，邊城之鉅防也。山之東，山口自北而南曰寧靖、鎮北，至獨樹，凡十九口。又南接邊城曰青羊溝、乾溝，至小關兒，凡十九口。又南則石空寺堡及勝金關也。西山口自北而南曰歸德、紅兒，至黃峽，凡十三口。又南，山勢迤邐而西，其南曰山觜口、金塔口、杏樹口、赤木口，東接邊城曰大佛寺口、三岔溝口。其西曰靖湖墩，至崇慶，凡六口，鎮北口、寧安口、向陽墩口、殺虎墩口。龍首山一名龍頭山，俗呼爲甘峻山，在旗西南，與山丹接界，蒙名阿喇克鄂拉，緜亙廣遠，東大山之脈絡也。距山丹城三里。山盡處爲寧遠堡。山南爲內地，蒙古俱於山北游牧。旗南有松陝水，自古浪縣北流，逕縣東，又東北至土門堡流出邊。又東北至旗界，瀦爲澤。漢志：「蒼松縣南山，松陝水所出，北至揟次入海。」一統志：「按陝音峽，松陝水卽今古浪河，邊外積水處總曰海。」有谷水，卽三岔河，自河州府城東，東北流，逕鎮番東北出邊，土人呼爲郭河，至旗界入白亭海子。地形志：「武威郡襄城縣有武始澤。」水經注：「馬城河又東北逕武威縣故城，東屆此水流兩分，一水北入休屠澤，一水又東流入瀦野。」有水磨川，一名雲川，自永昌城西，東北流，逕新城堡北、水磨堡西，又東流逕永昌城北、寧遠堡西，北流出邊。經旗界，瀦爲大澤，蒙古名沙喇鄂模。有休屠澤，卽古瀦野。漢志：「武威縣，休屠澤在東北，古文以爲瀦野澤。」水經注：「武威北有休屠澤，俗謂之西海，其東有豬野澤，俗謂之東海，通謂之豬野。」有魚海，即白亭海，一名小闊端海子，五澗谷水流入此海。有沙喇鄂模，在休屠澤西。水磨川自寧遠堡北出邊，注入其中，方廣三四十里。有昌寧湖，直永昌東北、寧遠堡北四十里，東至鎭番界，多水草楊木。明季青把都游牧於此。有長草湖，在寧羅山北。有伯顏湖，直平番東北邊外。有雙泉，直永昌西北，亦名雙井。有馬跑泉，直永昌北。有高泉、平泉、赤諾泉。有三井，直鎭番西北，有亂井兒。有青鹽池、鴛鴦白鹽池、小白鹽池，皆在鎭番西北邊外。有紅鹽池，在山丹城北，池產紅鹽，其根可作器。定遠城北有鹽池，所謂吉蘭泰池也。

額濟納舊土爾扈特部一旗：在阿拉善旗之西，當甘肅甘州府及肅州邊外。袤延八百里。至京師五千五百餘里。本漢居延縣地，張掖郡都尉治此。後漢安帝時，改置張掖居延屬國，別領居延一城。獻帝建安末，立爲西海郡。魏、晉因之。永嘉以後，地屬前涼、後涼、北涼、西涼，相繼割據。元魏爲涼州所轄地。隋、唐爲甘州、肅州北境。大曆中，陷於吐蕃。宋景德中，地屬西夏，曰威福軍。元，亦集乃路，屬甘肅行中書省。明，甘州、肅州二衞邊外地。元臣翁罕裔。明季爲準噶爾所偪，徙居俄境之額濟拉河。額濟拉即窩爾吉譯音之變。土爾扈特居俄久，常遣使入貢。康熙四十二年，其汗阿玉奇之嫂攜其子阿喇布珠爾入藏禮佛，準噶爾阻其歸路，乃款塞乞內屬，賜牧色爾騰。旋定牧額濟納河。雍正七年，封多羅貝勒。乾隆十八年，授札薩克，世襲。佐領一。以來歸在先，故亦稱舊土爾扈特。不設盟長。牧地跨昆都倫河。東至古爾鼐，南至毛目縣丞民地，西至大戈壁，北至阿濟山。北極高四十一度。京師偏西十七度。旗境有掃林山。明馮勝拔肅州，進至掃林山亦集乃路，即此。別篤山今曰畢道山。明紀，洪武五年，副將軍傅友德下額濟納路，次別篤山，即此。東：旗杆山。北：阿濟山。自哈密北踰天山，至巴里坤池，又北渡大砂磧幾三四百里，有阿吉山，亦曰阿濟山。山脈自西北阿爾泰山南來，蜿蜒東趨，橫帶瀚海中，起伏不斷，爲喀爾喀西路之南境，其長殆三四千里。東南：合黎山，即禹貢弱水所經也。水經云，「合離山在酒泉會水縣東北」，注以爲即合黎山。史記正義，山在張掖縣西北二百里。行都司志云在高台所北十里、鎭夷所東北三十里，與黑山相接。黑山在鎭夷所東北，屹立沙漠中，一名紫塞。其山口東南至肅州百四十里。東北有狼心山，在金塔寺堡北，南去鎭夷所城五百里，爲往來要路。又有孤仁山，在金塔寺堡東北三百五十里，凡往來哈密北山者，必聚於此。南有毛目城。額濟納河在西套額魯特西界。又弱水源出山丹西南，自與張掖河合，其下通名爲張掖河。又討來河發源肅州西南番界中，有三派，最西曰討來河，其西又有哈士巴爾呼河，北流百餘里，與討來河合，又東北百餘里，南有巴哈、額濟納二河，合流而北，與討來河會爲一，又東北流入邊，繞州南至州東北，合西來之水，又東北出邊，過金塔寺，折北轉東，與張掖河合，又北入居延海。昆都倫河自甘肅肅州北流，經旗境，分二道，匯爲澤，俱曰居延海。旗東有澤曰大苦水，南直甘肅張掖縣邊外。大苦水之東有二澤，曰騙馬湖，東南有澤曰沙棗湖，亦曰沙棗泉，在肅州東北金塔寺北，沙棗湖之東，直山丹縣邊外，有澤曰豐盈大泉。以上諸澤，皆瀦於沙。又東有昌寧湖、魚海、白海，其上源皆在甘州府、涼州府界。

南路舊土爾扈特部四旗：在喀喇沙爾城北，當天山之南，珠勒都斯。至京師八千六百餘里。本古西戎地。漢及魏、晉爲烏孫國地。北魏，高車國地。周，突厥地。隋，西突厥地。唐，鷹娑都督府地。宋屬西州回鶻。明爲回部所據。乾隆二十三年，回疆平，入版圖。三十六年，元臣翁罕裔渥巴錫挈所部內附，遂以其地賜之，是爲南路舊土爾扈特，與中路和碩特同游牧，編置佐領。設旗四：曰南路汗旗，曰中旗，曰右旗，曰左旗。授札薩克，世襲。隸伊犁將軍轄。牧地有珠勒都斯河，東踰天山，至博爾圖嶺，南至扣克納克嶺，西至天山，北至喀倫。北極高四十二度五十分。京師偏西三十度四十分。天山一名祁連，一名雪山，一名白山，又曰折羅漫山。自葉爾羌西南蜿蜒而來，曰蔥嶺，至闢勒玉山分脈。其東南一支，繞和闐而東行，其西北一支，繞英吉沙爾、喀什噶爾之西，又北行，達布魯特境，東行繞烏什之北，又逕阿克蘇之北，又逕庫車、喀喇沙爾、吐魯番之北，緜亘七八千里，而至哈密東北百餘里，爲北天山，又百餘里截然而止，則在巴里坤之東，名鹽池山，伏入地中矣。此山爲南路回疆、西路伊犁之分界。山陽爲自哈密至葉爾羌南路，山北則由巴里坤至伊犁北路也。鹽池山之南，沙磧漫野，即希爾哈戈壁，所謂「千里瀚海」也。其山伏地千餘里，至嘉峪關外沙州之東，突兀起頂，東行名祁連山，所謂南天山也。再東行至洞素達巴罕過脈，東北行至巴圖爾達巴罕，北分一支，至八寶山，形如蓮華，尊成嶽體，乃西寧、涼州、甘州、肅州四郡之鎮山也。又自鎮素達巴罕東行，至野馬川之東，景陽嶺自南而北，東分一支結涼州諸山，西分一支與察罕鄂博過脈，西行至祁連達巴罕，過脈向北，分一支結甘州諸山。珠勒都斯山，在喀喇沙爾城北珠勒都斯之地，北連雪山，回環千餘里，水草豐茂。博爾圖嶺亦名博羅圖塔克，在闢展西南，當喀喇沙爾東北境，其山與阿勒癸山南北相接，形如鎖鑰，西通準部，南界回疆，天山南路一大關隘也。山多積雪，博羅圖河發源北麓，入北谷口西行，通珠勒都斯，出西南谷口，西南行，即喀喇沙爾境。扣克納克嶺亦名庫克納克達巴罕，在愛呼木什嶺西五十里，額什克巴什河發源南麓。山脈自天山正幹之額什克巴什山分支，東行六十里至此。

中路和碩特部三旗：至京師八千六百餘里。舊爲四衞拉特之一。牧青海、伊犂諸境，後徙俄羅斯。乾隆三十六年，從土爾扈特汗渥巴錫來歸，詔附南路土爾扈特部同游牧珠勒都斯，編置佐領。設旗三：曰中路中旗，曰中路右旗，曰中路左旗。授札薩克，世襲。歸伊犂將軍轄。牧地在南路舊土爾扈特部之西。東至烏沙克塔爾，南至開都河，西至小珠勒都斯，北至察汗通格山。北極高四十二度五十分。京師偏西三十一度十分。察汗通格山在烏沙克塔勒西，西南距喀喇沙爾城百九十五里，地有廢城，城西有泉，委折而南，經烏沙克塔勒城東，分導灌田，自闢展西入納林奇喇塔克、博羅圖塔克谷口，循博羅圖郭勒，踰塔什海，至其地，爲喀喇沙爾東北境。開都河俗名通天河，源出大雪山，經喀喇沙爾西門外，水勢甚寬。東南流，上源曰珠勒都斯河，出布古爾東北山，數水合西南流，西納達賴克河。折東流，歧爲二，復合，南北納十餘水而東，北納瑪爾什河，經庫勒爾北，折東南流，注塔里木河。一統志載葉爾欽有塔里母河，下流與西北來之海多河合。海多河卽開都河，塔里母河卽塔里木河也。小珠勒都斯河出自阿爾泰陰克遜之北源處，極四十三度十分，西三十一度三十分，卽和碩特牧地也。

北路舊土爾扈特部三旗：在塔爾巴哈台城東，當金山之西南霍博克薩里。至京師九千七百餘里。本漢時匈奴西境、烏孫北境。北魏，蠕蠕地。後周時入於突厥。唐，西突厥地。明時爲衞拉特地。舊爲準噶爾台吉游牧處。乾隆二十年，準部平，入版圖。三十六年，元臣翁罕裔衮札布來歸，遂以其地賜之，是爲北路舊土爾扈特部，編置佐領。設旗三：曰北路旗，曰右旗，曰左旗。授札薩克，世襲。隸塔爾巴哈台大臣轄，伊犂將軍節制。牧地東至噶札爾巴什諾爾，西至察漢鄂博，南至戈壁，北至額爾齊斯河。北極高四十六度三十分。京師偏西二十九度十分。有薩里山，卽賽兒山。東：噶札爾巴什諾爾，卽赫薩爾巴什泊，在哈莽奈山北，凡金山東南烏龍古河、布爾干河、青吉斯河皆匯焉。廣七十里，袤三十里，餘波入於沙磧。泊以東卽新土爾扈特牧地。北有額爾齊斯河，一源爲華額爾齊斯河，一源爲喀喇額爾齊斯河，均出阿爾泰山，二河合爲額爾齊斯河。西北流，納蘇布圖河，罕達海圖河、奇喇河，與克木齊克河、固爾圖河、博喇河、哈布河、喀喇哈布河、訥恰庫河、塔爾巴哈台河。又西北，瀦爲宰桑諾爾。俄儂河、果莫孫河匯其東南，納林河、哈流圖河匯其東北，阿布達爾摩多河匯其西。復從諾爾西北溢爲額爾齊斯河，科爾沁河入之。又西北布崑河，又北烏柯爾烏蘇，又東北流，納林河、莫依璘河、布克克圖爾瑪河皆入之。又東北流，經塔爾巴哈台北境、科布多西北境，入俄羅斯界。

東路舊土爾扈特部二旗：在庫爾喀喇烏蘇城西南，當天山之北，濟爾噶朗。至京師九千五百餘里。本漢時烏孫國地。北魏爲蠕蠕地。後周時入於突厥。唐爲西突厥地。後爲嗢鹿州都督府地。明時爲衞拉特地。舊爲準噶爾各鄂拓克及各台吉游牧處。乾隆二十年，準部平，入版圖。元臣翁罕裔納札爾瑪穆特來歸，遂以其地賜之，是爲東路土爾扈特部，編置佐領。設旗二：曰右旗，曰左旗。授札薩克，世襲。統隸伊犂將軍節制。牧地跨濟爾噶朗河。東至奎屯河，南至南山，西至庫爾喀喇烏蘇屯田，北至戈壁。北極高四十四度二十分。京師偏西三十一度二十分。濟爾噶朗河三源，發庫爾喀喇烏蘇南山，名古爾班恰克圖水。山中產金，置濟爾噶朗金廠。古爾班恰克圖水北流，逕土爾扈特喇嘛寺，又西北流，逕布爾哈齊軍臺西，爲濟爾噶朗河，又曰多木達喀喇烏蘇，言於三喀喇烏蘇居中也。布爾哈齊莊南五里許，沙阜湧泉，勢甚湍急，北逕莊東，爲布爾哈齊水，西北流，入於濟爾噶朗河。濟爾噶朗河又西北流，入庫爾喀喇烏蘇河。濟爾噶朗廠西南有山曰額布圖嶺，發泉，東北流爲額布圖河，又曰固爾班喀喇烏蘇，其水自東北折而西北流，入庫爾喀喇烏蘇河，又西入喀喇塔拉額西柯諾爾。東：奎屯河，在庫爾喀喇烏蘇城東南，源出額林哈畢爾噶山。山產金，置廠。奎屯河北流出山，疏西流渠一，曰樹窩子商戶渠。又北流，逕庫爾喀喇烏蘇城東。又北流，東西各引渠一，東曰河沿子商戶渠，西曰民戶渠。戶屯之北爲兵屯河，逕兵屯東，折而西北流，逕軍臺西，爲庫爾喀喇烏蘇河。

西路舊土爾扈特部一旗：在伊犂城東，當天山之北，晶河東岸。至京師一萬餘里。本漢時烏孫國地。北魏時爲悅般國。尋爲蠕蠕所併。後周時入於突厥。唐初西突厥地，後爲嗢鹿州都督府地。元，阿勒穆爾地。明時爲衞拉特地。舊爲準噶爾各鄂拓克及各台吉游牧處。乾隆二十年，準部平，入版圖。元臣翁罕裔羅卜藏諾顏來歸，遂以其地賜之，是爲西路舊土爾扈特部，編置佐領。設西路旗一，授札薩克，世襲。隸伊犂將軍節制。牧地東至精河屯田，南至哈什山陰，西至託霍木圖臺，北至喀喇塔拉額西柯諾爾。北極高四十四度四十分。京師偏西三十二度五十分。哈什山在慶綏城西南，山之陽卽伊犂哈什河源所出，合十餘水，西流來會，曰伊犂河。有晶河，舊作精河，源出安阜城南山，其山卽伊犂哈什河北岸山陰也。山有峽口，曰登努勒台。新唐書地理志云，黑水守捉又七十里有東林守捉，又七十里有西林守捉。又經黃草泊、大漠小磧，渡石漆河，踰車嶺，至弓月城。過思渾川、蟄失密城，渡伊麗河，蓋卽由登努勒台至伊犂矣。石漆河或晶河之舊稱，河三源並出，爲古爾班晶河，準語晶，謂「蒸籠」也。河濱沙土，濕暖如蒸，故名。西北流出山，經西路一旗土爾扈特游牧一百科樹之西，北距安阜城九十里。又西北流，導西流渠一。又西北流，導東流渠一。又西北流，逕晶河舊城西。又北流，入喀喇塔拉額西柯諾爾。喀喇塔拉額西柯諾爾卽鹽海子也，在精河城北。庫爾喀喇烏蘇河出庫爾喀喇烏蘇城南山中，三水合北流，逕城東及北，合南來一水；又西北，濟爾噶朗河自其南注之。又西，敎穆達河亦自其南注之，合流瀦焉，曰鹽海子。

唐努烏梁海部：本明時兀良哈部族。至京師八千餘里。清初來附，屬烏里雅蘇台定邊副將軍轄。共二十五佐領。二佐領在德勒格爾河東岸；二佐領在庫蘇古爾泊東北；四佐領當貝克穆河折西流處；四佐領當噶哈爾河源；三佐領當謨和爾阿拉河源；十佐領在西北，跨阿爾泰河、阿穆哈河。又附札薩克圖汗部所屬烏梁海五佐領，賽音諾顏部所屬烏梁海十三佐領，哲布尊丹巴呼圖克圖門徒所屬烏梁海三佐領。東南至土謝圖汗及賽音諾顏部、札薩克圖汗部，西南至科布多，北至俄羅斯。北極高五十五度四十分。京師偏西二十四度二十分。南：唐努山，延亙千餘里。又有穆遜山。西北：敖蘭烏納瑚山、鄂爾噶漢山，與唐努山相接。阿努河、察罕米哈河、阿穆哈河，皆出其北麓。北：塔爾噶克山，其南爲額爾齊克山。有克穆河，卽劍河，元史謙河，亦卽此水。河出穆遜山西北之託羅斯嶺南麓，曰華克穆河，南流，經哲布尊丹巴呼圖克圖門徒所屬烏梁海三佐領之西。又南流，陶託泊水自東來匯。陶託泊水出穆遜山西麓，兩源並發，合流曰烏魯河，西流瀦爲陶託泊。和金哈河匯其北，有二水匯其南。

復從泊西北流出，入於華克穆河。華克穆河折西流，逕札薩克圖汗部所屬烏梁海一佐領之西北，又西流，布斯河出章哈山北麓自南來匯。又西，多集瑪河自北來會。又西流，哈爾吉河自南來匯。又西流，有札噶泊，周數十里，當唐努山北，近吉里克卡倫隔山之東，瀦爲泊。其水東北流，哈拉穆楞河自東南來匯。又東北流，南入於華克穆河。又折而北流，經札薩克圖汗部所屬烏梁海一佐領境，納東來一小水，又北流，會貝克穆河。自發源至此，一千一百餘里。貝克穆河源出託羅斯嶺南麓，在華克穆河源之西，水南流瀦爲伯魯克泊。復南流，博爾魯克河自南來匯。折西流，阿薩斯河亦出託羅斯嶺，瀦爲圖集泊，從泊流出，自北來會。又西流，庫克穆河自南來匯。又西流，哈彥薩拉克穆出託羅斯嶺西麓，瀦爲特爾里克泊，復從泊中流出，與北來之伯集克穆合，入於貝克穆河。克穆齊克河出唐努山北麓，其南隔山卽烏布薩泊也。克穆齊克河東北流，巴爾魯克河自南合一水來匯。又東北，阿克河自西來匯。又東流，北納一小水，南納集爾噶瑚河。又東流，北納一小水，南納札達克河，東入大克穆河。大克穆河西流，謨什克河、巴拉克河皆自南來入之。又西流，烏蘭烏蘇河自北來入之。又西流，謨和爾阿拉河、額錫穆河、察漢河、拉爾河、特穆爾烏蘇河、札庫爾河合三水，皆來匯。圖蘭河出塔爾噶克山西南麓，南流，合鄂克河，入於大克穆河。察漢米哈河發源鄂爾噶漢山北麓，北流，逕敖蘭烏納瑚山西，西北流入阿努河。阿穆哈河亦發源鄂爾噶漢山西北麓，北流，逕烏梁海十佐領之東，折而東北流，入阿努河。特里泊出唐努山北麓，西北流爲泊，又西北流，入於華克穆河。額赫河卽厄赫河，上源爲庫蘇古爾泊，在唐努山烏梁海東南境。伊克杭哈河、納林杭哈河、哈拉錫爾河、納林和羅河俱出穆遜山南麓，南流瀦焉。復自泊東南流出，曰額赫河，南北合數水。庫克陀羅蓋河、達爾沁圖河、鄂依拉噶河、阿勒渾博勒爾河俱出卡倫外，東南流來會。又東逕札薩克圖汗部、賽音諾顏部境，又東南入土謝圖汗部界，北納努拉河、布科倭河，東南會色楞格河。有德勒格爾河，出唐努山東南，東流踰卡倫，東南流，西納伊克河，羅河、託爾和里克河，出德勒格爾河源東，皆東南流，入札薩克圖汗部界。哈屯河自科布多北流入界。阿爾泰河亦自科布多西北流來會，又西北入俄界。蘇特泊在鄂爾噶漢山南。

以上隸伊犂將軍節制。

清史稿卷七十九

志五十四

地理二十六

青海

青海：禹貢西戎之域。袤延二千餘里。至京師五千七十里。東及北界甘肅，西界西藏，南界四川。三代屬西羌。漢爲張掖、武威、金城、隴西四郡之西塞外，蜀郡之北徼外，屬先零、燒當等諸羌地。王莽時，置西海郡。歷後漢、魏、晉，皆諸羌所居。東晉後，又爲吐谷渾所據。隋平吐谷渾，置西海、河源等郡。隋末，吐谷渾復據之。唐龍朔三年，吐蕃滅吐谷渾，盡有其地。宋亦爲吐蕃地。元爲貴德州及吐蕃朵甘思等處，屬吐蕃等處宣慰司。明爲西番地。正德四年，始爲蒙古部酋所據。清初，有元太祖弟哈布圖哈薩爾之裔，號顧實汗，自西北侵有其地，遣使通貢。自分部衆爲左右二境。左境東自西寧邊外棟科爾廟，西至嘉峪關邊外洮賚河，南自西寧邊外博羅充克克河北岸，北至涼州邊外西喇塔拉。右境東自棟科爾廟，西至噶斯池，南自松潘邊外漳臘嶺，北至博羅充克克河南岸。康熙三十七年，悉衆內附。雍正元年，台吉札什巴圖爾子羅卜藏丹津誘衆犯邊，大軍討平之，越歲而定。三年一貢，分三班，九年一周。置互市於西寧日月山。開拓新邊，增設安西鎭於布隆吉爾，闢地千餘里。三年，編其部落爲四，旗二十九，後又增置土司四十。設西寧辦事大臣以統轄之。廣千餘里，袤千餘里。面積二百四十萬方里。人十五萬口。北極高三十一度四十五分至三十八度三十分。京師偏西十四度三十分至十七度。東：阿木尼末倫山。東南：阿木尼塞爾泰山。西南：阿木尼那淩通布山。西北：阿木尼巴延尊崔山、阿木尼洞舒山；阿木尼天沁察罕山，其峯甚峻，無雪而白，故名；阿木尼兀善通布山。西：阿木尼巴爾布安山，其峯高險，色黑，故名。西北二百餘里，有阿木尼厄枯山，東北近甘、涼二州之邊，有阿木尼岡噶爾山，又名龍壽山。涼州邊外有阿木尼巴延哈拉山，又名大荒山。又阿木尼扣肯古爾板山，在黃河東岸哈爾吉山東，山有二峯獨高，積雪不消；其一爲阿木尼麻禪母孫山，卽大雪山也。番語稱祖爲「阿木尼」。西海十三山，番俗皆分祭之，而以大雪山爲最。凡環繞青海之濱者，亦有十三山，土人皆名烏爾圖，謂之「十三角」云。又南曠野中，有漢陀羅海山、西索克圖山、西南索克圖山，地多瘴氣。西南：烏克陀羅海山，高峯壁立。黃河西岸、青海西南，有固爾班伊瑪圖山，三山相接，皆名伊瑪圖，繞獨羅池。有蘇羅巴顏喀喇山，在伊瑪圖山東北，石崖色黑，多冷瘴，故名。南：黃河北岸有巴爾陀羅海岡。近青海南岸有巴漢哈圖嶺。巴漢哈圖嶺東，伊克哈圖嶺；其西南，察察嶺。察察嶺東，納布楚爾嶺。南少西，蘇羅嶺，卽蘇羅巴顏喀喇山之東支。黃河西岸、蘇羅嶺東，登諾爾台嶺。拖孫池東南，忒伯呼圖嶺。有海努克嶺。東北，布呼圖嶺。西，烏蘇圖搜吉嶺。青海西南，殷德爾碧柳圖嶺，相近有好來嶺。青海西南二百餘里，烏蘭布拉克嶺。西寧邊外，納拉薩拉嶺。其西，齊布秦爾嶺；相近有哈拉嶺，卽拉喇山也。洮州衞邊外，有達爾濟嶺，卽託禮嶺也。洮河發源西傾山之脊，嶺最高大，其上平坦，草木茂盛。東南有和爾河，源出納拉薩拉嶺，西北流，入青海。北少東，哈爾濟河，源出青海北岸哈爾濟山，東南流，入青海。北：伊克烏蘭和碩河，源出巴顏山，南流入青海。其西，巴漢烏蘭和碩河，南流入青海。東南：巴顏池，周四十餘里。西南：多羅池，周一百五十餘里。洮賚河亦作滔來、陶賴、討來，在肅州南，下流合張掖河，卽古呼蠶水也。漢書地理志祿福縣：「呼蠶水出南羌中，東北至會水，入羌谷」。寰宇記：「呼蠶水一名潛水，俗謂之祿福河，西南自吐谷渾界流入。」一統志：「按今討來河發源州西南五百餘里番界中，有三派，最西曰討來河，其西又有輝土巴爾呼河，北流，與討來河合。又東北百餘里，南有巴哈、額濟納二河，分流而合，又北與討來河會爲一，又東北流入邊。繞州南，至州東北，合西來之水，又東北出邊，過金塔寺，稍折而北，又轉東與張掖河合，又北入居延海。」布隆吉爾河，在今安西州北，卽南籍端水也。一統志：「按輿圖及新志，今有蘇賴河，亦名布隆吉爾河，發源靖逆衞南山，曰昌馬河。北流轉而西，逕舊柳溝衞北，會十道溝水爲蘇賴河。又西逕安西衞北，又西逕沙州衞西北，黨河自南來注之。又西北流，瀦爲合拉池。其流長七百餘里。池方數十里，卽古南籍端水也。今三衞屯田，俱藉此水灌溉。」塞爾騰海，在舊沙州衞西南，水出雪山之陰，西北流，瀦爲澤，爲青海要道。西爾噶拉金河，卽黨河，在沙州衞西，古氐置水也。漢書地理志龍勒縣，「有氐置水，出南羌中，東北入澤，溉民田」。一統志：「按輿圖，今有黨河在西，會南來一水，又折北流，繞沙州舊城之東、新城之西，入蘇賴河，溉田甚廣，當卽古氐置水。」穆魯烏蘇河，又作胡胡烏蘇河，在黃河西大雪山北，源出索諸木達什嶺，北流四十餘里，折東北，合南來之密喇河、北來之薩爾哈卜齊海、阿爾昂諸水，東流入黃河。噶斯池，在黃河上流鄂靈海東北、固爾班蒙滾陀羅海山東南。有三池：一名鄂博圖噶斯池，周二十五里；一名多木達噶斯池，周十五里；一名察罕噶斯池，周十餘里。俱在黃河鄂博池之東，番名固爾班噶斯池。

青海和碩特部二十一旗：元太祖弟哈布圖哈薩爾七傳至阿克薩噶勒泰，生子二。長，阿魯克特魯爾，今內札薩克科爾沁、杜爾伯特、郭爾羅斯、札賚特、阿魯科爾沁、四子部落、茂明安、烏喇特八部之祖也。次，烏魯克特穆爾，十傳至哈尼諾顏洪果爾，生六子。其第四子圖魯拜琥，號顧實汗，後裔繁衍。游牧青海者十九旗。又有游牧西套之阿拉善旗，游牧察哈爾之和碩特旗。顧實汗長兄哈納克土謝圖，其裔爲青海和碩特部所屬之西右翼中旗。顧實汗季弟色棱哈坦巴圖爾，其裔爲青海和碩特部所屬之西右翼後旗。此二旗合顧實汗裔爲二十一旗。顧實汗第三兄昆都倫烏巴什，其裔爲游牧珠勒都斯之中路和碩特旗，游牧科布多之新和碩特旗。青海和碩特部在西寧邊外。北極高三十四度三十三分。京師偏西十五度十四分。西前旗　顧實汗之子。康熙四十二年封多羅郡王。雍正三年授札薩克，世襲。佐領八。牧地在布喀河南岸。東至烏圖起爾沙陀羅海，南至西拉庫圖爾、果庫圖爾，西至察罕烏蘇呼魯恭納，北至布喀河濱納令希楞。班禪商上堪布喇嘛牧場，在旗境額勒池水南。前頭旗　顧實汗之孫。康熙四十年封多羅貝勒。五十六年晉封郡王。雍正三年授札薩克，世襲。佐領十一。牧地南當黃河之曲，有小哈柳圖河，入於黃河。東至拉布楞希拉得布沙，南至和託果爾希里克，西至巴爾鄂博巴顏烏拉，北至額爾德尼布烏魯勒卜達巴。黃河重源，再顯於巴顏喀喇山之東麓，二泉流數里，合而東南流，曰阿爾坦河。阿爾坦，蒙古言「金」也，水色微黃似之。東北流三百餘里，至鄂屯塔拉，爲古星宿海，元史所謂火惇腦兒也，直西寧邊外西南一千一百餘里。星宿海於羣山環繞中，有地平曠，可三百里，有泉千百，隨地涌出，大小錯列，望若列星。阿爾坦河自西南來，皆匯入焉。東北流百餘里，又東南注札凌海。海周三百餘里，東西長，南北狹，河亙其中而流。番語謂白爲「札」，長爲「凌」，以其水色白也。又東南注鄂凌海。海在札凌東五十餘里，周亦三百餘里，形如匏瓜，西南廣，東北狹。番語謂青爲「鄂」，言水色青也，即元史所謂匯二巨澤，名阿剌腦兒者也。由海東北流出，折東南，南抵巴顏渾嶺下，復正南流百五十里，水色始變綠而黃。又東南流，曲曲七百餘里，繞大雪山南，古積石山也。番名阿木尼麻禪母遜阿林。阿木尼謂「祖」，麻禪謂「險惡」，母遜謂「冰」，猶言「大冰山」也。山自巴顏喀喇東來，當黃河北岸，緜亙三百餘里，上有九峯，甚高，冬夏積雪。在西寧邊外西南五百三十餘里。元史謂之亦耳麻不莫剌。黃河依山南麓東流，折而東北，有三坤都倫河前後自東南來注之。三坤都倫者，一曰德特坤都倫，出賴楚山，西北流三百餘里入黃河，即元史納鄰哈喇河，自白狗嶺北流者。一曰都爾達都坤都倫，出納克多木精山，西北流，屈曲三百數十里入黃河，當河流自南轉東北處，即元史乞里馬出河，自威茂州西北岷山之北北流者。一曰多拉坤都倫，源出罔甀山，西北流六百數十里入黃河，正當大河於烏蘭莽鼐山麓折而西北流之處，即元史鵬栘山西北七百里，過札塞塔失地與河合者。黃河既納此三水，勢甚盛，至烏蘭莽鼐山下，始折而西北流二百里，小哈柳圖河自東北來入之。小哈柳圖源出東北魯察布拉山，二源，西南流百里合，又西入河，當游牧西、土爾扈特南、前旗東。

前左翼頭旗 顧實汗之孫。康熙四

十三年封多羅貝勒。雍正元年晉郡王，三年授札薩克，世襲。佐領九。牧地在大通河南岸。東至阿木達賴台，南至固爾班塔拉之北沙克圖，西至齊擦擦呢布楚勒，北至巴顏布拉克。大通河源出青海西北阿木尼尼庫山南諾爾，東南流，曰烏蘭木倫河。又東，哈爾渾河自北來注之。又東北，曲曲流，南受一水，又東北，滿楚喀河自西北來注之。東逕甘州邊外番大山，東南流八百里，北受小水六，南受小水五，至西大通堡南，又東南會湟水，又東南入黃河，卽古浩亹水也。河北爲西右翼前旗游牧地。

西後旗　顧實汗之裔。康熙五十五年封多羅貝勒。雍正三年授札薩克，世襲。佐領九。牧地跨柴集河，其水北注鹽池。東至錫喇鹽海子、察罕託羅海，南至合約爾巴爾克，西至布隆吉爾河源，北至果庫圖爾、希拉庫圖爾。鹽池在青海西南，周百餘里，產青鹽。蒙古名達布遜淖爾。其水自錫喇庫特爾山之莫和爾河，與布拉克地之察罕烏蘇河，西來匯爲此池。又自池東南流出，會西來之巴爾虎河。又七十餘里，柴集河自東南來入之，名曰鹽河。復東南流，淪於功額池。凡青海蒙古與西寧一郡軍民，並各種番、回，食鹽皆取給於此。

北右翼旗　顧實汗之孫。康熙四十四年封輔國公。雍正元年晉貝勒，後降固山貝子。三年，授札薩克，世襲。佐領六。牧地在青海北岸。東至沙拉哈吉爾，南至庫庫諾爾齊津，西至吹吉烏立圖阿拉爾，北至烏蘭和碩。有伊克烏蘭和碩、巴哈烏蘭和碩二河，在旗境西，西北自庫德里山南流百餘里，入庫庫諾爾。

北左翼旗　顧實汗之孫。康熙四十四年封輔國公。雍正元年晉固山貝子。三年，授札薩克，世襲。佐領三。牧地在布隆吉爾河南岸。東至哈喇諾爾，南至科爾魯克，西至窩果圖爾，北至伊克柴達木。烏蘭烏蘇河出東南沙磧中，西北行五百餘里，入達布遜諾爾。

南左翼後旗　顧實汗之裔。康熙五十年封輔國公。雍正三年授札薩克，世襲。佐領一。牧地在大通河南岸，青海正北。東至吉噶素台鄂蘭布拉克，南至和洛海，西至布都克圖烏蘭和碩，北至青海。**北前旗** 顧實汗之裔。康熙五十年封輔國公。雍正三年授札薩克，世襲。佐領二。牧地在青海西岸。東至科依特陀羅海，南至柴吉希巴立台，西至車吉，北至哈達圖。**南右翼後旗** 顧實汗之裔。康熙五十年封輔國公。雍正三年授札薩克，世襲。佐領四。牧地在青海東岸。東至賀爾，南至哈沙圖，西至哈拉素布魯漢，北至庫庫諾爾。坤都倫河自察罕鄂博圖山兩源合而南入西寧河。有世宗聖製碑，在旗界。**西右翼中旗** 顧實汗伯兄之裔。雍正三年，領公中札薩克，授一等台吉，世襲。佐領一。牧地跨柴達木河。東至諸木罕河，南至諸木罕木魯，西至滔賚，北至希勒沿。舒哈河自旗西無名海子流出，西北入於沙。柴達木河出河源北托遜淖爾，西流至西拉珠爾格塔拉，阿拉克淖爾水東來入之，合而西北流，格德爾古河、烏蘭烏蘇河、布隆吉爾河俱自其東注之，又西入於沙。**西右翼前旗** 顧實汗之裔。雍正三年授札薩克一等台吉，世襲。佐領二。牧地在大通河北岸。東至察罕阿爾吉永安，南至約呼賚口，西至柴達木察罕巴彥託羅海，北至希立永安。**南右翼中旗** 顧實汗之裔。康熙五十九年封輔國公。雍正三年授札薩克。乾隆四十年，降一等台吉，世襲。佐領五。牧地當魯察布拉山之西。東至庫克烏松，南至齊克特尼諾爾，西至僧克圖木齊，北至庫克烏松西山。魯察布拉山，舊作羅插普拉，卽禹貢之西傾山也，一名西彊山，亦名嵹臺山，在洮州廳西南三百三十餘里。史記夏本紀「道九山」，索隱「九山古分三條，馬融以西傾爲中條。鄭康成分四列，汧爲陰列，西傾次陰列」。漢書地理志隴西郡臨洮，「禹貢西傾山在縣西」。北史吐谷渾傳：「阿豺升西彊山觀洮江源。」水經注：「山東卽洮水源。嵹臺，西傾之異名也。」括地志：「西傾山今嵹臺山，在洮州臨潭縣西南三百六十六里。」元和志：「嵹臺山在臨潭縣西南三百里。」一統志：「西傾山，番名羅插普喇山，近黃河自東折而西北之東岸，緜亙千餘里。凡黃河以南諸山，無大於此者。洮河發源於此。」**南**

左翼中旗　顧實汗之裔。康熙五十年封輔國公，晉貝子、貝勒，後降襲札薩克一等台吉，世襲。佐領四。牧地西濱黃河。有恰克圖河，東南來流入之。東至巴哈圖爾根，南至阿爾坦果爾，西至伊克圖爾根，北至巴哈圖爾根。恰克圖河在洮州廳西六百餘里黃河東岸，源出伊克圖爾根山，東北流，折而北，會巴哈圖爾根山之水，折而西北流百餘里，有伊西克山之水，自東北來會，又西北入黃河。又有碩爾渾河，舊作碩爾郭爾，在恰克圖河之北，源出古爾班圖爾哈山，會三小水，西北流入黃河。

北左末旗　顧實汗之裔。雍正三年授札薩克一等台吉，世襲。佐領四。牧地東至柴吉沁，南至鹽海，西至哈唐和碩，北至和特克。

北右末旗　顧實汗之裔。雍正三年授札薩克一等台吉，世襲。佐領二。牧地在布喀河源沙爾諾爾之西。東至色爾柯克達巴，南至察罕陀羅海，西至薩爾魯克，北至庫爾魯克。布喀河在青海西，源出青海西北阿木尼厄枯山南，名喀喇錫納河，南流與英額池水會。池周一百五十餘里，其水東南流，會於喀喇錫納河。復東南流，至天沁察罕峯北，與沙爾諾爾水會，卽所稱善池也。諾爾周六十餘里，其水東流，至天沁察罕峯前，亦入喀喇錫納河，又東流，受北來之羅子河、西爾哈河。又東，受北來之濟拉瑪爾台河，乃名布喀河。又東流注青海。其河受六大水，岸闊流深，夏月人不可渡。青海左右諸水，無有大於此者。

東上旗　顧實汗之孫。雍正三年授札薩克一等台吉，世襲。佐領一。牧地在青海東北岸。東至阿拉賴達巴木魯，南至柴吉，西至青海，北至烏爾肯希巴立台。

南左翼次旗　顧實汗之裔。雍正三年授協理台吉。九年，晉札薩克一等台吉，世襲。與前左翼頭旗共佐領九。牧地有鹽池。東至沙拉圖，南至海達克，西至努克孫山鄂昔齊，北至烏蘭墨爾河。鹽池在青海西南，周百餘里，產青鹽。柴集河自東南來注之。

南左翼末旗　顧實汗之裔。康熙三十六年封貝勒，後削爵。雍正三年授札薩克一等台吉，世襲。佐領二。牧地當博羅充克克河源。東至囊吉立圖巴爾布哈，南至圖祿根河，西至恰克圖北山木魯，北至恰克圖河。博羅充克克河，舊作波洛沖科克，卽古湟水，一名洛都水者也。在西寧府西北邊外，當青海之東，源出噶爾藏嶺，元人所謂祁連山，明志之熱水山也。有三泉，一曰伊克烏拉古兒台，一名土爾根烏拉古爾台，一名察哈烏拉古爾台，南流匯爲一水，名博羅充克克河。其東有布虎圖嶺二泉，亦南來合，曰昆都倫河，東南流，與巴哈圖河合流入博羅充克克河。又東南流，至棟科爾廟南，有土爾根察罕河，自西南來會，水勢始盛。轉東流，入西寧邊鎮海營，是爲西寧河，卽湟水也。又東流三百餘里，南至莊浪衞降唐堡入大通河。漢書地理志金城郡臨羌，「西北至塞外，有西王母石室、仙海、鹽池，北則湟水所出，東至允吾入河」。水經注：「湟水出塞外，東逕西王母石室，東南流，逕龍夷城，故西零之地也。又東南，逕卑禾羌海北，有鹽池，世謂之青海。東流逕湟中城北，故小月氏之地也。又東，右控四水，導源四溪，東北流注於湟。又東逕赤城北而東入，逕戎峽口，右合羌水，又東逕臨羌縣故城北，又東，盧溪水注之。又東逕臨羌新縣故城南，又東，右合溜溪、伏溜、石杜、蠡四川，左會臨羌溪水。又東，龍駒川水注之。又東，長寧川水注之。又東，牛心川水注之。又逕西平城北，又東逕土樓南，右則五泉注之。又東，右合葱谷水，又東逕東亭北，東出漆峽，東流，右則漆谷常溪注之，左則甘夷川水入焉。又東，安夷川水注之。又東逕安夷縣故城。又東，左合宜春水，又東，勒且溪水注之。又東，左則承流谷水南入，右會達扶東西二溪水，東流，期頓、雞谷二水北流注之。又東，吐那孤、長門兩川南流入之。又東逕樂都城南，東流，又合來谷、乞斤二水，左會陽非、流溪、細谷三水，東逕破羌縣故城南，六谷水自南、破羌川自北，左右翼注之。又東逕小晉興城北，又東與閤門河合，卽浩亹河也。又東逕允吾縣北，爲鄭伯津，與澗水合。又東逕允街縣故城南，又東逕枝陽縣，逆水注之。」後漢書注：「湟水一名洛都水，西自吐谷渾界入，在今湟水縣。」元和志：「湟水一名湟河，亦謂之洛都水，出青海東北亂山中，東南流，至蘭州西南入黃河。」唐書吐蕃傳：「湟水至濛谷，抵龍泉，與黃河合。」元史河源附錄：「湟水源自祁連山下，正東流一千餘里，注浩亹河，與黃河合。」冊說：「西川河源出西塞外海夷部落，東流，由石峽入境，至衞西北，受北川河，又東合南川河，而經城北，名西寧河。又至衞東北，受沙塘川水，又東南經碾白堡，名湟河。又東南接莊浪所界，合西大通河。又東合莊浪河，又東南至蘭州西南入黃河。北川河，番名阿爾坦河，源出西寧邊外，北至阿爾坦山，南流，會二小水，入北川河。又南流，入西寧北川邊內。又東南流，至西寧城南，入湟河。南川河番名西喇苦特河，源出西寧邊外西南西喇苦特山，東北流，至西寧城西北入湟河。又喀喇河在西寧邊外西北湟河之東，源出察罕鄂波圖嶺，合二小水，東南流，入西寧邊內，又流五十餘里，入湟河。南右翼末旗　顧實汗之裔。康熙三十六年封輔國公，晉固山貝子。雍正元年削爵。三年，授札薩克一等台吉，世襲。佐領一。牧地在黃河北岸，有錫尼諾爾。東至烏蘭布拉克，南至黃河舒爾古勒渡口，西至西拉珠爾格西山木魯，北至巴顏布拉克。錫尼諾爾在旗東界，其南岸與烏蘭河北入黃河之處相直。黃河自此北折，東逕貴德廳北，入西寧府界。西右翼後旗　顧實汗之裔。雍正三年授札薩克一等台吉，世襲。佐領一。牧地跨柴達木河。東至希普，南至諾們罕木魯，西至烏拉斯台，北至柴達木。西左翼後旗　顧實汗弟之裔。雍正三年授札薩克一等台吉，世襲。佐領一。牧地跨柴達木河。東至巴彥陀羅海，南至桑陀羅海，西至烏爾圖，北至瑪尼圖沙納圖。

青海綽羅斯部二旗：本準噶爾族。乾隆十九年，準噶爾平，其族遂微。附牧賽音諾顏部者曰額魯特。附牧青海者曰綽羅斯。轄旗二：南右翼頭旗，北中旗。北極高三十六度十八分。京師偏西十五度四十二分。南右翼頭旗準噶爾族。康熙四十二年封多羅貝勒。雍正元年晉郡王。三年授札薩克。乾隆三十年降貝勒，世襲。佐領四。牧地當青海東南岸。東至博爾巴齊他爾、察罕鄂博、哈拉烏素，南至固爾班他拉貢諾爾，西至窩爾登諾爾、伊克察罕哈達，北至青海。察罕陀羅海，南有巴顏淖爾，東北有蒙古圖布拉克，會東來二水，又東北有烏蘭布拉克。二水合流而西，會南來之巴顏淖爾水，爲和爾必拉，北入青海。北中旗準噶爾族。康熙五十五年授公品級一等台吉兼札薩克。雍正三年晉輔國公。乾隆十五年晉固山貝子，世襲。佐領二有半。牧地在青海西北岸。東至濟爾瑪爾台，南至布喀沿。西至西爾哈落薩。北至濟爾瑪爾台。西爾哈河，西北出槐滿阿林，東南流，又有羅色河，西北出庫得里阿林，西南流來合，南入布喀河。又西北，濟爾瑪爾台河，屈曲南入布喀河，其南岸即和碩特北前旗也。

青海輝特部南一旗：姓伊克明安。有卓哩克圖和碩齊者，其子號青諾顏，游牧青海。雍正元年來降。三年，授札薩克一等台吉。九年，晉輔國公，世襲。佐領一。牧地當巴彥諾爾之南。東至巴彥諾爾東山木魯，南至窩蘭布拉克、僧里鄂博、哈立噶圖，西至博爾楚爾、哈立噶圖河，北至納蘭薩蘭。北極高三十六度十八分。京師偏西十五度四十二分。巴彥諾爾在青海東南，周四十餘里。水西北流出，屈曲三百數十里，入和爾必拉。

青海土爾扈特部四旗：元臣翁罕，數傳至博第蘇克，自稱青海土爾扈特台吉。順治八年始通貢。雍正三年，編轄旗四。北極高三十五度十五分。京師偏西十七度十五分。南中旗翁罕之裔。雍正三年授札薩克一等台吉，世襲。佐領四。牧地當登努爾特達巴罕之陽，東至果庫圖爾，南至果庫圖爾山木庫爾，西至庫克烏松，北至衮阿爾台。西旗翁罕之裔。雍正三年授札薩克一等台吉，世襲。佐領四。牧地在阿屯齊老圖，有阿勒淖爾泊。東至衮阿爾台，南至黃河，西至哈爾古爾希立，北至庫克烏蘇唐素楞。南前旗翁罕之裔。雍正元年授札薩克一等台吉，世襲。佐領一。牧地當大哈柳圖河之南，小哈柳圖河之北。東至古魯半博爾齊沙拉圖，南至黃河，西至宗科爾，北至恰克圖。大哈柳圖河，蒙古曰伊克哈柳圖，在洮州廳西六百餘里黃河北岸，源出納莫哈山烏蘭俄爾吉嶺，當布庫吉爾地。三源，東流百餘里，折而西南，合流，又西北流，入黃河。小哈柳圖河，源出魯察布拉山，二源，西南流百里合，又西入河。當旗境東。察漢諾們罕喇嘛游牧在旗境東北。南後旗翁罕之裔。雍正三年授札薩克一等台吉，世襲。佐領三。牧地當碩羅巴顏哈拉山之陽，曰鄂博圖。東至莫古立源，南至衮阿爾台，西至庫克烏松木魯，北至登納吉爾尼。薩爾哈布齊海河，自西來屈曲而南，有哈爾渾舍里小河，舊以爲阿爾坦河，自北來會，合而南入黃河。呼呼烏蘇河，在阿爾坦河之西北，源出蘇羅達巴罕，南入黃河。

青海喀爾喀部一旗：南右一旗。元太祖之裔。徙牧青海，隸和碩特族。雍正元年來歸。編旗一。乾隆三年，授公中札薩克一等台吉。佐領一。牧地在青海南岸。東至察罕哈達，南至南山木魯，西至烏蘭布拉克，北至青海。北極高三十六度三十五分。京師偏西十六度三十二分。自東而西，有阿木尼塞爾沁阿林、伊克哈圖達巴罕、巴哈哈圖達巴罕、巴哈察罕哈達、伊克察罕哈達諸山。東有和爾河。西，札哈蘇太河。中，無名河六。俱北流入青海。達賴商上堪布喇嘛牧場在柴積河南。以上各部共二十九旗及察罕諾門爲一盟，不設盟長，歸西寧辦事大臣統轄。

土司青海所屬凡四十：玉樹四司。一司、二司在木魯烏蘇河東。三司、四司在河西。阿拉克碩二司、白利、阿薩克、阿永，在河南。尼牙木錯、固察、拉布，在河北。札武三司在河東。隆布、吹冷多爾多，在布壘、布楚兩河間。上格爾吉在布楚河西。中格爾吉、下格爾吉、哈爾受、隆壩二司、隆東綽火爾、覺巴拉、蘇爾莽、葉爾吉、列旺、安圖、興巴、拉爾吉，俱在河北。桑色爾、巴顏囊謙，在河南。洞巴在河西。蘇魯克在索克河南。稱多在瑪楚河西。蒙古爾津、永河普，在黃河西。二阿里克，在齊普河東。西北境有阿克達木山、巴薩通拉木山，皆長數百里。極西北二十里，有錫津烏藍拖羅海山，託克託乃烏藍木倫河出其西南。爲勒科爾烏藍達布遜山。喀齊烏藍木倫河，東流八百餘里，會烏蘇河，以下通稱木魯烏蘇河。有阿克達木河，出阿克達木山，屈曲流七八百里，北注之。折北流，會託克託乃烏藍木倫河。又轉東，受南來之布輝伯河。又東，受南來大水二，入玉樹司界。折西南，有那木齊圖烏蘭木倫河，出瀚海地，東流千餘里，折南注之。又南折東，逕拉瑪察喀山，北受齊齊爾納河。又東南爲布壘河，入四川雅州所屬土司界，是爲金沙江上源。阿克河出巴薩通拉木山，南流折東入喀喇烏蘇河。河自前藏東流入境，行三百餘里，折南流，有索克河出阿克達木山西，屈曲東流八百里而南注之，仍南入前藏界。布楚河上源曰格爾吉河，出上格爾司境，東南流，逕各司南，至洞巴司西，折南入前藏界，是爲瀾滄江上源。瑪楚河出固察司東，東南流，入雅州土司界，是爲雅龍江上源。黃河發源巴顏喀喇山東麓，名阿爾坦河，東北流，匯爲大澤，名鄂端諾爾，卽星宿海也。又東貫查靈海，南入鄂靈海，會西來烏蘭河，至永河普司東，又折東入額魯特界。齊普河上源有二，曰圖聲圖河，曰得爾多河，北流而合，環阿里克境，西北入黃河。以上納賦於西寧辦事大臣。

清史稿卷八十

志五十五

地理二十七

西藏

西藏：禹貢三危之地。在四川、雲南徼外，至京師萬有四千餘里。周爲西戎，漢爲西羌。唐爲吐蕃，其君長號贊普。至宋朝貢不絕。元憲宗始於河州置吐蕃宣慰司都元帥府，四川徼外置碉門、魚通、黎雅、長河、西寧等處宣撫司。世祖時，復置烏斯藏，郡縣其地。明爲烏斯藏，賜封號，設指揮、宣慰等司，以示羈縻。宣德、成化間，又累加封號。其地有僧號達賴喇嘛，居拉薩之布達拉廟，號爲前藏；有班禪喇嘛，居日喀則城之札什倫布廟，號爲後藏。太宗崇德七年，有達賴喇嘛及班禪，重譯來貢。未幾，爲蒙古顧實汗所據。四傳至曾孫拉藏汗，而準噶爾併之。康熙五十九年，官兵西討，殲僞藏王，以西藏地賜達賴喇嘛，使蒙古舊臣頗羅鼐等五人分守。乾隆四年，敕封頗羅鼐爲郡王，領藏事。至其子襲封，以罪誅，遂除西藏王爵。所有輔國公三，一等台吉一，噶布倫四，戴琫五，碟巴三，堪布一。設駐藏辦事、幫辦大臣，分駐前後藏以轄之。其俗稱國曰圖伯特，又曰唐古忒。近因藏民不遵光緒十六年與英所定條約，辱其邊務大臣，致英兵入拉薩，要挾西藏立約十條，主權盡失。光緒三十一年，特派員至印度與英協商，其新改條約：一，西藏路鑛電綫，由中、英兩國妥議辦理，他國不得干預；二，西藏用人權，概歸英員與駐藏大臣會議辦理；三，西藏有亂，中政府須與英協商後派兵彈壓；四，西藏增設商埠，由中、英兩國會同辦理；五，西藏土地，非得中、英兩國承辦，不得租借轉賣。據條約觀之，西藏葢爲兩屬之國矣。

境內分四部：曰衞，曰康，曰藏，曰阿里。東界四川，東南界雲南，西界西域回部大沙海，北界青海及回部。廣六千餘里，袤五千餘里。北極高三十度三十五分，京師偏西二十四度十五分。

衞：一曰前藏，卽古之危，亦稱中藏，卽烏斯藏也。乾隆十五年，設大臣鎭守。其城曰布達拉城。有坐牀，爲達賴喇嘛所駐，協理藏事。東界喀木，西界後藏，南界不丹，北界青海及新疆。轄城二十八。喇薩城卽布達拉，在打箭鑪西北三千四百八十里。札什城在喇薩南七里。德慶城在喇薩東南三十八里。柰布東城在喇薩東南二百二十里。桑里城在喇薩東南二百五十一里。垂佳普郎城在喇薩東南二百六十里。野而古城在喇薩東南三百一十里。達克匝城在喇薩東南三百三十七里。則庫城在喇薩東南三百四十里。滿撮納城在喇薩東南四百四十里。拉巴隨城在喇薩東南四百四十里。札木達城在喇薩東南五百四十里。達喇馬宗城在喇薩東南五百六十里。古魯納木吉牙城在喇薩東南六百二十里。碩噶城在喇薩東南六百四十里。朱木宗城在喇薩東南七百五十里。東順城在喇薩東南七百七十里。則布拉岡城在喇薩東南八百七十里。納城在喇薩東南九百六十里。吉尼城在喇薩東南九百八十里。日噶牛城在喇薩西南三十里。楚舒爾城在喇薩西南百十五里。日喀爾城在喇薩西南百二十里。公喀爾城在喇薩西南百四十里，爲衞地最大之城。岳吉牙來雜城在喇薩西南三百三十里。多宗城在喇薩西南四百二十里。僧格宗城在喇薩西南四百三十里。董郭爾城在喇薩西二十五里。第巴達克匝城在喇薩東北九十二里。倫朱布宗城在喇薩東北一百二十里。墨魯恭噶城在喇薩東北百五十里。蓬多城在喇薩東北百七十里。設大汛爲護防。藏地凡大汛四，一在前藏城，一在後藏。又臺站二，自打箭鑪至此有站五。魚通卽打箭鑪、裏塘、巴塘，均屬四川有。前藏者二。曰察木多，曰拉里。城西南：巴則山。西：招拉筆洞山。又布達拉山，高百餘丈。又西：東噶爾山，高約四百餘丈，爲西藏要隘。南：牛魔山，高二百餘丈。東北：郎路山、薩木多嶺。北：布克沙克河，源出噶爾占古察嶺，南流，西合沙克河。又東南流，西受庫蘭河，北受布克河。又東南，入喀喇烏蘇。雅魯藏布江，卽大金沙江，古之跋布川也。源出藏西界卓書特部西北達木楚克哈巴布山，三源，俱東北流而合，折東流，枯木岡前山水自西南來會。又東北，江加蘇木拉河自西北沙苦牙拉麻拉山東南流來會。又東，阿拉楚河北自沙拉木岡前山水會而南流，又東稍北，拉烏克藏布必拉自東北桑里池西南流，合數水來會。又東南，郭永河自東南昂則嶺東北流，合數水來會。又東，薩楚藏布河自東北合諸水來會。又東，甕出河、式爾的河、滿楚藏布河、薩克藏布河，合諸水來會。又東南，加木租池水北自章阿布林城合東一水南流來注之。又東南，受西南來一水，又正北流，折向西北，受西北隆左池水。又東北，莽噶拉河南自那拉古董察山來注之。又東北，鐘里山水自東南來注之。又東北，經章拉則城北，又東北，鄂宜楚藏布河自西北札木楚克池合諸水東南流來注之。又北流，戎忒楚河、札克北朋楚河自北來注之。又東南，會薩普楚河。又東逕普冬廟前，烏雨克河自拉公山來注之。又東過薩喇朱噶鐵索橋，逕林奔城北，龍前河自南合二水來注之。又東北，捏木河自西北來注之。折東南流，逕拜的城北岸山北，受西北來一小水，東北過鐵索橋，逕楚舒爾城南，東南至日喀爾公喀爾城北，噶爾招木倫江自東北合諸水，西南流逕衞地喇薩來會，疑卽古吐蕃之臧河也。雅魯藏布江既會噶爾招木倫江，東南流，至打格布衣那城北，共八百里。年褚河自北合諸水來會。又東經叉母哈廟北，受東北薩母龍拉嶺水，南流入羅喀布占國。穆楚河合柰楚河，南流入哲孟雄。滕格里池，在境西北，藏地日喀則城東北，隔山卽潞江源之布喀諸池。其北隔山卽大流沙也。池廣六百餘里，周一千餘里，東西甚長，南北稍狹，蒙古呼天爲「滕格里」，言水色同天青。其東有三水流入，皆名查哈蘇太河。西有二水流入，北曰羅薩河，南曰打爾古藏布河，合西來數池水，東流入此池。次曰牙母魯克于木卒池，中有三山，水成五色。曰馬品木達賴池，郎噶池，卽狠楚河也。次曰布喀池，潞江源也。東噶爾山上有關。

康：一曰喀木。要塞曰察木多。在前藏東千二百五十里，東界四川，南界珞瑜境及英屬阿薩密，西界衞地，北界青海。喀木今曰昌都，亦稱前藏，本屬呼圖克圖。康熙五十八年始納欵。設臺站，置糧員一。有土城。西南有羅隆宗、舒班多、達隆宗，西北有類伍齊等部落，其南有乍丫。康熙五十八年招撫。又南有江卡，雍正元年招撫，設有官寨。東：達蓋喇山、沖得喇山。南：安靜大山，與川、滇分界。西：嘉松古木山。東南：奪布喇山、鼎各喇山。西南：魚別喇山、裹角大山，冬春積雪。又巴貢山、蒙堡山、擦瓦山、雲山、雪山、白奪山、納奪山、黃雲山、隱山、喇貢山。東有列木喇嶺。羅隆宗東有得貢喇山，山勢陡峻。西：得噶喇山。舒班多東有章喇山。西南：吾抵喇山、巴喇山。西：朔馬喇山，郎賽瓦合山。達隆宗西有必達喇山，沙貢喇山、魯貢喇山，兩山相連。類伍齊西南有瓦合大山，山大而峻，冬春積雪。又有擦噶喇山、葉達喇山。察木多左有昂楮河，源出中壩，因通雲南，亦名雲河。右有雜楮河，源出九茹，因通四川，亦名川河。二水合流，入雲南。瀾滄江二源，一源發於帀坐里岡城西北格爾吉帀噶那山，名帀楚河，一源發於帀坐里岡城西北巴喇克拉丹蘇克山，名鄂穆楚河，俱東南流，至帀坐里岡城東北察木多廟前，二水合流，名拉楚河，南流至包敦入乍丫。又南流至察瓦寺，甲倉河東北來會。又東南，左受色爾恭河，折南流，至角占，受左貢河。又東南流，逕茶利大雪山入雲南，始名瀾滄江。潞江在瀾滄西，發源於衞地之布喀大澤，淵澄黝黑，又多伏流，蒙古呼黑爲「喀喇」，水爲「烏蘇」，故名喀喇烏蘇。逕拉薩北，有池名布喀，橢圜形，廣六十里，袤一百五十里，從此池西北流出，入額爾吉根池，轉東北，入衣達池，又折東南流，入喀喇池。三池俱縱廣五六十里。中有三山，四池環抱。復從喀喇池東南出，納布倫河，又東受北來二小水，折南轉東，至喀喇烏蘇，爲西寧進藏大道，皮船爲渡。轉東北流，逕蒙古三十九族地，至伊庫山，沙克河西北來會。又東北流，逕蘇圖克土司，索克河自北來會。折南流，左右各受一小水，轉西南會衞楚河。

折而東，受雄楚河。又東納沙隆錫河，轉東南流，類烏齊河自北來會。又東南逕必蚌山，至嘉玉橋，爲滇、蜀入藏之大道。又東南流，江陽爲巴克碩游牧，江陰爲波密野番。又東南流，逕桑昂曲宗入江卡。江之外爲怒夷，故名怒江。又東南，入雲南維西廳，折而南下，逕雲龍州西徼，右納狨江，入保山乃名潞江。南流逕潞江安撫司。又南流少東，左納沙河，轉西南至遮放土司，從此出滇境入緬甸。羅隆宗西有偶楮河，源出噶爾藏骨岔海子，海合瀾滄江南峽。隆喜楮河源出噶喇山，東流，合偶楮河。舒班多有納碩布楚河，源出中義溝，北流，逕舒班多城西，合三溪，東北流，入喀喇烏蘇。又柱瑪郎錯河，源出噶喇山，冑楮河，源出吾抵山，均流歸偶楮河。達隆宗北有撒楮河，源出朔馬喇山。東南：邊楮河，流合冑楮河。有俄楮河，源出沙貢喇山，流合葉楮河。類烏齊東北有紮楮河，卽昂楮河下流。乍丫有勒楮河，源出昂喇山。樂楮河，源出作喇山。又有甲倉河，源出官角，西南流，逕草里工，又西南，至洛隆宗，合洛楚河，又西南至乍丫寺前，與猛楚河合。有色楮河，源出上納，奪流入察木多大河。

拉里：一名喇里。在前藏東五百九十里，察木多西六百六十里，達隆宗西北。康熙五十五年，其地有黑喇嘛，附於準噶爾。尋討平之，以地屬前藏。設臺站，置糧員一。無城。西南有工布江達。江達稱沃壤。亦平西藏時就撫。又其南有達克，東北有西藏大臣所屬三十九土司。亦有入甘肅西寧界者，皆喀喇烏蘇番衆也。拉里有拉里大山，勢如龍，上下險峻，四時積雪。西南有瓦子山，番人呼爲卓拉大山，延亙數百里，多積雪。江達西有鹿馬嶺，高約四十里，爲西藏要隘。拉里東有同妥楮河，源出魯貢喇山，流合得楮河。有熱水塘，四時常溫，番人呼爲擦楮卡。江達有岡布藏布河，自衞地東納東北察拉嶺水，又東南，有危楚河自東北來會。又東南，有牛楚河自西北來會。東流過打克拉崩橋，又東，受東北二水，又南，逕的牙爾山西，入岡布部落。至撤皮唐他拉東喀木境內，有薄藏布河自東北來會，土人曰喀克布必拉。逕噶克布衣書里東城西，又南，逕塞母龍拉嶺東，朵格拉岡里山西，出岡布境。逕公拉岡里山西，又南入羅喀布占國，下流入雅魯藏布江。帀楚藏布江，即年渚必拉江，源出沙羽克岡拉山，即喀爾鞓廟東南山也。有水東流，曰馬木楚河，與南來巴拉嶺之巴隆楚河會。又東北，與北來烏山之烏斯江會。又東，逕鹿馬嶺，至順達，有水曰佳囊河，發源過拉松多，東南流，逕江達城東，折而南流，合東二小水來會。又東南曲曲流，至工布什噶城南，有水東北自巴麻穆池南流，合東一水來會。又折而西南，有西來齊布山之牛楚河，合而南流，至工布珠穆宗城東、底穆宗城西，又東南至布拉岡城東，合於雅魯藏布江。又桑楚河，南流，有雅隆布河出舒班多南境來注之，是爲薄藏布河，又南入羅喀布占國，注雅魯藏布江。

藏：即後藏，一曰喀齊。在前藏西南五百餘里地，曰札什倫布，即古之藏也。南界尼泊爾，東界衞地，西界阿里，北界新疆。乾隆十五年，設大臣鎭守。其城曰札什倫布城，有坐牀，爲班禪額爾德尼所駐，協理藏事。有汛三：在本城一；外二，曰江孜，曰定日。西境彭錯嶺。北境那木嶺。北有雅魯藏布江，出阿里西南界山，東流，有郭永河東北流注之。又受那烏克藏布河、薩布楚河、薩爾格藏布河，又近城北會多克楚河，至城西會南來之當出河，又逕布克什里山南，江至此已行二千五百餘里，又東入前藏界。北有打爾古藏布河，流入前藏，瀦爲騰格里池，廣六百餘里。

江孜：在札什倫布城南二百里。駐守備一。南有帕里邊寨，東連布魯克巴，西通哲孟雄，外接西洋部落噶里噶達。東有千壩，南有宗木小部落，西南有定結，北有拉孜，皆有官寨。東南：珠布拉大雪山。西南：喀木巴拉山及薩木嶺。定結之西有朋出藏布河，源有三，一西出書爾木藏拉山，一東出西爾中馬山，一東南出瓜查嶺。合而東南流，受西一小水。又南曰朋必拉，又南，有一水南自綽爾猛通那岡里山來會，折東流，受南北水各一。又東南流，受西南涿失岡千山、阿巴拉山之水二，又東流，受南一水，又東北至羅西喀爾城南，有一河，卽西北拉喀拉布山二水，合東南流，逕城北。羅楚河自北納三水，南流合焉。又東北，羅藏布河自西北來注之。又東繞岡龍前山之北，折南流，受西來之牛藏布河。又東南，受帕里藏布河。又西南，牛楚河西自年爾木城合數水來會。又東南流，出藏南境，過朱拉拉依部落，入厄訥特克國界，下流入雅魯藏布江。汛西有年楚河，源有二，一出朱母拉母山東北，一出其東順拉嶺下。泉池十數，匯爲一水，北流，名章魯河，又東北，至娘娘廟東，有八水從東北喀魯嶺諸山，又南札木長山、社山來，合而西南流來會。轉西北流，過江孜城西，又西北過白滿城西，受四水來注。又北，始名年楚河。經日喀則城東南，過蘇木佳石橋，長七十丈，有十九洞，爲藏地橋梁之冠。又北流，入雅魯藏布江，源長共八百餘里。西有帕里藏布河，有一水西南流，匯爲噶爾撮池，南流而西，又爲查木蘇池，又西南流，折向東南，合東北來一水，又西南，會西北來之噶拉嶺水，又西逕帕里城西，又西南受二水，土人名藏曲大河，西流入朋楚河。

定日：在札什倫布城西南七百餘里。駐守備一。有汛。城三面距邊，南有絨轄，西南有聶拉木，西有濟嚨，西北有宗喀。絨轄之東南有喀達，喀達之西南有陽布，俱接廓爾喀界。宗喀之南有布陵，南近廓爾喀，北接拉達克汗部落。其西北有薩喀，又西北極邊有阿里。以上各地俱有營官。東：崇烏拉山、甲錯山。西南：嘉汭大山。西：通拉山。喀達之西有霞烏拉山。宗喀之東有鞏塘拉山。布陵境內有岡底斯山，在阿里之達克喇城東北，直陝西西寧府西南五千五百九十餘里。其山高五百五十餘丈，周一百四十餘里，四面峰巒陡絕，高出衆山百餘丈，積雪如懸崖，浩然潔白。頂上有泉，流注至山麓，即伏流地下。前後環繞諸山，皆巉岩峭峻，奇峰拱列。按其地勢，出西南徼外，以漸而高，至此而極。山脈蜿蜒，分幹向西北者，爲僧格喀巴布、岡里木孫諸山，繞阿里而北，入西域之和闐南山及葱嶺諸山。向東北者，爲札布列斜而充、角烏爾充、年前唐拉、薩木坦岡、巿諾莫渾烏巴什、巴顏哈喇諸山。環衞地，竟青海，連延而下，六千餘里，至陝西西寧等處邊界。向西南者，爲悶那克尼兒、薩木泰岡諸山，亙阿里之南，入厄訥特克國。向東南者，爲達木楚克喀巴布岡、噶爾沙彌、努金岡蒼諸山，歷藏、衞達喀木，至雲南、四川之境。康熙五十六年，遣喇嘛楚兒沁藏布蘭木占巴、理藩院主事勝住等，繪畫西海、西藏輿圖，測量地形，以此地爲天下之脊，衆山之脈，皆由此起云。水經注：「阿耨達山，西南有水名遙奴；山西南少東，有水名薩罕；少東，有水名恆伽。此三水同出一山，俱入恆水。」今阿里爲藏中極西南地，近古天竺境。此山西出狠楚、拉楚、麻楚三大水皆西流，轉東而南，合爲岡噶江，入南海。疑此即阿耨達山也。又有打母朱喀巴珀山，山形似馬。郎千喀巴珀山，山形似象。生格喀巴珀山，山形似獅。馬珀家喀巴珀山，山形似孔雀。皆與岡底斯山相連。岡噶江即出郎千喀巴珀山北麓，泉出匯爲池，西北流，合東北來一水，又西而東北，公生池水伏而復出，合北來三水，西南流來會，爲馬品木達賴池。自西流出爲郎噶池，受東北來一水，從西流出，折向西南，曰狠楚河，曲曲二百餘里，有楚噶拉河自東北來注之。又西折北而東北，逕古格札什魯木布則城之西、則布龍城之東，折西北而西南流，逕則布龍城西南，又折而西北流，拉楚河自西北來會。三水既會，始名曰岡噶江。又東南流，出阿里界，逕馬木巴柞木郎部落，至厄訥特克入南海。朋出藏布河在定日北，東南流，納結楚河、隆崗河，入定結。有牛楚河，出喜拉岡參山，東南流，合東北岡布紇山水，又東南，逕濟嚨城南境，受北來查母朱山一水，始曰牛楚必拉。又東流，逕年爾母城北境，折而東南，又轉而東北流，會朋出藏布河。薩喀境內有鹽池。阿里東北九百餘里有達魯克池，隆布河與納鞠河皆入焉。

清史稿卷八十一

志五十六

地理二十八

察哈爾

察哈爾八旗：東南距京師四百三十里。當直隸宣化、山西大同邊外。明插漢，本元裔小王子後。嘉靖間，布希駐牧察哈爾之地，因以名部。天聰六年，征林丹汗，走死。其子孔果爾額哲來降，即其部編旗，駐義州。康熙十四年，其子布爾呢兄弟叛，討誅之，遷部衆駐牧宣化、大同邊外。又以來降之喀爾喀、厄魯特編爲佐領隸焉。乾隆二十六年，設都統，駐張家口。其地東界克什克騰，西界歸化城土默特，南界直隸獨石、張家二口及山西大同、朔平，北界蘇尼特及四子部落。袤延千里。北極高四十二度二十分。京師偏西十分。鑲黃旗察哈爾駐蘇明峰，在張家口北三百四十里。東南距京師七百五十里。明，萬全右衞邊外。漢，上谷郡。牧地當張家口之北。東界正白旗察哈爾，西界正黃旗察哈爾，南界鑲黃旗牧廠，北界蘇尼特右翼，廣一百六十里，袤一百九十里。其山：東曰漢爾圖山。南，哈石郎山。北，青羊山蒙名博羅虎插、紅羊山蒙名烏蘭虎插。東南，阿哈魯虎山、駱駝山。西南，額類山。東北，白鹿山蒙名布虎圖。西北，衣爾哈圖山。東南：大紅泉蒙名伊克烏蘭。西南：滾布拉克泉。北：小紅泉。

正黃旗察哈爾駐木孫忒克山，在張家口西北三百二十里。東南距京師七百六十里。漢，且如縣地。牧地當張家口廳之西北，喀喇烏納根山南。東界鑲黃旗察哈爾，西界正紅旗察哈爾，南界陸軍部右翼牧廠，北界四子部落。廣一百一十里，袤二百八十里。其山：東曰額爾吉納克山。南，烏爾虎拖羅海山。北，大鮮卑山蒙名伊克阿勒特、興安山。西南，插漢和邵山。東北，榆樹山蒙名烏里雅蘇台。西：七金河，蒙名賀爾博金，源出賀爾博金山，南流入希爾池。東南：兆哈河，源出平地，南流，會烏爾古河。又南，蒙古几河自西來注之。又南，蘇爾扎河自東北來注之。又南流，從大同天鎮入邊，逕柴溝堡，西北入懷安，爲東洋河。蒙古几河源出平地，東流會兆哈河，南入邊城，弩里河南流從之。

鑲紅旗察哈爾駐布林泉，在張家口西北四百二十里。東南距京師八百三十里。漢，雁門郡北境。牧地當山西陶林廳之東北代哈泊。東界正紅旗察哈爾，西界鑲藍旗察哈爾，南界豐鎭，北界四子部落。廣五十里，袤二百里。其山南曰鴨兒山。北，阿爾達布色山。東南，格爾白山。西南，烏爾姑蘇台山。北：漢惠圖河，源出敖托海泉，西流入鑲藍旗察哈爾，會安達河。東南：莽喀圖河，源出正紅旗察哈爾，西北流，會阿拉齊河，入黛哈池，卽奄遏下水海。

正紅旗察哈爾駐古爾板拖羅海山，在張家口西北三百七十里。東南距京師八百里。漢，雁門郡北境。牧地當山西陶林廳之東北、豐鎭廳之北，奇爾泊。東界正黃旗察哈爾，西界鑲紅旗察哈爾，南界陸軍部右翼牧廠，北界四子部落。廣五十五里，袤二百八十里。其山：東曰阿拍撻蘭台山。北，伊克和洛圖山。東北，哈撤克圖山。西北，插漢峰。南：崑都倫泉、葫蘆蘇台泉。北：諾爾孫泉，東南流入正黃旗察哈爾，爲納林河，又東南注希爾池。

鑲白旗察哈爾駐布雅阿海蘇默，在獨石口西北二百四十五里。東南距京師七百七十里。明，開平衞西北邊。漢，上谷郡北境。牧地當獨石口廳治西北。東及南界陸軍部牧廠，西界正白旗察哈爾，北界正藍旗察哈爾。廣五十六里，袤一百九十七里。其山：南曰巴漢得兒山。西北，鐵柱山蒙名阿爾坦噶達蘇。其北，西爾哈池。西北：紅鹽池蒙名烏蘭池、魁素池。

正白旗察哈爾駐布爾噶台，在獨石口西北二百九十里。東南距京師八百二十里。明，龍門衞邊外。漢，上谷郡北境。牧地當獨石口廳治之西北。東及北界鑲白旗察哈爾，西及南界鑲黃旗察哈爾。廣七十八里，袤二百九十五里。其山：南曰清涼黑山蒙名魁屯喀喇。西，喀喇峨博圖山，一名黑山。東南，伊克得兒山，一名大馬鬃山。西北：翁翁泊、黑水灤蒙名喀喇烏蘇。

鑲藍旗察哈爾駐阿巴漢喀喇山，在殺虎口東北九十里。東南距京師一千里。明，大同府西北邊外。漢，雁門郡沃陽縣地。牧地當山西寧遠廳之北。東界鑲紅旗察哈爾，西界山西歸化，南界山西大同，北界四子部落。廣一百一十五里，袤一百六十里。其山：東曰克醜山。西，烏蘭插伯山。東北，衣馬圖山。東南，朔隆峯。其水：南曰察哈音圖河，源出阿爾站嶺，西南流，會弩衡格爾、虎虎烏蘇二河，入烏蘭木倫河。東南，阿拉齊河，源出朔隆峰，東流至鑲紅旗察哈爾，納巴爾哈孫河，入黛哈池。東北，朱喇馬台河，源出席喇峰，西南流，會喀喇烏蘇河、納札海河，爲土爾根河，卽黑河之上源。黑河，源出海拉蘇台坡，與鑲紅旗察哈爾接界，西北流，有納札海、朱喇馬台等河，皆自東北來，與黑水河會。又西流，受德布色黑河，折西南，合哲爾德河，始名伊克土爾根河，又西入歸化。

正藍旗察

哈爾　駐札哈蘇台泊，在獨石口東北三百六十里。東南距京師八百九十里。明，開平衞北境。金，桓州地。牧地當直隸獨石口廳治之北。東界克什克騰，西界鑲白旗察哈爾，南界內務府正白旗羊羣牧廠，北界阿巴噶左翼。廣二百六十五里，袤九十五里。其水：東曰戈賀蘇台河，源出額默黑特站西，北流，會察察爾台、戈賀蘇台、奴黑特等河，入阿霸垓右翼。